# 先秦两汉儒道理想人格之情、才、德思想研究

李曼源 ◎ 著

长春出版社
全国百佳图书出版单位

图书在版编目（CIP）数据

先秦两汉儒道理想人格之情、才、德思想研究 / 李曼源著. —长春：长春出版社，2024.5
ISBN 978-7-5445-7465-5

Ⅰ.①先… Ⅱ.①李… Ⅲ.①儒家-研究-中国-先秦时代②道家-研究-中国-先秦时代③儒家-研究-中国-汉代④道家-研究-中国-汉代 Ⅳ.①B220.5

中国国家版本馆 CIP 数据核字（2024）第 096028 号

## 先秦两汉儒道理想人格之情、才、德思想研究

| 著　　者 | 李曼源 |
| --- | --- |
| 责任编辑 | 孙振波 |
| 封面设计 | 宁荣刚 |

| 出版发行 | 长春出版社 |
| --- | --- |
| 总 编 室 | 0431-88563443 |
| 市场营销 | 0431-88561180 |
| 网络营销 | 0431-88587345 |
| 地　　址 | 吉林省长春市长春大街309号 |
| 邮　　编 | 130041 |
| 网　　址 | www.cccbs.net |

| 制　　版 | 荣辉图文 |
| --- | --- |
| 印　　刷 | 三河市华东印刷有限公司 |

| 开　　本 | 710毫米×1000毫米 1/16 |
| --- | --- |
| 字　　数 | 214千字 |
| 印　　张 | 13.5 |
| 版　　次 | 2024年5月第1版 |
| 印　　次 | 2024年5月第1次印刷 |
| 定　　价 | 69.80元 |

版权所有　盗版必究
如有图书质量问题，请联系印厂调换　联系电话:13933936006

# 目 录

**绪 论 先秦两汉儒道理想人格**/001

第一节 先秦两汉儒家理想人格/001
　一、孔子理想人格之"君子"/001
　二、孟子理想人格之"大丈夫"/004
　三、荀子理想人格之"圣人"/007
　四、董仲舒理想人格之"圣人"/011

第二节 先秦两汉道家理想人格/014
　一、老子理想人格之"圣人"/015
　二、庄子理想人格之"真人"/019
　三、《管子》理想人格之"圣人"/024
　四、《黄帝四经》理想人格之"圣人"/027

**第一章 先秦两汉儒道理想人格的"情"与"性"**/034

第一节 先秦经、史文献中的"情""性"内涵/034
第二节 先秦两汉儒家理想人格的"情"与"性"/037
　一、孔子"质实""忠诚""真诚"之"情"与"性"/037
　二、《性自命出》与孟子"人情"之"情"与"性"/044
　三、《易传》与荀子之"性情""情伪"之"情"与"性"/047
　四、董仲舒"性善情恶"之"情"与"性"/052

第三节　先秦两汉道家理想人格的"情"与"性"/054

　　一、老子"有""无"之"情"与"性"/055

　　二、庄子"伪""真"之"情"与"性"/057

　　三、《管子》"趋利避害"之"情"与"性"/059

　　四、《黄帝四经》"因循"之"情"与"性"/062

第四节　先秦两汉儒道理想人格的"情""性"思想的影响/064

　　一、刘劭理想人格之"情""性"思想的渊源/064

　　二、刘劭理想人格之"情性"的表现形式/067

　　三、刘劭"各遂其志"的情性思想/069

## 第二章　先秦两汉儒家理想人格的"智"与"才"/073

第一节　孔子之"学而有知"/073

第二节　孟子之以心言"智"/077

第三节　荀子之"知通统类"/079

第四节　董仲舒之"必仁且智"/082

第五节　先秦两汉儒家理想人格的"智""才"思想的影响/085

　　一、刘劭理想人格之"材""性"释义/086

　　二、刘劭理想人格之"材""性"关系辨析/088

　　三、刘劭理想人格之才性与情性关系辨析/091

## 第三章　先秦两汉儒道理想人格的"德"与"性"/108

第一节　先秦两汉儒家理想人格的"德"与"性"/110

　　一、孔子"修己安人"之"德"与"性"/110

　　二、孟子"居仁由义"之"德"与"性"/112

　　三、荀子"隆礼教化"之"德"与"性"/114

　　四、董仲舒"天人相感"之"德"与"性"/117

第二节　先秦两汉道家理想人格的"德"与"性"/119

　　一、老子之"玄德"与"性"/119

　　二、庄子之"物德"与"性"/123

三、《管子》之"内德"与"性"/131

四、《黄帝四经》之"天德""地德"与"性"/134

第三节　先秦两汉儒道理想人格的"德""性"思想的影响/138

一、刘劭"以才定德"的"德""材"思想/139

二、刘劭"德才兼顾"的"德""材"思想/140

三、刘劭"君臣二分"的"德""材"思想/145

# 第四章　从刘劭看先秦两汉儒道理想人格之情、才、德思想的当代价值/150

第一节　刘劭理想人格的具体内涵/150

第二节　刘劭理想人格之"圣人"/156

第三节　刘劭理想人格的实现及其当代价值/164

# 结　语/191

# 参考文献/194

# 后　记/209

# 绪论　先秦两汉儒道理想人格

回顾历史，理想人格的塑造总是与社会历史环境的发展变化相联结。理想人格作为一定社会历史阶段的最高道德理想的显现，可为时人提供一个追求更高道德标准的理想范式。从先秦至两汉，理想人格在儒道思想的视域中被赋予的内涵随着社会历史环境的变化而不断变化。先秦两汉儒道理想人格的表现形式虽不一而同，但不论是"君子"还是"圣人"，不论是"大丈夫"抑或"真人"，情、才、德虽不一定是对其进行衡量的全部价值准则，但可以说是最主要的维度。故本书通过对先秦两汉儒道理想人格的发展过程进行分析，进一步明晰理想人格所具的情、才、德之内涵及其标准，以为世人追求理想人格提供一个更为形象、立体的目标指向。

## 第一节　先秦两汉儒家理想人格

"成己成物"而"内圣外王"是先秦两汉儒家理想人格的价值追求。在孔子处，能够"成己成物"而"内圣外王"的人格类型乃"修己安人"之"君子"。孟子以"大丈夫"为理想的人格类型，荀子、董仲舒则以"圣人"为人格的理想类型。

### 一、孔子理想人格之"君子"

在《中庸》与《论语》中，可以发现孔子对于圣人、贤人、仁人、士人、君子等的不同言说，但若论其理想人格，唯君子是也。

子曰："君子依乎中庸，遁世不见知而不悔，唯圣者能之。"（《礼记·

### 先秦两汉儒道理想人格之情、才、德思想研究

中庸》）孔子认为，真正有德的君子，凡事都按照中庸之道去做，即使不得已而避世隐居，终身不被世人了解或任用，也绝不悔恨，这只有圣人才能做到。换言之，只有圣人才能成为真正的君子。然何谓圣人？孔子言："诚者，天之道也；诚之者，人之道也。诚者，不勉而中，不思而得，从容中道，圣人也。"（《礼记·中庸》）孔子认为，真诚是天固有的品德，追求真诚则是人之为人应具之品德。那些与生俱来就拥有真诚品德的人，无须刻意努力即可与道德规范相符合，事理之宜对他们而言无须苦思冥想便可知悉，他们自然、从容地遵循中庸之道，这样的人就是圣人。故圣人即生而知之之人。需要注意的是，圣人虽生而知之，但圣人亦有其不能领悟达到之处。孔子曰：

> 君子之道，费而隐。夫妇之愚，可以与知焉，及其至也，虽圣人亦有所不知焉；夫妇之不肖，可以能行焉，及其至也，虽圣人亦有所不能焉。（《礼记·中庸》）

君子所恪守的中庸之道，用途广大，无穷无尽，而其本体却又精细隐微，无处不在。若说其浅显，即使如普通的匹夫匹妇那样愚昧，也可以知道一些有关中庸之道的内容；即使如普通的匹夫匹妇那样无所作为，也可以做一些力所能及的符合中庸之道的事情。若说其精妙高深，即使是大智大慧的圣人，也有其不能领悟的地方；即使是大智大慧的圣人，也有不能达到的地方。故而较之于普通的匹夫匹妇，生而知之的圣人在追求君子之道的过程中更容易成功，进而成为真正的君子。概言之，圣人在孔子处只是一种具有先天禀赋的生而知之者，并非理想人格，圣人之追求，归根结底，依然是君子。

稍逊于圣人者，孔子称其为贤人。"其次致曲，曲能有诚"（《礼记·中庸》），孔子认为仅次于"至诚"的贤人，要是从一些局部细小的方面下功夫加以推究，也能达之以真诚的境界。"贤人"即属于有一定的先天禀赋，但较之圣人而言并不是完善之人。与其对应的是"仁人"，"仁人"即有仁德的人。如何成为有仁德的人，抑或说如何培养仁德呢？孔子在回答子贡如何实现"仁"的问题时说道：

## 绪论　先秦两汉儒道理想人格

工欲善其事,必先利其器。居是邦也,事其大夫之贤者,友其士之仁者。(《论语·卫灵公》)

此句大意为:工匠要想做好他的事,一定先完善他的工具。居住在这个国家,就要奉事大夫中的贤人,结交士人中的仁人。可见,孔子是用类比的方式将大夫与士人、贤人与仁人两两相对。大夫是为春秋时期的爵位,与之相对的士则是当时最基础的贵族,比庶人高一等。故而,贤人、仁人、士人三者皆非孔子所认可之理想人格,其理想人格应是圣人所求之君子,可通过后天努力而实现。

孔子之"君子"乃是"文质彬彬"(《论语·雍也》)之"文""质"适当配合之人。子曰:"君子义以为质,礼以行之,孙以出之,信以成之。君子哉!"(《论语·卫灵公》)道义是君子行事的准则,在日常生活中,君子遵循礼义的标准践行道义,借谦逊的语言传达道义,用真诚的心境去成就道义。在孔子看来,只有能够如此为之的人才能称之为君子。概言之,孔子理想中的君子,以仁为本,以礼为质。

以此为前提,孔子认为君子所求乃是修道达仁、崇礼从义、以义为上。"义"是君子的处世原则,亦是区分君子与小人的标准之一。子曰:"君子喻于义,小人喻于利。"(《论语·里仁》)君子以义为重,弃义逐利乃是小人所为。除"义"外,君子还应"知者不惑,仁者不忧,勇者不惧"(《论语·子罕》),智、仁、勇亦是君子应具有之品性。

君子与小人除有"义""利"之别外,亦有"和而不同""同而不和"之别。子曰:"君子和而不同,小人同而不和"(《论语·子路》),"君子周而不比,小人比而不周"(《论语·为政》)。"周,忠信也;比,阿党也。君子常以忠信为心,而无相阿党也。"① 君子既能团结他人,又不结党营私。君子待人以忠信,其人正直公允;小人待人以阿党,其人枉法徇私。故曰:"君子坦荡荡,小人长戚戚。"(《论语·述而》)

事实上,对于君子应该具有的品性,孔子提出了诸多要求,例如"泰而不骄""刚、毅、木、讷"(《论语·子路》)以及智、仁、勇等,皆是旨

---

① 皇侃. 义疏[M]. 高尚榘,校点. 北京:中华书局,2013:34.

## 先秦两汉儒道理想人格之情、才、德思想研究

在"反求诸己"(《孟子·公孙丑上》)。"反求诸己"即是修己。如梁启超所云:"儒家哲学,范围广博。概括说起来,其用功所在,可以《论语》'修己安人'一语括之。其学问最高目的,可以《庄子》'内圣外王'一语括之。做修己的工夫,做到极处,就是内圣;做安人的工夫,做到极处,就是外王。"[①] 君子修己一为安人,安家亲氏族;二为安百姓,安天下,"修己以安人"(《论语·宪问》)。君子"反求诸己"之修己的目的,并不是为了成就自身的个人之功业,而是希望通过修己使他人获得安稳和乐,以成就天下之太平,即"内圣"而"外王"。概言之,君子的终极目标在于修己安人以治国、平天下,君子即是要修身、齐家、治国而平天下。修己安人即是孔子之君子人格的旨归所在。

故而,"君子之道,造端乎夫妇。及其至也,察乎天地。"(《礼记·中庸》)。君子恪守的中庸之道,起始于匹夫匹妇皆可知可行的浅显道理,待至于中庸之至高境界时,君子便可洞悉天地间万物运行的奥秘,从而融会贯通。孟子在承袭孔子理想人格思想的基础上对其进行调整,继而形成"大丈夫"的理想人格构想。

### 二、孟子理想人格之"大丈夫"

对于孔子所论生而知之而有别于常人的圣人,孟子认为其与常人无异。孟子曰:"凡同类者,举相似也,何独至于人而疑之?圣人与我同类者。"(《孟子·告子上》)孟子认为,只要是同类的东西都会一样,不应唯独对于人产生怀疑,圣人也是和我们同类的人。因其为同类,圣人与常人间便有相通之处,故而常人亦可成为圣人,即"人皆可以为尧舜"(《孟子·告子下》)。在孟子看来,每个个体皆与圣人无异,在出生时就已经具备至善本质,只需持之以恒地进行成仁成德的修养,保留并不断拓展人性之善,便可成就圣人之境。可以说,孟子对于圣人境界的标准较孔子有所降低,故人人皆有机会成就的圣人,并非唯至善至美之人不可。在此标准下,伯夷、伊尹、柳下惠、孔子皆属孟子认为之圣人。孟子曰:

---

① 梁启超. 儒家哲学 [M]. 北京:中华书局,2009:100.

## 绪论　先秦两汉儒道理想人格

> 圣人，百世之师也，伯夷、柳下惠是也。故闻伯夷之风者，顽夫廉，懦夫有立志；闻柳下惠之风者，薄夫敦，鄙夫宽。奋乎百世之上，百世之下，闻者莫不兴起也。非圣人而能若是乎？（《孟子·尽心下》）
>
> 伯夷，圣之清者也；伊尹，圣之任者也；柳下惠，圣之和者也；孔子，圣之时者也。孔子之谓集大成。（《孟子·万章下》）

孟子认为，圣人是百代人的老师，伯夷和柳下惠就是这样的人。因此，只要听说过伯夷的行事风范的人，就能主动改变自身不好的品行，贪婪之人就会变得廉洁严明，懦弱的人也会有自立的志向；听说柳下惠风范的人，刻薄的人会变得敦厚，狭隘的人会变得宽容。他们在百代之前发奋，百代之后，听说他们风范的人无不奋发振作，这就是圣人的表征。伯夷是圣人中的清高者；伊尹是圣人中的尽责者；柳下惠是圣人中的随和者；孔子是圣人中的识时务者，故孔子可以称之为集大成者。因此，相异的个体由于生活环境、修养过程以及性格的差异，呈现出不同的圣人品格。然而，他们共同具备超强的使命感，拥有积极进取、自强不息的品质，并将个人德性修养作为终身追求，将完善自我与天下的福祉紧密地联结在一起。至此，孟子将"圣人"拉入现实，使其更加具体化、形象化，具有可操作性。然而孟子所言之"圣人"只能说是他推崇的一种人格类型，若称其为理想人格，其佐证仍稍显不足。同理，孟子亦推崇"君子"人格。

孟子曰："君子所以异于人者，以其存心也。君子以仁存心，以礼存心。"（《孟子·离娄下》）此乃孟子对孔子之君子身具"仁""礼"之思想的承袭。孟子认为，能否成为君子的核心要点在于能否"存心"，即保存、滋养、培植自身的善良本心。"性善论"遂为其基础。是故孟子之君子人格虽以"仁"为旨归，然其文质彬彬的人格特质却因缺少一份英勇豪迈、激情澎湃的精神风貌而略显不足。由此，孟子提出"大丈夫"的理想人格。孟子云：

> 居天下之广居，立天下之正位，行天下之大道。得志与民由之，不得志独行其道。富贵不能淫，贫贱不能移，威武不能屈，此之谓大丈夫。（《孟子·滕文公下》）

### 先秦两汉儒道理想人格之情、才、德思想研究

分而论之，朱熹释"居天下之广居，立天下之正位，行天下之大道"为"广居，仁也；正位，礼也；大道，义也"①，仁、义、礼是"大丈夫"人格内核之所在。诚如王夫之所言："大丈夫名称其实者……其居则天下之广居也，涵四海万民于一心，使各遂其所，仁无不覆也。所立则天下之正位，定民彝物则之常经，而允执其中，礼无不协也。所行则天下之大道，酌进退辞受之攸宜，而率礼不越，义无不审也。"② 能做到安民、执中、进退有据三点者，则仁爱广博、礼制和谐、义正明辨，"大丈夫"之称即可名副其实。

"得志与民由之，不得志独行其道"（《孟子·滕文公下》）之"得志"或"不得志"，取决于"天下有道"或"天下无道"。孟子曰："天下有道，以道殉身；天下无道，以身殉道。"（《孟子·尽心上》）在坚守"道"或维系具体利益问题的权衡上，孟子强调"未闻以道殉乎人者也"（《孟子·尽心上》)，亦如范仲淹之"居庙堂之高则忧其民，处江湖之远则忧其君"（《古文观止·岳阳楼记》）的情怀，是为同理。

朱熹释"富贵不能淫，贫贱不能移，威武不能屈"曰："淫，荡其心也。移，变其节也。屈，挫其志也。"③ 此即通过仁、礼、义三种规范践行居仁、立礼、行义，并与之对应地提出了富贵、贫贱和威武三种人生状态。对于普通人而言，这三种境遇均可谓是对其品行和心性进行的一种极为严酷的考验。具言之，普通人身处贫贱时，容易滋生对富贵的向往之情而改变初衷，丧失节操；处于富贵之中，又可能沉溺于欲望而无法自拔；威武直接关系的是生命的安危，因此容易在压力下屈服而改变立场以保全性命，故成为真正的"大丈夫"甚为不易。

一言以蔽之，男子汉生于天地之间，堂堂正正，奉行仁义之道。得志时，就与百姓共行仁义；失志时，就以仁义之道独善其身。富贵不能乱其心，贫贱不能易其行，威武不能挫其志，自强不息，这样的人才可称得上真正的"大丈夫"。

---

① 朱熹. 四书章句集注 [M]. 北京：中华书局，1983：266.
② 王夫之. 四书训义 [M]. 长沙：岳麓书社，1990：360.
③ 朱熹. 四书章句集注 [M]. 北京：中华书局，1983：266.

孟子建立的是身怀仁义之心，充塞四体并自然显发于外，有"塞于天地之间"（《孟子·公孙丑上》）的浩然正气和刚正不阿的气节，同时心系天下，怀有为百姓谋利益的崇高志向之"大丈夫"人格。孟子所认之理想人格，"其仪容风度乃大义凛然，威风凛凛，气势不凡；其行世态度乃果敢英勇，叱咤风云，顽强不屈"①，有着雄伟坚定，勇往直前的人格气质。"孔子推崇的君子人格，其仪容风度乃文质彬彬、气象平和、庄重严肃；其行事态度乃谨守礼节，循序渐进，按部就班。"② 孔孟之理想人格思想呈现如此差别之原因，主要有以下两点：其一，孟子自身之性格决定了其思想的独特性。"孟子是一位有着鲜明个性和特殊气质的思想大师。他之推出'大丈夫'及其对'大丈夫'性格的具体描绘，实在就是他自己的个性和气质的真实写照。"③ 其二，孟子对时局之忧患充斥着他的内心，故孟子从忧患之情出发，将忧患意识作为"大丈夫"理想人格的理论来源和现实依据，从而产生了与孔子理想人格思想的区别。正是因为"孟子的忧患意识较孔子更为深切，更为强烈，为这种深切而强烈的忧患意识所决定，孟子的理想人格在性情表现上便有着不同于孔子的理想人格的鲜明特征"④。

与孔孟一脉相承，荀子建立的是重修养、重气节、合乎"道义""礼""法"之"圣人"人格。

### 三、荀子理想人格之"圣人"

在《荀子》中，可见荀子对于"士""君子""圣人"三种人格的论述，三者中，"士"为最低起点，"君子"为中间阶段，"圣人"乃为最高的道德理想。在这个意义上说，"士"等级最低，故不可为理想人格；"君子"为"士"至"圣人"的过渡人格，亦不宜为理想人格；"圣人"为至高楷模、最高理想，乃人之为人之目标，故为荀子所认之理想人格。

---

① 邵汉明. 儒道人生哲学 [M]. 长春：长春出版社，2011：139.
② 邵汉明. 儒道人生哲学 [M]. 长春：长春出版社，2011：139.
③ 邵汉明. 儒道人生哲学 [M]. 长春：长春出版社，2011：138.
④ 邵汉明. 儒道人生哲学 [M]. 长春：长春出版社，2011：138.

# 先秦两汉儒道理想人格之情、才、德思想研究

荀子曰：

> 好法而行，士也；笃志而体，君子也；齐明而不竭，圣人也。（《荀子·修身》）
> 
> 彼学者，行之，曰士也；敦慕焉，君子也；知之，圣人也。（《荀子·儒效》）
> 
> 以圣王为师，案以圣王之制为法，法其法，以求其统类，以务象效其人。向是而务，士也；类是而几，君子也；知之，圣人也。（《荀子·解蔽》）

从"士"言，荀子认为"士"并非生而成之，乃是后天学习的结果。故而，普通人通过努力学习，亦可成为"士"。荀子以孔子之学生为例，曰："子赣、季路，故鄙人也，被文学，服礼义，为天下列士。"（《荀子·大略》）子贡、子路在最初时皆属浅陋的人，乃是在学习了那些文献典籍后，遂知晓并遵从礼义而成为天下名士。

从"君子"言，君子人格可以通过后天的学习而成就，"化师法，积文学，道礼义者为君子"（《荀子·性恶》）。因其遵从礼义，故君子言行谦逊且"少言而法"（《荀子·非十二子》）。君子"少言"并非不言，而是对于符合礼义法度的语言，"志好之，行安之，乐言之"（《荀子·非相》），故而"君子必辩"（《荀子·非相》），其辩即为"仁义"，此亦为君子智慧之表现。

君子学习、遵从礼义的目的是求道，君子之道即是"中"。"曷为中？曰：礼义是也"（《荀子·儒效》），"中"即为礼义。君子应追求"中"道，故"君子贤而能容罢，知而能容愚，博而能容浅，粹而能容杂"（《荀子·非相》），可兼容并蓄，且"君子易知而难狎，易惧而难胁，畏患而不避义死，欲利而不为所非，交亲而不比，言辩而不辞"（《荀子·不苟》），光明磊落，铁骨铮铮。是以，君子"至诚"。

君子因其"诚"，而重义轻利，"利少而义多，为之"（《荀子·修身》），"义之所在，不倾于权，不顾其利，举国而与之不为改视，重死持义而不桡"（《荀子·荣辱》），是谓"可以有势辱而不可以有义辱"（《荀子·正论》）。故此，在荀子处，君子是礼义的源泉，"君子者，礼义之始也"

(《荀子·王制》);君子亦是法律的本原,"君子者,法之原也"(《荀子·君道》)。君子之所以可为礼义之源泉、法律之本原,依靠的就是礼义的长期积累。通过持续地学习礼义和修养德性,礼义道德已然深入君子之心并彰显于外,纵使是微言微行亦因其"言必当理,事必当务"(《荀子·儒效》)而皆可作为他人效法之榜样。

在君子之上者,是为圣人。荀子曰:

> 我欲贱而贵,愚而智,贫而富,可乎?曰:其唯学乎!彼学者,行之,曰士也;敦慕焉,君子也;知之,圣人也。上为圣人,下为士君子,孰禁我哉!乡也,混然涂之人也,俄而并乎尧、禹,岂不贱而贵矣哉!(《荀子·儒效》)

荀子认为,将学习所得付诸行动者,是为"士";勤勉努力者,是为"君子";能够通晓其中道理者,是为"圣人"。换言之,君子是依靠自身勤勉学习以求"道"之人,圣人则是在君子之基础上能够通晓"道"者。故从"圣人"言,荀子认为圣人是最高的道德理想,是所有人学习的目的。

> 天者,高之极也;地者,下之极也;无穷者,广之极也;圣人者,人道之极也。故学者固学为圣人也,非特学无方之民也。(《荀子·礼论》)

荀子言,天是最高的,地是最低的,无穷是最广大的,圣人是道德的最高点。所以,求学之人理应致力于成圣,做无原则之人并不应是求学之人的目的。学习就是要学习道德上的楷模,不仅要学习知识,而且要学习成为那些有品德的人。

作为人格的最高标准,圣人成为全天下的楷模,汇聚了"道"的精髓,具备运用礼义规范统帅一切的情性、才能与德性。圣人之所以能够达到这一境界,"其道出乎一"(《荀子·儒效》)为根源之所在,即因圣人之质产生于专一。

> 曷谓一?曰:执神而固。曷谓神?曰:尽善挟治之谓神,万物莫足以倾之之谓固。神固之谓圣人。圣人也者,道之管也。(《荀子·儒效》)

荀子认为,专一就是保持神明与稳固,神明与稳固即是用最好的方法

### 先秦两汉儒道理想人格之情、才、德思想研究

全面地治理国家，且一切事物都不能将它倾覆。能够达到神明与稳固的人，就是圣人，圣人就是大道的枢要。在荀子处，圣人"多言而类"（《荀子·大略》）、"积善而全尽"（《荀子·儒效》），言行无过且道德完备、十全十美，故而是衡量天下万物的标准。

在荀子的思想中，圣人不仅是具备高尚品德之人，同时也是拥有至高智慧者。"圣人备道全美者也，是县天下之权称也。"（《荀子·正论》）人们以圣人的言行为自身行为的准则，更是以其为衡量世间万物的尺度。圣人的一言一行，皆遵循"本仁义，当是非，齐言行"（《荀子·儒效》）的原则。他们不仅能够创立礼义法度，即"圣人积思虑，习伪故，以生礼义而起法度"（《荀子·性恶》），而且唯有圣人具备治理国家、驾驭民众的能力。尧、舜、禹、汤等，便是荀子心目中的圣人。

尽管圣人如此神圣，但荀子却认为"涂之人可以为禹"（《荀子·性恶》），圣人并非不可达到。荀子曰：

> 故积土而为山，积水而为海，旦暮积谓之岁，至高谓之天，至下谓之地，宇中六指谓之极；涂之人百姓，积善而全尽谓之圣人。彼求之而后得，为之而后成，积之而后高，尽之而后圣。故圣人也者，人之所积也。（《荀子·儒效》）

由此可见，荀子之圣人观与孔子截然不同。荀子认为圣人的境界并非遥不可及，平凡之人达至圣人境界的过程实际上就是在日常生活中不断积累高尚品德的过程。当普通人在日复一日的琐碎中，将善性不断升华至极致，便可成就圣人之境。于孔子处，圣人是"博施于民而能济众"（《论语·雍也》）者，且尧舜都难以做到之人。尧舜都难以达到圣人境界，普通人更无从达到。但荀子却言"尧、禹者，非生而具者也，夫起于变故，成乎修修之为，待尽而后备者也"（《荀子·荣辱》），他认为，尧、禹这样的人，并非生下来就具备圣人品德，而是从经历各种患难开始，通过长期身心修养的学习，将旧质去掉后才具备圣人之品德。换言之，在荀子看来，尧、禹都是历经磨难并通过学习完善自身而成为具有高尚品德的圣人的。荀子的这一论述，将圣人从神坛拉回现实，圣人的神性从而被进一步消除，使人们认识到只要通过学习去行善、积善，并遵循礼义的规定而行事，就

有达至圣人境界的可能。

继孔子之后，孟子将理想人格归为"大丈夫"，荀子将理想人格归为"圣人"，虽各有定论，但究其实质，其根本仍在于"仁""智""礼""义"。故，董仲舒承袭孔孟荀之论，将理想人格归为"圣人"。

### 四、董仲舒理想人格之"圣人"

董仲舒认为，"必仁且智"是理想人格的首要质素。

> 仁者，憯怛爱人，谨翕不争，好德敦伦，无伤恶之心，无隐忌之志，无嫉妒之气，无感愁之欲，无险诐之事，无辟违之行。故其心舒，其志平，其气和，其欲节，其事易，其行道，故能平易和理而无争也。如此者，谓之仁。（《春秋繁露·必仁且智》）

在先秦儒家"仁者爱人"（《孟子·离娄下》）的基础上，董仲舒对仁的内涵加以扩展：仁者爱人报之以诚，胸怀坦荡且无所争，遵从伦理道德；仁者无诡谲杀戮之心，无暗中忌恨之志，无狭隘嫉妒之情，无抱怨忧闷之意，无险恶违礼之事，无邪恶乖僻之行。是故仁者心情舒畅，志气平和，欲望有节，行事平易，合乎正道。因仁者没有患得患失的忧虑，没有名利纷争带来的愁绪，遂能平和愉快而合理地生活，达到与世无争之境。如此德行，便是董仲舒所言之"仁"。

至于"智"，董仲舒曰"先言而后当"（《春秋繁露·必仁且智》），即言出于口后能得以恰当之证明，"见始而知其终"（《春秋繁露·必仁且智》）者是为"智"。诚如杨国荣所言，"如果说董仲舒对仁的设定体现了儒家一贯的人道原则的话，那他对智的规定则毫无疑问地体现了他对儒家理性原则的贯彻"[1]，换言之，董仲舒"必仁且智"的主张是其承袭儒家人道原则与理性原则的结果。"必仁且智"，即意味着"仁"与"智"二者是为统一，不可或缺。故曰："不仁而有勇力材能，则狂而操利兵也；不智而辩慧狷给，则迷而乘良马也。"（《春秋繁露·必仁且智》）

---

[1] 杨国荣. 善的历程[M]. 上海：上海人民出版社，2006：152—153.

### 先秦两汉儒道理想人格之情、才、德思想研究

在"礼"与"义"方面，董仲舒认为理想人格应是内圣与外王的统一，亦即孔子所言"质"与"文"的统一。董仲舒进一步解读孔子之"质""文"思想，在他看来，"质"非常重要，宁可"有质而无文"（《春秋繁露·玉杯》）都不可"有文无质"（《春秋繁露·玉杯》），故"《春秋》之序道也，先质而后文"（《春秋繁露·玉杯》），此为同理。然而董仲舒并非不重视"文"，其言道：

> 志为质，物为文，文着于质，质不居文，文安施质；质文两备，然后其礼成；文质偏行，不得有我尔之名。（《春秋繁露·玉杯》）

此即是说，心志是本质，外在礼数是形式，"有质而无文"之有本质而无形式乃是因"文着于质"而"质不居文"。只有本质和形式两方面都具备，方可形成礼制；形式或本质只有一个方面，则二者皆不能称之为"礼"。故而"礼"不仅是外在之玉帛等礼器①，亦是内在的本质与外在的形式皆具，达到"质"与"文"之统一，方可成就"礼"。

对于"文"，董仲舒认为一方面展现于日常社会生活之中，另一方面又展现在重大事务抉择之中。董仲舒曰：

> 衣服中而容貌恭，则目说也；言理应对逊，则耳说矣；好仁厚而恶浅薄，就善人而远僻鄙，则心说矣。故曰："行思可乐，容止可观。"此之谓也。（《春秋繁露·为人者天》）

服饰得体而容貌恭敬，人们看到就感到高兴；说话合理而应对谦逊，人们听到就感到高兴；喜好仁厚之人而厌恶浅薄之人，亲近善人而疏远邪僻卑鄙之人，人们心里就感到高兴。所谓"容貌恭""应对逊""好仁厚"等，实际上是遵守礼且逐渐上升之过程，由目悦至耳悦，然后达之以心悦。能如此为之者做事时让人感到愉快，容貌举止又使人乐于观瞻，即在日常琐碎中通过与外界的交互将自身内在的精神境界彰显出来，进而产生影响力，以实现心悦的显著效用。

在重大抉择中，董仲舒曰："生以辱，不如死以荣。"（《春秋繁露·竹

---

① 即《春秋繁露·玉杯》所言"礼云礼云，玉帛云乎哉"之意。

林》)在董仲舒看来,"大辱莫甚于去南面之位"(《春秋繁露·竹林》),乃杀身以成仁,舍身而取义,"人生自古谁无死,留取丹心照汗青"(《文山先生全集·过零丁洋》)的视死如归之境是也。他认为,"人有义者,虽贫能自乐也;而大无义者,虽富莫能自存"(《春秋繁露·身之养重于义》),有义之人,尽管贫穷却仍自得其乐;无义之人,尽管富裕却不能活下去,是故"义之养生人,大于利而厚于财也"(《春秋繁露·身之养重于义》)。概言之,重礼义而轻利即为其价值取向,故"终日言不及利,欲以勿言愧之而已,愧之以塞其源也"(《春秋繁露·玉英》)。

> 仁人者,正其道不谋其利,修其理不急其功。致无为而习俗大化,可谓仁圣矣。(《春秋繁露·对胶西王越大夫不得为仁》)

董仲舒认为,真正的仁人遵循正道行动而不谋求利益,按照道理做事而不急见功效,仿似无为却改变了社会的习俗风貌,这样的人即为"仁圣",例如夏禹、商汤与周文王。换言之,"仁圣"不仅"必仁且智",成就内圣;还可"为天下兴利""为天下除害"(《春秋繁露·考功名》),达到外王。

> 故圣人之为天下兴利也,其犹春气之生草也,各因其生小大而量其多少;其为天下除害也,若川渎之写于海也,各随其势倾侧而制于南北。(《春秋繁露·考功名》)

故达之以内圣外王之圣人,乃"天地动,四时化"(《春秋繁露·身之养重于义》)者,秉承天意,可"尽人之变,合之天"以"立王事"(《春秋繁露·官制象天》)。

总而言之,儒家理想人格主要有"君子""大丈夫""圣人"三者。从"君子"看,君子志向高远,置己身于求道,终身致力于求道与谋道,并以闻道和弘道作为自己的理想追求,不敢离道须臾;君子尚德,不仅能成己之德,尚能崇人之德,成人之美;君子重行,君子躬行不空言,身体力行;君子重责,以天下为己任。从"大丈夫"看,大丈夫重精神气节,拥有无所畏惧的人格气势,其"浩然之气"是因道德情操所表现出的精神气质,是一种凛然正气,是受信仰引领的情感与意志交融的心理和精神状态,亦是源于自我德性主体自觉产生的自信豪迈之勇气;大丈夫道德意志独立,大丈夫富贵不淫，贫贱不移，威武不屈，操存本心，持志养气，不迁就，不妥协，不媚俗。从"圣人"看，圣人全知全能，且为人伦之至，内圣而外王。

儒家理想人格的价值诉求即是"成己成物"（《礼记·中庸》）而"内圣外王"。"成己"，即通过培养而完善自身之德性以达到"内圣"。众所周知，人类之存在并不是单个人的存在而是众多个体的共存，因此，人之德性的实现，从根本上来说，绝不可能是孤立之个人活动，必扩至家国天下。正如钱穆所言："性不从己一人有，亦不在己一人成，必求通于人而见。故纵欲则为小人，以其分别专在一身上，其范围小。养性则为大人，其必在与人和合相处中，可扩至国、扩至天下，扩至后世千万年，其规模大。故中国人以下流为小人，上流为君子大人，乃有人之流品观。"① 进而言之，个体德性人格的完善并非单纯涉及个体自身之维，必然涉及群体与社会及自然之维，由此，儒家"成己"之"内圣"也就必然地推衍出了"成物"之"外王"。诚如徐复观所言："内是己，而外是物。把成就人与物，包含于个人的人格完成之中，个体的生命，与群体的生命，永远是连结在一起，这是中国文化最大的特性。"② 对于儒家而言，理想人格的追求是以成己与成物的统一、成就自身德性与成就身外之物的统一为其视域。成就人之德性，亦即成就物之性、天地之性。

故儒家理想人格"成己"之"内圣"与"成物"之"外王"互为一体，只有首先成就自身，才能按照自身之标准成就于外物，才能"修己安人"。"内圣外王"亦是道家理想人格在根本上的秉承之道，故其亦有圣人之理想人格。但有别于儒家，道家关于理想人格的设定存有空想与超现实色彩。

## 第二节　先秦两汉道家理想人格

道家的理想人格主要建立在"道"的基础之上。因道家尊崇自然之"道"，故认为君主须受"道"及自然的约束。所谓"人法地，地法天，天法道，道法自然"（《老子·第二十五章》），"自然"即自然而然、自行其

---

① 钱穆. 现代学术论衡 [M]. 北京：生活·读书·新知三联书店，2001：161.
② 徐复观. 中国人性论史·先秦篇 [M]. 北京：九州出版社，2014：139.

是、自己而然，并非受主宰而如此。"道"生成天地万物，天地万物又以"道"之法则为依归。天、地、人三者皆以自然为效法的对象或皆遵循自然之法则。人与自然万物紧密相连，"人道"效法"天道"。在道家憧憬的理想世界中，万物共生共荣、各遂其命、生机盎然充满活力，在这样的世界中，万物各得其所。这一观念不仅对"天"的绝对权威进行了破除，将"天"置于"道"之下，同时也对"天"的人格神属性进行了彻底摒弃，在这里，将"天"作为自然本质而存在。先秦两汉道家的理想人格遂由此而形成。

## 一、老子理想人格之"圣人"

老子之"圣人"理想人格，追求的亦是内圣外王之道。从"内圣"看，圣人朴实、谦下；从"外王"看，圣人"救人"亦"救物"。

老子曰：

> 圣人为腹不为目。（《老子·第十二章》）
> 圣人终日行不离辎重，虽有荣观，燕处超然。（《老子·第二十六章》）
> 圣人欲不欲，不贵难得之货。（《老子·第六十四章》）
> 圣人去甚，去奢，去泰。（《老子·第二十九章》）
> 圣人不积，既以为人己愈有，既以与人己愈多。（《老子·第八十一章》）

老子主张的是圣人应品质淳朴、天性自然，心境平和宁静，无贪念执着的观点。在老子看来，圣人即便身处荣华富贵之中，亦能保持本心，不为物欲所困，亦不对其沉迷。因此，圣人以节制欲望为要旨，不会积攒钱财，对物欲享受嗤之以鼻，对奢靡之风深恶痛绝，他们关心的仅仅是如何能够帮助与关爱他人，亦即"见素抱朴，少私寡欲"（《老子·第十九章》）。是为通过圣人对待欲望的态度，体现"道"之朴实自然的属性，以"复归于婴儿"（《老子·第二十八章》）。

对于圣人体现"道"之谦下的属性，老子从圣人与他人的关系、圣人对自我的认知与圣人之"德"三方面论之。老子曰：

> 天长地久。天地所以能长且久者，以其不自生，故能长生。是以

**先秦两汉儒道理想人格之情、才、德思想研究**

> 圣人后其身而身先,外其身而身存。非以其无私邪?故能成其私。(《老子·第七章》)

老子认为,圣人"后其身""外其身",为他人的生存与幸福着想,谦逊退让,甘居人后,不考虑自身得失与安危,乃是在圣人与他人的关系中体现"道"之谦下属性。圣人对于自我的认知为"自知不自见,自爱不自贵"(《老子·第七十二章》),圣人"自知""自爱",且不自我张扬,不抬高自己,亦是"道"之谦下属性的体现。圣人之所以如此,其根本原因在于"方而不割,廉而不刿,直而不肆,光而不耀"(《老子·第五十八章》)为其内在之"德"。在老子看来,圣人品行端正、刚直,虽具备独特的见解与璀璨的光辉,却不会伤害他人、放纵自我、炫耀光芒,反而展现出柔和、谦逊的品质,彰显着"道"所蕴含的柔弱与谦下之特质。

诚所谓"孔德之容,惟道是从"(《老子·第二十一章》),对于大德之人来说,他们皆以道为自身言行的准则。故圣人循"道"而行,清静无为,辅育万物而不独占,不以功劳自居,其高尚的德性因此而得以成就。老子曰:

> 圣人处无为之事,行不言之教,万物作焉而不辞,生而不有,为而不恃,功成而弗居。夫唯弗居,是以不去。(《老子·第二章》)

作为宇宙主宰的"道"无形无影,顺应自然,却又无处不在、无所不能。得"道"的圣人以其清静无为之心观照万物,不言而化,对万物的生长不加以束缚,孕育众生却不为己所有,助力万物却不为其所累,创立功业却不居功自傲。因其不将功劳归于己身,故而功业长存。这就是老子所说的"玄德"之要义。换言之,老子认为"无为"是圣人治理自然万物的方法,即顺应万物的本然之性,允许自然万物依照自身本性进行生长和发展,不对自然万物施加干预,亦不将它们的生长、发展视为个人的功绩,即"辅万物之自然而不敢为"(《老子·第六十四章》)。"道"无欲无求,繁育、生养、成就万物而不居功劳。圣人之所以伟大,即是因其体"道"且得"道",体"道"之精神而清静无为、不居功、不占有,不自以为大,故而得"道"而内圣外王。

秉承"无为"原则，老子认为圣人为政治国，应"取天下常以无事"（《老子·第四十八章》），"以无事取天下"（《老子·第五十七章》）。圣人之所以能够取得天下，靠的是顺应民意以天下归心，而非战争；靠的是无为，而非有为。老子之所以如此言之，原因在于：

> 天下多忌讳，而民弥叛；民多利器，国家滋昏；人多伎巧，奇物滋起；法令滋彰，盗贼多有。（《老子·第五十七章》）

世间的禁锢越多，民众就越加反叛；民众拥有的锐利武器越多，国家就越易陷入动荡；民众掌握的技巧越丰富，奇怪的事情就越易出现；法律条款越严格，偷盗行为就越难以遏制。

> 故圣人云：我无为而民自化；我好静而民自正；我无事而民自富；我无欲而民自朴。（《老子·第五十七章》）

故得道的圣人认为：倘若自身坚持无为之道，民众则能够自然地获得教化；以宁静秉持自身，百姓自然能按正道而行；我不有意去做事，民众的生活则能够自然富足；自身欲望得到克制，民众便自然保持淳朴。圣人"无为"而使民众"自化"，圣人"好静"而使民众"自正"，圣人"无事"而使民众"自富"，圣人"无欲"而使民众"自朴"，圣人不去干预民众之自然的生产生活，国家也就能够自然地实现长治久安。故而：

> 圣人之治，虚其心，实其腹，弱其志，强其骨，常使民无知无欲，使夫智者不敢为也。为无为，则无不治。（《老子·第三章》）

老子认为，在治理国家方面，圣人应当使民众心无旁骛，让民众果腹，降低民众的竞争意识，增强民众的体魄，使民众不尚伎巧，且无过多欲望。如此为之，即便是才智出众者也不敢轻易为乱。圣人遵循"无为"的原则去治理天下，顺应自然规律来处理事务，即可实现天下太平。反之，则"为者败之，执者失之"（《老子·第二十九章》）。总之，圣人"无为"，方可取得天下，治好天下；圣人"有为"，则得不到天下，治理不好天下，甚至丧失天下。

是以圣人对待百姓应"处上而民不重，处前而民不害"（《老子·第六

### 先秦两汉儒道理想人格之情、才、德思想研究

十六章》）。老子以江海为例曰：

> 江海所以能为百谷王者，以其善下之，故能为百谷王。是以欲上民，必以言下之；欲先民，必以身后之。是以圣人处上而民不重，处前而民不害。（《老子·第六十六章》）

江海之所以成为百川河流的最终归宿，是因为江海擅长将自己置于低下之处，从而成为百川之王。因此，圣人若要领导民众，务必用谦逊之辞表示对民众的尊重，亦要将自身的利益置于民众之后。故而，得道之圣人在地位上虽居于民众之上，却不会令民众感到有沉重的压力；虽身处民众之前，却不会让民众感受到有损害。圣人从"内圣"至"外王"的修养过程，必须以"内圣"为"外王"的坚实基础。在老子的思想中，圣人以治理天下、统率万民为自己的政治抱负，并以成为民众心中理想的统治者为自己的目标。然圣人能够被视为"社稷主""天下王"（《老子·第七十八章》）的原因，正是在于他们能够"受国之垢""受国不祥"（《老子·第七十八章》），即圣人可以承担全国的屈辱和祸灾。概言之，圣人之所以能成为百姓心中理想的统治者，是因为他们具备柔弱和谦卑的"道"之特质。

老子理想人格之"圣人"是"道"的化身。老子之"道"包含着宇宙之本与政治之源，并对天地万物生成演变之理及其在政治层面的体现与应用进行了深层次的剖析。"道"与自然是老子所关注的终极象征符号与最高依托，追求的是人类社会在总体意义上的与自然相和谐的秩序。这种人类社会的整体和谐与自然宇宙之间亦存在必然的和谐共融。[1] 所以，老子理想人格之"圣人"在"内圣"与"外王"两方面皆显现"道"之"质朴""谦下""无为"之特质。在庄子的思想中，"道"突显的则是一种全知全能、随时随处可感的精神力量，故须依"道"行之。以此为基础，庄子提出"真人"之理想人格。

---

[1] 参见刘笑敢. 老子之"自然"的古典与现代解读[M]//曹天予，钟雪萍，廖可斌. 文化与社会转型. 杭州：浙江大学出版社，2006：147.

## 二、庄子理想人格之"真人"

于庄子而言，理想的人格受约于源自道德个体内在的、不以社会经验为依赖的且具有独立性的准则。因此，庄子所说的自然人格，即拥有无己、无功、无名、无情特质的人格，乃是庄子在自然道德的维度内推崇的理想人格。与《庄子》文本对应，即"至人""神人""圣人"与"真人"之人格。实际上，"至人""神人""圣人"三者可称为一体，名虽异，然其质同。这里的"真人"指的就是那些在无己、无功、无名三个方面都达到完美状态的人，他们与普通人有着本质的区别。其区别在于，"真人"能够秉持自我自然本真的天性而至于与天道合一之境。故，"真人"为庄子思想中的理想人格。

庄子曰："至人无己，神人无功，圣人无名。"（《庄子·逍遥游》）关于"至人无己"，庄子言：

> 至人神矣！大泽焚而不能热，河汉冱而不能寒，疾雷破山风振海而不能惊。若然者，乘云气，骑日月，而游乎四海之外，死生无变于己，而况利害之端乎！（《庄子·齐物论》）

至人"无心而无不顺"（《庄子·齐物论》郭象注），至人无心、无己，不为外物所动，随顺万物。至人"神全形具而体与物冥"（《庄子·齐物论》郭象注）且"游乎四海之外"，原因在于至人之内在精神超越了对外物的执着，进而抵达一种虚怀若谷的心灵境界。正因为至人不受外物束缚，所以他们对自身形体等外物亦能泰然处之。因此，唯有至人能够忘却自身之形体，对常人畏惧与忧虑的生死、利害毫无惧怕，从而使自我之内在精神获得了全面释放，庄子所曰"至人无己"（《庄子·逍遥游》）之义即在于此。

"至人无己"而"神人无功"（《庄子·逍遥游》），然何谓"神人"？借肩吾之口可知庄子之描述：

> 藐姑射之山，有神人居焉。肌肤若冰雪，淖约若处子。不食五谷，吸风饮露，乘云气，御飞龙，而游乎四海之外。其神凝，使物不疵疠而年谷熟。（《庄子·逍遥游》）

## 先秦两汉儒道理想人格之情、才、德思想研究

"神人"气质优雅,仪态万千,高尚纯洁,超脱尘世,驾云乘雾,自由地翱翔于仙境胜景之中。肩吾认为,此说甚为"不近人情",但连叔对曰:

> 瞽者无以与乎文章之观,聋者无以与乎钟鼓之声。岂唯形骸有聋盲哉?夫知亦有之。是其言也,犹时女也。(《庄子·逍遥游》)

连叔认为,肩吾之说如同眼盲之人无法看到花纹的美丽,耳聋之人无法听到钟鼓的乐声一样,乃是外在肉体方面存在机能性障碍者无法洞察外物之表征。同理,精神障碍者往往局限于事物表面的差异,例如肩吾,因此他们无法理解"神人"之"旁礴万物以为一"(《庄子·逍遥游》)的境界,即无法理解"神人"混同万物为一体的独特境界。这样的人,世人皆盼其来治理天下,"物莫之伤,大浸稽天而不溺,大旱金石流土山焦而不热"(《庄子·逍遥游》),自然、人力、疾病等各种灾难都不会去伤害他。"神人"不干扰世间俗事,"孰弊弊焉以天下为事"(《庄子·逍遥游》),在遵循万物自然本性的原则下,保持内心宁静,使各类事物依据其本然质性和谐共生;不"以物为事"(《庄子·逍遥游》),不对事物间的差别、利益、对错、赞誉与诋毁过分在意,摒弃对功名利禄的渴求,超越世俗纷扰,实现与天地万物的和谐共融。"无为"即是"无功",亦乃庄子所谓之"神人无功"。

至于"圣人无名",郭象注之曰:"圣人者,物得性之名耳,未足以名其所以得也。"[1] 在老子看来,是无法提炼出一个专属的词语对圣人进行概括的。对圣人而言,他的言行不过是对自然的遵循与效法罢了。"恬淡寂漠,虚无无为,此天地之平而道德之质也"(《庄子·刻意》),正是因其"无为",故"其寝不梦,其觉无忧"(《庄子·大宗师》)的理想和"其生也天行,其死也物化"(《庄子·天道》)的人生追求方可得以实现。"圣人之静也,非曰静也善,故静也,万物无足以铙心者,故静也。"(《庄子·天道》)圣人之心能够宁静且恬淡的关键,亦在于圣人之"无为"。正是因其"无为",故圣人之心能够避免外物之侵扰,从而达到"无为"的虚静境界,

---

[1] 郭庆藩.庄子集释[M].王孝鱼,点校.北京:中华书局,1982:98.

进而实现其"无名"。

关于"真人",庄子认为其特征在于超脱与神异。庄子曰:

> 古之真人,不逆寡,不雄成,不谟士。若然者,过而弗悔,当而不自得也。若然者,登高不栗,入水不濡,入火不热。是知之能登假于道也若此。
>
> 古之真人,其寝不梦,其觉无忧,其食不甘,其息深深。真人之息以踵,众人之息以喉。屈服者,其嗌言若哇。其耆欲深者,其天机浅。
>
> 古之真人,不知说生,不知恶死。其出不䜣,其入不距。翛然而往,翛然而来而已矣。不忘其所始,不求其所终。受而喜之,忘而复之。是之谓不以心捐道,不以人助天。是之谓真人。若然者,其心志,其容寂,其颡頯。凄然似秋,暖然似春,喜怒通四时,与物有宜而莫知其极。(《庄子·大宗师》)

在此,庄子将"真人"与"超脱"的特质分为三个层面进行阐述。其一,从"真人"与外部事物的关系来看,他们能够置身事外,对万事万物保持无心、无为的顺应时命的态度;其二,从"真人"与内在情感欲望的关系来看,"真人"能够做到睡时不做梦,醒时不忧虑,饮食不求甘美,呼吸深沉舒缓,乃是源于其嗜欲寡少,其心静泊,以达到无情无欲之境界;其三,从"真人"不悦生、不恶死言,"真人"忘记生死、忘记一切,不用心思去损害"道",不用人来帮助"天",能顺应事物之变化,随遇而安。此外,"登高不栗,入水不濡,入火不热"则说明"真人"与"神人"的共同之处在于二者皆有一种神异属性,这种属性的存在使得二者在一定程度上具有一致性。

从"真人"之内在精神状态看,庄子曰:

> 古之真人,其状义而不朋。若不足而不承;与乎其觚而不坚也,张乎其虚而不华也;邴邴乎其似喜乎!崔乎其不得已乎,滀乎进我色也,与乎止我德也,厉乎其似世乎,謷乎其未可制也,连乎其似好闭也,悗乎忘其言也……故其好之也一,其弗好之也一。其一也一,其

## 先秦两汉儒道理想人格之情、才、德思想研究

不一也一。其一与天为徒，其不一与人为徒，天与人不相胜也，是之谓真人。（《庄子·大宗师》）

此即是说，"真人"处世的情形是中立而不偏倚，"真人"超越了好恶，摆脱人之心智的相对分别，既忘怀于美恶，又排遣于爱憎，冥合"大道"，纯一不二；"真人"守真抱朴，与天为徒，且又随世俗而行，与人为徒，既不背离天理，又不脱离人事，乃是不逆世而与世俗相推移者。故此，天与人不相排斥、不相争胜而冥同合一。达至物我、主客、天人同一之境界的人，方可称其为"真人"。

概言之，"真人"强调的是人之自然本真，"至人"则注重人所能达到的境界，"神人"突出的则是其与寻常之人的区别，"圣人"则彰显其高尚人格的伟大之处。按成玄英所言，"至言其体，神言其用，圣言其名。故就体语至，就用语神，就名语圣，其实一也"[①]。成玄英认为"至人""神人""圣人"三者虽其名各异，但皆内含着超越人生困境或超越世俗之精神境界的意蕴，因此彼此之层次亦应相当。庄子言"至人""神人""圣人"三者为"乘天地之正而御六气之辨，以游无穷者"（《庄子·逍遥游》）。成玄英疏曰："此三人者，则是前文乘天地之正，御六气之辨人也。"[②] 郭象注曰："乘天地之正者，即是顺万物之性也；御六气之辨者，即是游变化之途也。"[③] 此皆是说"至人""神人""圣人"三者需达到与万物属性相契合、与变化之道同一的境界。

另一方面，庄子之"真人"乃是相对于"失性于俗"（《庄子·缮性》）之俗人而言的，俗人注重自我感受，认为对自己而言的实用性才是重中之重，而"至人"却能成就"无己"之境；俗人都以建立功业为自己的抱负，"无功"之境则只有"神人"才能够达到；俗人皆以声名显赫、光耀门楣为自己的夙愿，而"圣人"却能够凭借"无名"之境成就其伟业；"真人"则与俗人有着显著的区别，在"无己""无功"和"无名"三个方面都达到了

---

① 郭庆藩. 庄子集释 [M]. 王孝鱼, 点校. 北京：中华书局, 1982：22.
② 郭庆藩. 庄子集释 [M]. 王孝鱼, 点校. 北京：中华书局, 1982：22.
③ 郭庆藩. 庄子集释 [M]. 王孝鱼, 点校. 北京：中华书局, 1982：20.

完美，进而使自我本真的自然之性得以实现，达到与天同一的逍遥境界。故而，"乘天地之正而御六气之辨，以游无穷者"（《庄子·逍遥游》）就是要做到忘我、无己、无心无情；"不物于物"（《庄子·山木》）而摆脱外物的束缚；超脱尘世纷扰，不为名利所困，心境超越现实；悠然自得，洒脱无拘的"顺万物之性""御六气之辨"，从而成为"与天为一"（《庄子·达生》）的"真人"。

"真人"在包含"至人"之"无己"，"神人"之"无功"，"圣人"之"无名"三方面属性的同时，还有"与天为一"并超出万物的特点。"真人"为人的关键在于与"天"和"道"的同一，"真人"与"天"和"道"并无二致。"真人"以人的形体显现，与"天""道"紧密相连且不相违。"真人"对"天"的遵从，表现为"与天为一"，反之，不遵从于"天"亦为"与天为一"。在"与天为一"的状态下，二者浑然一体；在不"与天为一"的情况下，则具现为人的形体。当"真人"以人的形体呈现时，依然与"天"和谐一致，不悖逆天道。"天"与"真人"相比并不占据优势，"真人"亦然，二者并无强弱之分。"真人"就是在与"天""道"关系中，实现天人合一、人道合一的"天与人不相胜"（《庄子·大宗师》）的人。因此，"真人"超越了万物之限，于万物之中超脱而出。

综上所述，"真人"乃庄子所推崇之理想人格。唯有"真人"方能抵达无待、无累、无患的逍遥之境。"真人"之所谓"真"，在于其遵循天道、顺应人性，在于其任情率性而无矫揉造作。"真人"代表着人类最本真之人格，因此可称之为"至人"；"真人"虽无为，但其实为无所不为，超越凡俗，故又可称之为"神人"；"真人"深谙"道"之精、"德"之要，因此无所不通，所谓"圣，通也"[①]，故又可称之为"圣人"。故此，"真人"因兼具"至人""神人""圣人"三者之质而成为最理想之人格。

与老、庄之理想人格的出发点相同，"道"亦是《管子》之理想人格的出发点，但其作为黄老道家代表之一，其理想人格思想与老、庄又有所不同。

---

① 许慎. 说文解字 [M]. 北京：中华书局，1963：250.

### 三、《管子》理想人格之"圣人"

通观《管子》,可见其中关于"君子""圣人"人格之论说。"因物之性""尚虚好静""崇尚无为""因时而变"的"圣人",是在道德上较之于"君子"更为完善之人,故《管子》所言之理想人格是为"圣人"。

在《管子》看来,"君子"指的是位居社会上层的阶级,他们理应食于"道"且以此为生;"小人"用以指代劳动者等社会下层群体,他们理应食其力且借此得存。故《管子》曰:

> 使君子食于道,小人食于力。君子食于道则上尊而民顺,小人食于力则财厚而养足。(《管子·法法》)

《管子》之"君子食于道"突显的是统治者在道德层面具有先知先觉的特质,他们的道德品质高尚并肩负着将"道"传承并践行于天下的重任;"小人食于力"表明劳动者在生产劳动领域虽然具备专业技能,但在道德的维度上说却与君子相去甚远。唯有在君子的启迪和教化之下,劳动者方能领悟道德的深邃内涵,进而修养自身的德性。

可见,在《管子》书中,君子是同时拥有地位和德性的人。因此,在现实的社会生活中,君子较之于常人而言必然担当着一些更为重要的职责,承担着更多的义务。

> 君子食于道,则义审而礼明。义审而礼明,则伦等不逾,虽有偏卒之大夫,不敢有幸心,则上无危。齐民食于力则作本。作本者众,农以听命。是以明君立世,民之制于上,犹草木之制于时也。(《管子·君臣下》)

《管子》认为,君子靠治国之道来生活,义理就可以详备,礼制就可以彰明。义理详备,礼制彰明,伦理的等级就没有人敢于超越,即使拥有兵车和士卒的大夫也不敢存在侥幸作乱的心理,这样,君主就可以没有危险了。平民依靠自身体力而劳动生活,则从事基本的农业生产;从事农业生产的人多了,则勤勉而听从命令。所以,明君治世,人民受君主的节制,就像草木受天时的制约一样。由此出发,《管子》曰:

## 绪论　先秦两汉儒道理想人格

> 是以君子不怵乎好，不迫乎恶，恬愉无为，去智与故。其应也，非所设也；其动也，非所取也。(《管子·心术上》)

君子应不被爱好之事诱惑，不被厌恶之事胁迫，安愉无为，且消除智谋和故巧。在《管子》中，君子只有如此行事，摒弃主观成见而因循他物的本性，实现以物本身为法度，事物已经到来便去处理它，遵循物本身的原理去使用它，方能使物获得充分、全面的发展，即达到"君子使物，不为物使"(《管子·内业》)的境界。

由此可知，《管子》中提出的"君子"人格应以物为法，与孔子所倡导的"修己安人"的"君子"形象存在差异。孔子的"君子"思想侧重于"慎独"，强调人之个体应注重内心修养，进行自我反省，勇于改正自身之过错，不断地提升自我，以抵御外部物质的诱惑或利益的侵害，进而实现超越自身之物质性存在的"安民"境界。孔子之思固然可以激励世人通过修养自身德性实现国泰民安的目的，然仅仅思虑"修己"可能会导致忽略他人现象的发生，况且，当"君子"将自己所秉持的较高道德标准强行施予他人时，也极易损害他人的自然本性，进而导致"君子"的理想人格成为空中楼阁。因此，《管子》所说的"君子"遵循的是以尊重他人为基础的以物为法的"因循"之道。《管子》提出"君子"奉行"因循"之道而为之的目的，在于希望人们可以在生活中缓解与他人、与社会的紧张及矛盾，甚至期望于缓解人们同整个宇宙之间的关系，以确保具有特殊性与普遍性的个体生命秩序和社会生活秩序的和谐发展。

"君子"虽然能够循"道"而行，但"君子"却并非《管子》所认之理想人格。这是因为，《管子》认为"君子"并非道德上最为卓越、完美的人。在《管子》看来，"圣人"因具备完善之道德而应是最理想的人格范式，理应是常人学习与借鉴的典范。《管子》曰：

> 强不能遍立，智不能尽谋。物固有形，形固有名，名当谓之圣人。故必知不言无为之事，然后知道之纪。殊形异执，不与万物异理，故可以为天下始。(《管子·心术上》)

《管子》认为，强力不能遍立万物，巧智不能尽谋万事，万物皆有其一

## 先秦两汉儒道理想人格之情、才、德思想研究

定之形体,其形体亦即有其一定之名称。"姑形以形,以形务名,督言正名"(《管子·心术上》),从形体之实际出发说明形体,从形体的实际出发确定其名称,据此来考察理论又规正名称,故依此为之而使其名与形契合相当的人即为"圣人"。圣人唯有遵循万物本性,精通无言无为之道,方能领悟"道"之精髓。尽管万物形态各异,圣人却能与万物同源,因此被誉为世间万物的始祖。换言之,只要圣人能因循万物的本然之性,以形而名,那么无论世间万物如何变化皆可无为而治。

在这个意义上讲,《管子》从"道"出发,认为因天道虚而无形,故圣人尚虚好静。从耳目声色讲,《管子》认为耳目声色乃欲望产生之源,倘若心中的沟壑被欲望填满,就会"目不见色,耳不闻声"(《管子·心术上》),人之九窍恐怕就会失去其应有的作用。只有去除各种欲望,保持内心虚静,"道"才会归于心中并将其葆有,即"虚其欲,神将入舍;扫除不洁,神乃留处"(《管子·心术上》)之义。是以,秉承静心之原则,对于事物之发生发展应"毋先物动,以观其则"(《管子·心术上》),不应在事物发生变化之前行动,而应静心观察其中的规律、规则。若不然,"动则失位"而"静乃自得"(《管子·心术上》)。圣人之所以如此,皆在于其对天地的效法。《管子》曰:

> 天曰虚,地曰静,乃不伐。洁其宫,开其门,去私毋言,神明若存。纷乎其若乱,静之而自治。(《管子·心术上》)

《管子》认为,天是虚的,地是静的,事物纷纷杂杂犹如乱丝,静下来则有序可循而有条不紊。故圣人崇尚虚怀若谷,喜好恬淡宁静,是"体天而虚,顺地而静"[1],这不仅是使用和观察"道"的需要,亦是"道"在人身上显现的最高旨趣。

圣人尚虚好静,乃是因"道"虚而无形,保持内心虚静方可得"道"。为葆虚静之心,故圣人"无为"。只有"恬愉无为,去智与故"(《庄子·心术上》),允许事物顺应"道"的规律演变,遵从客观规律而不对其进行干

---

[1] 黎翔凤. 管子校注 [M]. 梁云华, 整理. 北京: 中华书局, 2004: 764.

预,才能实现育化万物的"德"之境界。圣人之所以超脱于世俗的世界,皆因圣人之"无为"。圣人"不官于物而旁通于道"(《管子·宙合》),方可与天地宇宙相通而实现通达。因为"通乎无上,详乎无穷,运乎诸生"(《管子·宙合》)乃为"道"之本身,所以圣人在相通于"道"与天地宇宙后,便不再受世俗世界之约束。故曰:"圣人参于天地。"(《管子·宙合》)

因圣人可参乎于天地,故其可"上察于天,下察于地"(《管子·心术下》),天地可为之事,圣人亦可为之。天地之"道"变化无穷、孕育众生,故圣人通此"道"而"与变随化"(《管子·宙合》),循"道"之规律,"亦行其所行而百姓被其利"(《管子·白心》),进而成就化育万物之"德"。同时,圣人通"道"之"无私覆""无私载"(《管子·心术下》)之性,而公正无私,以实现真正的"圣人之治"(《管子·白心》)。于此,人与天、地并立为三,人自身的束缚就此被打破,人进而能够去追求超越之境。

总言之,《管子》之"圣人"理想人格追寻的仍是先秦儒道的内圣外王之道。圣人虚静修心以悟"道",而与"道"相通;与"道"相通后,而成就化育万物之"德"。成就化育万物之"德",是为"得道",即达到"内圣"。因其拥有与"道"相通的"内圣"之"德",故可化育万物、造福世人,成就圣人之无为之治,此即"外王"。与《管子》同理,《黄帝四经》之理想人格秉承的亦是内圣外王之道。

**四、《黄帝四经》理想人格之"圣人"**

属于黄老道家的《黄帝四经》,在其对"圣人"理想人格的论说中,体现出了与先秦儒道"圣人"思想的不同。同时,关于圣人"无为"思想的解说,《黄帝四经》与上述诸家(包括《管子》)之见解亦有所不同。由于《黄帝四经》中蕴含的政治性尤为突出,故其中所言之人格有诸如"执道者""圣人""圣王""君主"等分别。若言"圣人"为何为其理想人格,尚需先论"执道者""圣王""君主"与"圣人"之异同。

关于"执道者",《黄帝四经》曰:"故唯执道能虚静公正,乃见(正道①),

---

① 陈鼓应认为空缺之处应为"正道"。(参见陈鼓应. 黄帝四经今注今译[M]. 北京:商务印书馆,2007:190.)

### 先秦两汉儒道理想人格之情、才、德思想研究

乃得名理之诚"(《经法·名理》)。《黄帝四经》认为,掌握"道"的圣人能秉持虚静之心照拂万物,并能遵循法度公正地处置事务,进而能够洞察自然与人事物理,深谙名理之本质。简言之,掌握"道"之不可或缺的前提即在于虚静公正。

> 故执道者之观于天下殹(也),无执殹(也),无处也,无为殹(也),无私殹(也)。(《经法·道法》)

但"执道者"之"执"与"无执"之说似有所矛盾。从根本上讲,"执"与"无执"的关键在于"道"为何物。在《黄帝四经》中,"道生法"(《经法·道法》),各项具体法度的制定皆根据基本的"道",是以"执道者,生法而弗敢犯殹(也)"(《经法·道法》)。此中之"道"即应为规律意义上的"道",诚如张增田所言:"'执道者'所执掌的'道'并不是无形之太虚,而是体现为'反'的天之道、'分'的君臣关系和由始至终的万物变化,它们都具有规律、法则的意义,可以作为'生法'的依据。"[①] 于此,"道"是规律和法则维度内的天之"道",亦即是说"道"是可以被掌握的规律或法则("执道")。即使"道"作为规律、法则义的天之"道"可以被掌握,但天之"道"不以人的意志为转移的客观性依然不会被改变,而"法"却是人为创造之物。因此,在从天之"道"到"法"的演变过程中,势必存在一个媒介以确保"法"的合理性。换言之,即是需要对如何使自然无为的天之"道"与人为制定之"法"合一的问题进行探寻。《黄帝四经》认为,"执道者"便是二者统一性存在的证明,"法"不以个人主观意志创制,而是因循天之"道"。就"执道者"与"法"的关系来说,"执道者"不仅需要遵循天之"道"而"执道生法",同时,"执道者"亦被"法"之规则制约。"故执道者,生法而弗敢犯殹(也),法立而弗敢废(也)。(故)能自引以绳,然后见知天下而不惑矣。"(《经法·道法》)由此可见,《黄帝四经》对人类与社会的协调及有序状态的追求已显现。

概言之,在效法天之"道"以明人之事的进程中,"执道者"始终处于

---

① 张增田."道"何以"生法":关于《黄老帛书》"道生法"命题的追问[J]. 管子学刊,2004(2):18—23.

核心地位。"执道者"以相对无为之法化育天下，是以"得道之本，握少以知多；得事之要，操正以正奇"（《黄帝四经·道原》）。

关于"圣人"，《黄帝四经》认为"圣人"因天之则，"抱道执度"（《黄帝四经·道原》）。《黄帝四经》曰：

> 精微之所不能至，稽极之所不能过。故唯圣人能察无刑（形），能听无（声）。知虚之实，后能大虚；乃通天地之精，通同而无间，周袭而不盈。服此道者，是胃（谓）能精。明者固能察极，知人之所不能知，服人之所不能得。是胃（谓）察稽知极。（《黄帝四经·道原》）

此即是说，相较于圣人，即便是最为精微的事物也无法成就"道"的境界，"道"的存在亦不能被最为极致的事物超越，能够洞悉无形、无声的"道"之真谛的唯有圣人。知晓虚静无为的实际内涵，方可达到虚静至极的"太虚"境界。是故"道有原而无端，用者实"（《十大经·前道》），"道无始而有应"（《黄帝四经·称》）。"太虚"者，虚而有实。能体"太虚"者，便能体悟"道"之不离天地万物，并与天、地、人合一之奥妙，即"通天地之精"（《黄帝四经·道原》）。可"通天地之精"者，《黄帝四经》认为，只有拥有"至神之极"（《经法·论》）之智慧的"圣人"方可为之。

> （强生威，威）生惠，惠生正，（正）生静。静则平，平则宁，宁则素，素则精，精则神。至神之极，（见）知不惑。（《经法·论》）

在《黄帝四经》看来，通过"正己"，即通过静、平、宁、素、精的修养，可达到"神"之最高境界，拥有智慧而不惑。"神"原于"道"，"道者，神明之原也"（《经法·名理》），"神明"以"道"为旨归而达于"神"之境界，即体道、悟道而发挥"道"之神妙作用，通晓天地之精，故"神明者，见知之稽"（《经法·名理》）而具"察稽知极"（《黄帝四经·道原》）之智以持道守境。

所谓"抱道执度，天下可一也"（《黄帝四经·道原》），持守道境，亦即为"处于度之内而见于度之外"（《经法·名理》）之义。"执度"之目的在于：

> 守天地之极，与天俱见，尽（施）于四极之中，执六枋（柄）以令

## 先秦两汉儒道理想人格之情、才、德思想研究

> 天下，审三名以为万事（稽），察逆顺以观于（霸）王危亡之理，知虚实动静之所为，达于名实（相）应，尽知请（情）伪而不惑。（《经法·论》）

《黄帝四经》认为，遵循天道运行的法则，效仿天道而顺应进退动静之理，并将此中之道理广泛应用于世间万物，同时，洞悉虚实动静之差异，明了虚实相生的哲理，明辨真假而不迷茫，即可成就功业，即"功成"。与常人不同的是，圣人虽获得"功成"，但不"擅天功"。

"唯圣人能尽天极，能用天当""必尽天极而毋擅天功"（《经法·国次》），如前所言，"圣人"的一切行为皆因循天之"道"，故在《黄帝四经》中，"圣人"与"天极""天功""天当""天时"相连，是对老子"功遂身退，天之道"（《老子·第九章》）之"功成弗居"思想的继承。不同的是，《黄帝四经》之"圣人"行事不仅遵循天之"道"，还要合于民心，"圣（人）举事也，阖（合）于天地，顺于民，羊（祥）于鬼神，使民同利，万夫赖之，所胃（谓）义也"（《十大经·前道》），尤其是《黄帝四经》提出鬼神这一维度，这些都是对圣人行为所预设之规范。

要言之，"执道者"秉持虚静公正、遵循道义而生发法则，与圣人因循天道之至理，皆是顺应"天道"之无为精神的体现。所谓"执道者"虚静且公正、执道而生法，实际上是对"天道"之规律进行的积极主动地探寻与把握，这与圣人的"抱道执度"（《黄帝四经·道原》）、以"无为"而"有为"的境界具有内在的一致性。

关于圣人与君主的关系，《黄帝四经》通过对君主治理国家时是否符合于"天道"的问题进行讨论，从而对治国过程中的"顺"与"逆"进行了区分，其中，顺应天道的理想君主即是与圣人相契合的"圣王"。《黄帝四经》曰：

> 兼人之国，修其国郭，处其郎（廊）庙，听其钟鼓，利其斋（资）财，妻其子女。（《经法·国次》）

此即是君主治国之"逆"。君主并非时刻都能因循天道而契合于天地精神，往往因背离天意而导致"国危破亡"（《经法·四度》）。是以身处君位的君主不一定能达至圣人境界，故其应以有道之人为师，"帝者臣，名臣，其实师也"（《黄帝四经·称》），即以圣人为师，"如此而有（又）不能重

## 绪论　先秦两汉儒道理想人格

士师有道，则国人之国已（矣）"(《经法·六分》)。君主以圣人为师，效法其"抱道执度"，以使"天下可一"，故君主行事应与圣人一样符合"天道"之要求，换言之，《黄帝四经》之理想的君主是秉承天道，契合于圣人者。可秉承天道且契合于圣人的君主，《黄帝四经》将其称之为"圣王"。

> 天制寒暑，地制高下，人制取予，取予当，立为（圣）王；取予不当，流之死亡。（《黄帝四经·称》）

所谓"圣王"，指的是在位者不仅有君主之尊，重要的是其践行圣人之道，遂超越寻常之君，展现出非同一般的领导力。圣王效法圣人察稽知极、持守道境、"抱道执度"，即可使天下归服。故曰："圣王用此，大下服。"（《黄帝四经·道原》）

故只有在君主合乎于"道"并达至"圣王"之境界时，"君主""圣王""圣人"方有相通之处。因"圣人"乃是"君主""圣王"所应追求的最高境界，故"君主""圣王"二者并不是《黄帝四经》之理想人格，只有处处契合"天道"的"圣人"才是其所认之理想人格。

总言之，个体皆有完善自我人格的潜在基因，并有使其成为现实的能力是儒道两家的共识。从儒家言，有"我欲仁，斯仁至矣"（《论语·述而》）、"人皆可以为尧舜"（《孟子·告子下》）、"涂之人可以为禹"（《荀子·性恶》）、"必仁且智"（《春秋繁露·必仁且智》）等为证。从道家言，虽然未见如儒家般明确的表述，但之所以不予详说，乃是因为道家认为人之完善自我人格的潜在基因和现实能力是不需要加以探讨的客观存在。在道家看来，人之本性和天赋能力虽生而具有个体差别，但这对个体人格的自我完善来说并不能构成阻碍，只要人们能够充分地发挥、外化与生俱来的禀赋，就可以与理想人格同一。

从区别上说，儒道理想人格虽然皆追求"内圣外王"之道，但具体而言，其内容亦有较大差异。"儒家推崇的理想人格是现实的入世的道德人格，道家推崇的理想人格则是超越的即世又出世的自由人格。"[①] 从儒家思

---

① 邵汉明. 儒道人生哲学［M］. 长春：长春出版社，2011：14.

## 先秦两汉儒道理想人格之情、才、德思想研究

想的维度上讲，孔、孟、荀、董四位先贤所憧憬的理想人格虽然受他们各自人格塑造观念与态度差异的影响，而在性情、仪表、气度等方面有不同的差异，但相同的是他们皆以"内圣外王"为根本精神。"内圣"即讲求修养内在的德性，"外王"则是在现世中通过实践而治国安民使天下平。从"内圣"与"外王"统一的角度讲，儒家对尧、舜、禹、文王、周公诸者甚为崇拜，并以之为理想人格的模板。于儒家言，相对于"外王"，儒家更注重将自身之德性修养至"内圣"的境界。儒家基于对现实社会的忧患，将"修己安人"及"成己成物"（《礼记·中庸》）作为理想人格之价值诉求，故儒家之理想人格即是力行用世的现实品格、入世品格。

从道家看，道家之理想人格虽不似儒家理想人格直言其政治情怀为治国平天下，但实际上，道家在追求形而上的自然、自由精神的同时，亦有对形下世界的关注与担忧，故其理想人格中含有自然性与社会性的统一之义。老子之"自然"即万物之应有本然、自己而然的状态，"复归于婴儿"（《老子·第二十八章》）。庄子认为，"自然"是生命的最高境界，不矫揉造作、不虚假、不掩饰才是生命最好的状态，故应回归于人的自然本性，超然于物而心无牵绊，乃是真正的自由。黄老道家则主张顺势自然，把握时机，对"道"进行自然、纯然、超然之把握以获成功。故在黄老道家处，老庄理想人格的自然性与社会现实相融，实现了人之自然性与社会性的统一。

也就是说，黄老道家不仅追求个体修养之完善，亦致力于实现政治层面之和谐。老庄追求的则是个体价值的践履，其对身心超越的追求以超越世俗分别为起点，以与天地之道相融合、与自然之变相和谐为旨归，达至逍遥无待的自由之境。诚然，老庄的观点能够提升人之精神境界，但缺乏社会关怀。黄老道家则强调，在追求生命个体价值的过程中，强化个体生命所承担的社会责任，以使个体在生命价值与社会价值领域获得双重提升，从而实现"身国同治"的美好愿景。

概言之，儒家是以"修己安人"之路达"内圣外王"之境，道家则是在人之自然性与社会性、个体价值与群体利益之间的关系中思考"内圣外王"之道。儒道在追求"内圣外王"的具体方式或途径上虽有不同，但相

同之处在于，在"内圣"而"外王"的过程中，儒道两家皆设定一理想人格为时人成就"内圣外王"提供指引。

若欲对儒道两家的理想人格思想做进一步更为深入的剖析，我们可从情、才、德的维度入手。通过对理想人格的情、才、德之三大维度的分析，可使儒道两家塑造的理想人格更为生动与立体。从根本上说，理想人格的情、才、德属于人性问题的范畴。情、才、德寓于人性之中，亦为人性之表现形式，体现人性之内涵。在人性的视域内，先哲们讨论的大多是具有道德意义的人性之善恶，如人性善、人性恶、人性善恶混等。值得注意的是，道德善恶维度中的人性是在整体意义上的考量，而情、才、德作为人性整体范畴内最重要的三大维度，对于人之为人之性的判断具有重要作用。这便引申出理想人格的情、才、德究竟为何的问题，或者说理想人格的具体的内在质素应该达到一种什么样的境界的问题，故本书在情、才、德的视域内对先秦两汉儒道理想人格所具之质素做逐一阐释。

# 第一章　先秦两汉儒道理想人格的"情"与"性"

## 第一节　先秦经、史文献中的"情""性"内涵

《说文解字》曰："性，人之阳气性善者也。"① 性之本义为人之本性。

性相近也，习相远也。（《论语·阳货》）
性，质也。（《广雅》）
天命之谓性。（《礼记·中庸》）
自诚明，谓之性。（《礼记·中庸》）
性者，生之质也。（《庄子·庚桑楚》）
不可学，不可事，而在人者谓之性。（《荀子·性恶》）
生之所以然者谓之性。（《荀子·正名》）
五性者何？仁义礼智信也。（《白虎通》）
性，生而然者也。（《论衡·本性》）

在以上诸家思想中，"性"是事物天生或天就的资质，最基本的特征在于其是天然的，而非人或物主观创造或习得的。于此，"人性"为人之"性"、人之本性，乃是人先天禀赋的素质或资质。

"情"于《说文解字》中，为"人之阴气有欲者"② 之义。许慎的《说

---

① 许慎.说文解字[M].北京：中华书局，1963：217.
② 许慎.说文解字[M].北京：中华书局，1963：217.

## 第一章 先秦两汉儒道理想人格的"情"与"性"

文解字》虽然是现今研究文字来源的权威著作,但其对"情"之义的解释却不甚恰当。据段玉裁所注:

> 董仲舒曰:情者,人之欲也。欲之谓情,情非制度不节。《礼记》曰:何谓人情?喜怒哀惧爱恶欲,七者,不学而能。《左传》曰:民有好恶喜怒爱乐生于六气。《孝经·援神契》曰:性生于阳以理执,情生于阴以系念。(《说文解字注》)

再看董仲舒所言:

> 身之有性、情也,若天之有阴、阳也。言人之质而无其情,犹言天之阳而无其阴也。(《春秋繁露·深察名号》)

董仲舒以天有阴阳类比人之性情,其意在于说明性情于人而言是必备之物。人若有性而无情,就好像天有阳而无阴一样,天必须有阴有阳,人亦必须有性有情。与此同时,仁贪之气亦与天之阴阳同理,必存于人性之中。

> 身之名取诸天,天两有阴阳之施,身亦两有贪仁之性。(《春秋繁露·深察名号》)

天有阴阳,人有性情与仁贪。天之阳气表现为仁,仁即性;天之阴气表现为贪,贪即情。简言之,阳对仁与性,阴对贪与情。由此看,许慎大抵是在董仲舒的影响下,将情定义为人之阴气所生之欲。其中之欲,颇有恶之色彩,由其所定义之情似有恶之意味。然不论古今,"情"之一物皆非纯恶之物,其善恶取决于"心"之所向。好比爱情,真心诚意所发之真情实感,必是善情生善果;虚情假意所发之诲张变眩,必是恶情生恶果。这样看来,《说文解字》之"情"义有以偏概全之嫌,仅以此为参考已不能解释"情"之全部内涵。故此,探寻"情"之意涵,还须上溯到先秦时期。

在《尚书》与《诗经》中,"情"字可谓昙花一现。

> 呜呼!小子封,恫瘝乃身,敬哉!天畏棐忱,民情大可见,小人难保。(《康诰》)

> 子之汤兮,宛丘之上兮,洵有情兮,而无望兮。(《陈风·宛丘》)

## 先秦两汉儒道理想人格之情、才、德思想研究

"情"于此中，皆为情实之义，为中性词。《诗经》中"洵有情兮"之"情"，可为情感之解。美丽的女子在宛丘山坡上热情起舞，男子见之纵然倾心恋慕却不敢有所奢望。男子虽不敢奢望女子对自己情感的回应，但这份情感却是充满向往与美好的，此中之"情"为善之褒义词。至此，已可见许慎《说文解字》中"情"义之偏颇。但为厘清"情"之发展脉络与全部意涵，故不可停于此处。

《左传》中，"情"有四义。

> 穆叔告大夫曰："楚令尹将有大事，子荡将与焉助之，助之匿其情矣。"（《左传·襄公三十年》）

> 赵武曰："夫子之家事治，言于晋国，竭情无私。"（《左传·昭公二十年》）

> 史佚有言曰："兄弟致美。救乏、贺善、吊灾、祭敬、丧哀，情虽不同，毋绝其爱，亲之道也。"（《左传·文公十五年》）

> 叔孙辄对曰："鲁有名而无情，伐之，必得志焉。"（《左传·哀公八年》）

此四处之"情"分别为事物本来真实情状义、人之忠诚情感或尽心竭力的态度义、人与人之间的情感义、事物实际内容（与名号相对）义。凡此"情"之四义，皆无恶之意涵。

与《左传》相同，《国语》之"情"亦有四义。

> 公曰："余听狱，虽不能察，必以情断之。"（《国语·鲁语上》）

> 吾闻君子不去情，不反谏，谏行身死可也，犹有令命焉。死不迁情，强也。守情说父，孝也。杀身以成志，仁也。死不忘君，敬也。孺子勉之！（《国语·晋语二》）

> 勾践愿诸大夫言之，皆以情告，无阿孤，孤将以举大事。（《国语·吴语》）

> 吾见其貌而欲之，闻其言而恶之。夫貌，情之华也；言，貌之机也。身为情，成于中。（《国语·晋语五》）

此四处之"情"中，第一处的"情"与《左传》中"情"之第二义相

同，为人之忠诚情感义。第二至四处的"情"则分别为人之情感活动或意识义、真诚义、人之品性才识义。可见，《国语》之"情"亦无恶之贬义。

故可说，"情"在与伪、名、貌相对而言的意义上，主要有事物之本真情状义、事物之实际内容义、人之品性才质，以及人与人之间喜爱、真诚、忠诚之情感义等。简言之，"情"主要有质实、忠诚、真情三义。此三义亦蕴含于先秦两汉儒家关于"情"的论述中。

## 第二节 先秦两汉儒家理想人格的"情"与"性"

### 一、孔子"质实""忠诚""真诚"之"情"与"性"

"情"在《论语》中仅见于两处：

> 曾子曰："上失其道，民散久矣，如得其情，则哀矜而勿喜！"（《论语·子张》）

> 子曰："小人哉樊须也！上好礼，则民莫敢不敬；上好义，则民莫敢不服；上好信，则民莫敢不用情。"（《论语·子路》）

曾子所说之"情"为事物之本真情状，即事实义。孔子所言之"情"则为诚实义。"情"于《论语》中虽只有两处呈现，但其所含之质实、忠诚、真情等义却始终贯穿于孔子之仁礼思想体系中。

孔子曰："刚毅木讷近仁。"（《论语·子路》）他认为，仅当个体保持内在的坚定果敢性格与自然纯朴的品质，不受外界因素影响而改变或刻意雕琢自身时，方有可能接近于仁之境界。与刚毅木讷相对的，则是巧言令色。"巧言令色，鲜矣仁！"（《论语·学而》）此句于《阳货》篇亦可见，这对于全书仅16000余字的《论语》来说当属罕见。换言之，通过此句的重复，可以看出孔子对巧言令色者的厌恶至深，亦可反映孔子对本我、真我之情的肯定。朱熹注曰："好其言，善其色，致饰于外，务以悦人，则人欲肆而本心之德亡矣。圣人辞不迫切，专言鲜，则绝无可知，学者所当深戒也！"[①] 说好

---

① 朱熹. 四书章句集注［M］. 北京：中华书局，1983：48.

听的、好以和善讨喜的样子示人，伪装成有善心、德行之人，这些不过是为达到自身目的、满足自身欲望采取的手段而已，乃是为欲望所制以至于失去了人之为人之心灵的本真，更遑论其仁德。因此，孔子深恶巧言令色之徒，对刚毅木讷之人之喜爱与对巧言令色之徒之厌恶形成鲜明对比。在孔子那里，刚毅木讷虽然不一定皆为仁人，但巧言令色却基本皆非仁人。

> 巧言、令色、足恭，左丘明耻之，丘亦耻之。匿怨而友其人，左丘明耻之，丘亦耻之。（《论语·公冶长》）

孔子以"巧言、令色、足恭""匿怨而友其人"为例对巧言令色和虚伪造作的表现进行诠释，以"耻"表达其对此行为的驳斥，巧言令色、虚伪造作与孔子一生所求之仁道已相去甚远，反之，刚毅木讷、真实质朴是为深通于"仁"之道。换言之，刚毅木讷者所表现的本我、真我之真实质朴之"情"为与"仁"相通之正道。此为"情"之质实、真情义于孔子"仁"之体系中的体现之一。

在孔子的"仁"之体系中，仁者应遵循自身的真实性情，亦应具备全力以赴的忠诚品质。

> 居处恭，执事敬，与人忠，虽之夷狄，不可弃也。（《论语·子路》）

孔子在教导樊迟时对他说过三条准则，即于家恭敬有礼、于事严肃认真、于人衷心真诚，即使是身处夷狄之邦仍不可忘记、丢弃此三条准则。其中的"忠"，就是真诚恻怛、竭心尽力。

> 子以四教：文、行、忠、信。（《论语·述而》）

忠作为孔子教导弟子的内容之一，亦是孔子仁学体系中的一个重要组成部分，乃是其中一重要的德目，更是成就"仁"而不可或缺的一个重要条件。

> 子曰："志士仁人，无求生以害仁，有杀身以成仁。"（《论语·卫灵公》）

秉持仁义之心的有志之士，即使生死之际也不会因惧怕死亡而背离仁

## 第一章 先秦两汉儒道理想人格的"情"与"性"

义,反而会英勇无畏地舍生取义,以成就仁德的至高境界,此即为杀身成仁、舍生取义者也。诚然,世间万物中,凡有生命者皆望生避死,抑或说爱生恶死,此之为众生本能,在这个意义上说,众生是为平等。但人之为人,之所以不同于禽兽,便是因为人具有超越此本能的"忠"之德目。当血气生命与精神生命发生冲突时,人可将血气生命抛诸脑后,使精神生命于血气生命之中超脱而出,乃为人所独具之精神品质。此品质源于人独有的对他者、对遵循"道"之事业的热诚真挚、全力以赴之"忠"的情性。唯有"忠"之情性饱满于内心,方能"造次必于是,颠沛必于是"(《论语·里仁》),方能在面临困境、抉择之际仍坚定不移地为实现高尚目标而坚韧不拔、奋发向前,乃至于献出生命、舍生取义,以成就精神品格之完善。"情"于此已不仅代表忠诚,身具忠诚,可杀身成仁、舍生取义者,必是质实、真情之人,因此,"忠"之情已涵盖质实、忠诚、真情三义,是为此三义在孔子仁学体系之理想精神境界中的集中体现。

如果说"忠"是"情"之三义在理想精神境界意义上的集中体现,那么孝悌爱敬便是"情"之三义在现实世界意义上的体现。

> 子曰:"其为人也孝弟,而好犯上者,鲜矣。不好犯上,而好作乱者,未之有也。君子务本,本立而道生。孝弟也者,其为仁之本与?"(《论语·学而》)

"孝",乃善侍父母;"弟",则善尊兄长。"孝""弟"合为"孝悌",即为善事父母兄长,也就是善待父母亲人。孝悌于道德规范言,在一定程度上需要通过社会制度给予保证方可实现。但通过社会制度方能达到的孝悌,实际上已经违背了孝悌的初衷,一般而言,因社会制度有善待父母等要求方为孝悌之行,此时之孝悌充斥着违心的意味。孔子所言之真正的孝悌应是由血缘亲族关系自然而然生发出来的真实亲情,应是源于人内心的真情实感。因此,衡量某人是否真正践行孝悌之道的关键,在于观察其行为是基于内心真挚的情感驱动,还是受到法律规范、社会舆论等外在因素制约而做出的理性选择。

在孔子看来,仁源于血族亲情,由血缘亲族中自然衍生的孝悌为仁之行,故孔子怒斥不孝敬长辈和不尊重兄长的人为不仁之人,例如宰予。

宰我问："三年之丧，期已久矣。君子三年不为礼，礼必坏；三年不为乐，乐必崩。旧谷既没，新谷既升，钻燧改火，期可已矣。"

子曰："食夫稻，衣夫锦，于女安乎？"

曰："安！"

"女安，则为之！夫君子之居丧，食旨不甘，闻乐不乐，居处不安，故不为也。今女安，则为之！"

宰我出。子曰："予之不仁也！子生三年，然后免于父母之怀。夫三年之丧，天下之通丧也。予也有三年之爱于其父母乎？"（《论语·阳货》）

在孔子看来，幼子于出生后的三年内，需依赖父母的精心呵护，故父母离世后，子女守丧三年，是为了表达对父母养育之恩的感激之情，亦为子女在父母离世后仅能尽的孝道。父母丧，子女之哀至极，哀之极致则食不甘、闻不乐、居不安，此不甘、不乐、不安之哀情大抵需要三年方可缓解。宰予却嫌三年之期过于久，于他而言一年后便可品米粟之鲜醇、体锦缎之精奢而心安理得（甚至说他当时便想如此为之），也就是说他对父母的感情并未达到可以让其感怀三年的程度，甚至说他对父母的哀戚之情已然泯灭。于孔子而言，宰予的这种观点与行为甚为无情，无情之人因其心中无爱已算不得仁。然爱为何物？

樊迟问仁。子曰："爱人。"（《论语·颜渊》）

爱人即为仁，或者说为仁要先爱人。

弟子入则孝，出则弟，谨而信，泛爱众而亲仁。（《论语·学而》）

在家孝顺父母，出门敬顺兄长，谨慎而有信用，泛爱众人则可亲近于仁。此处之爱，乃是人类日常生活中最普遍、最常见且不可或缺的心理情感，这种情感源自人与人之间的交往。同时，这种情感是源于感性，不受知性支配、干扰、筛选或建构，是人之内心最自然、本真的情感，即纯粹情感。孔子仁学体系本真的质朴性便是源于对此纯粹情感的关注。孔子认为，仁者之所以安仁，是因为其仁源于未经知性建构的精熟纯一并由人内心真情所发之爱。因其自发，所以仁者行仁时可以浑然不觉，达之以自然

## 第一章 先秦两汉儒道理想人格的"情"与"性"

化境。

从孔子仁学之刚毅木讷、文行忠信、孝悌爱敬之质实、忠诚、真情之"情"的维度可以看出,孔子仁学体系的建构乃是依缘于人之情感。然则除仁学外,孔子学说的另一大体系——礼之建构,亦是以情为本。

子曰:"礼,与其奢也宁俭。丧,与其易也,宁戚。"(《论语·八佾》)

朱熹注之曰:"盖得其本,则礼之全体无不在其中矣……杨氏曰:'礼始诸饮食,故污尊而抔饮,为之簠、簋、笾、豆、罍、爵之饰,所以文之也,则其本俭而已。丧不可以径情而直行,为之衰麻哭踊之数,所以节之也,则其本戚而已。'"[1] 孔子认为,礼仪之中存在本末之分,以内心诚挚的恭敬与庄重之情为核心,而外在的仪态与器物表现则非根本。以丧礼为例,真挚的悲痛应为其本真自然之情,倘若仅仅追求衣物、棺椁等外在形式的奢华,而忽视内心对逝者的哀思与怀念,那么这种礼仪的实质即为以文之矫饰掩情之缺失,为舍本逐末之举,便失去了其真正的意义,不可称其为真知礼而行礼者。这种现象的出现,在于父母在世时子女对其敬爱之情的匮乏。

孟懿子问孝。子曰:"无违。"

樊迟御,子告之曰:"孟孙问孝于我,我对曰,无违。"樊迟曰:"何谓也?"子曰:"生,事之以礼;死,葬之以礼,祭之以礼。"(《论语·为政》)

在孔子看来,人们在侍奉双亲的过程中,自始至终都应遵循礼仪的规则,并且始终保持严谨的态度。孔子将礼仪视为衡量是否为孝顺之人的准则,原因在于礼仪的本质内涵即发自内心的敬畏尊重之情,在侍奉双亲的维度内,则体现为由衷的敬爱之情。换言之,只有当事亲之事源于发自肺腑的敬爱之情时,父母离世对于子女来说方为哀痛至极。可以说,哀情源于爱敬之情。诚如《礼记》所言,"君子生则敬养,死则敬享"(《礼记·祭义》),生死葬祭之礼的心魂便在于敬爱之情。无此情,生死葬祭之礼便亦

---

[1] 朱熹. 四书章句集注[M]. 北京:中华书局,1983:62.

## 先秦两汉儒道理想人格之情、才、德思想研究

无魂。

对于事亲，孔子强调用敬爱之情以礼相待；对于自身，孔子讲求以庄敬之情行之以礼。故孔子曰：

> 入公门，鞠躬如也，如不容。立不中门，行不履阈。过位，色勃如也，足躩如也，其言似不足者。摄齐升堂，鞠躬如也，屏气似不息者。（《论语·乡党》）

"鞠躬如""勃如""躩如"所展示的便是孔子于朝廷行走时恭敬、谨慎、庄敬之情貌。孔子之所以会在朝堂上展现其庄敬之情貌，并非为了将礼的程式做给帝王和朝臣观看，绝非做样子，而是因为此庄敬之情貌已是孔子日常生活中的惯有内容。

> 食不语，寝不言。
> 席不正，不坐。
> 升车，必正立，执绥。（《论语·乡党》）

孔子要求吃饭时不交谈，睡觉时不说话；席子没有摆正时不就座；上车时端正站好后再握扶手登车等，皆为孔子在日常私生活中所守之礼。所谓日常守礼，就是日日如此，年年如此，不因任何情况有变而更改。

> 虽疏食菜羹，必祭，必齐如也。（《论语·乡党》）

因此，即使是粗粝的饭食和蔬菜汤，孔子在用餐前也一定先行祭礼，并且一定是恭恭敬敬的。那么，孔子如此为之是否违心呢？非也。

> 子之燕居，申申如也，夭夭如也。（《论语·述而》）

由此可知，孔子闲居在家时，即使常怀庄敬之情守以诸礼，但孔子却是非常舒畅、非常和乐的。故可以说，孔子以庄敬之情守礼是源于其内心真情。

正是因为孔子守礼之庄敬之情发于内心，所以当他看到原壤伸开双腿坐在地上，不合跽坐礼节的"夷俟"行为时，才会怒斥其"幼而不孙弟，长而无述焉，老而不死，是为贼"（《论语·宪问》），然孔子对其训斥后仍感觉十分生气，继而"以杖叩其胫"（《论语·宪问》），这种程度的愤怒于

## 第一章 先秦两汉儒道理想人格的"情"与"性"

孔子而言是相当罕见的。孔子愤怒如此，乃是因为孔子认为两膝着地坐于足的跪坐姿势是源于祭祀时神职人员为表示对上天的敬畏之情所做之仪态。换言之，由祭祀仪态演变而来的居处待客的跪坐礼仪内含有敬畏、庄敬之义。从《论语》记载的孔子的为人来看，孔子因自身未被尊敬而斥责原壤非礼之姿的可能性不大，或者说这个原因不足以让孔子说出"老而不死，是为贼"的愤怒之语。只有当孔子认为原壤"夷俟"之行为是无敬畏之心与庄敬之情的表现时，孔子才会如此为之。

然而，对于类似原壤之徒应当如何改变呢？孔子认为，只有君主"道之以德，齐之以礼"（《论语·为政》），民才会"有耻且格"（《论语·为政》）。君主治理国家，在通过自身之德行感化民众的同时，也要借助制度规范来约束民众。如此而为，民众便会生发出羞耻之心，从而自发地归顺于君主。反之，若是在发布命令的同时采用严酷的刑罚来威胁民众，则会导致民众丧失道德底线，向君主服从则只是为了逃避严苛刑罚而非出于廉耻之心。孔子所云"其身正，不令而行；其身不正，虽令不从"（《论语·子路》）的意义便在于此。礼与刑虽皆可以条文规定等外在形式存在，但其内在实质却截然不同。礼之根本在于敬，刑之实质在于威。相对于刑治的约束性和强制性来说，礼治的规范与教化更为柔和，与民众的自然情感意向更为一致。刑治的威慑虽然可使民众被迫服从，但表面的臣服下却掩藏着背叛忤逆的洪流。在礼治下，民众自觉自愿，由内向外地遵从君主的指引。相较之下，顺应民众情感意向的礼治方为治国治民之上策。

孔子之所以倡导施行顺应民众情感意向的礼治，乃是因为在孔子的人学中，人首先是一种有情的存在，是一种鲜活的感性存在。正因为有情，因为喜怒哀乐爱恶会随境况变迁而显现，人与人方可相互感应、共情、沟通。可以说，情感是人最本真的存在方式，人与人之间的真情厚谊亦是孔子之"仁"最基本的组成要素。因此，在为政问题上，孔子认为上位者推行礼治，是君主尊重民众人格的充分体现，民众体会君主的用意高远，君主的德行周遍广阔自会浸润人心、感动人情，君民之间便会产生情感的共鸣，彼此之间随之而更乐于来往。因此，"道之以德，齐之以礼"（《论语·为政》）以及"有耻且格"（《论语·为政》）的核心要素即在于人与人之间是否有真挚的情感联系。

综上所述,孔子所论之礼已广泛地辐射至现实生活的多个方面,既涵盖奉养、丧葬等与生命相关的道德礼仪规范,也包括个人在现实的公共生活或私人生活中的礼仪准则,亦囊括君王治理国家、教化民众的纲领等。然而,无论何种形式的礼,其核心要义皆在于敬重之情谊。若失去敬意,礼将仅剩一个空壳,犹如走肉行尸。简言之,孔子之礼是以情为根本,无敬重、庄敬之质实、真情之情,礼只是一种制度规范的外在条文。同理,"仁"的架构亦源于人之真情实感。"仁""礼"作为孔子学说之两大体系,无质实、忠诚、真情之"情","仁""礼"便会失去其意义。

继孔子后,郭店简《性自命出》的出土,呈现出了极其丰富且细腻的"情"之意涵。

## 二、《性自命出》与孟子"人情"之"情"与"性"

通览郭店简《性自命出》,文章传达的核心理念随之而呈现,即尚诚信,弃巧伪。《性自命出》言"情"曰:

> 性自命出,命自天降。道始于情,情生于性。(简二)

"道"指"人道",即人文规划,如礼乐等;"情"指"人情",如喜怒哀悲。人道的出发点乃为人情,人情由人性而生。性、情、道的逻辑在于人性→人情→人道。人情生于人性,人性源于命,命又由天降,追根究底,人情的根源在于天。在这个意义上,情与性一样,皆为天所授,是天赋予人的本质属性。但,性与情又有不同。"情"为由性出、为道始的存在,是人之本然的、真实的生命之直接呈现。"性"为"喜怒哀悲之气"(简二),"气"发散于外,形成"喜怒哀悲","情"由此而生。"性"与"情"则不同,"喜怒哀悲之气"(简二)藏于心中不向外发散是为性,只有受到外物激发时才能显现而出,而性被外物激发而出后便成为情。因此可以说,性是未发,情为已发。问题在于,能够激发藏于心中之喜怒哀悲之气,使性演化为情的外物的存在为何。《性自命出》认为,性向情的演变要通过心方可成功。

"(人之)虽有性,心弗取不出"(简六),此句之义为内在的性要通过

## 第一章 先秦两汉儒道理想人格的"情"与"性"

心发挥作用才能得到展现，而性又被解释为"喜怒哀悲之气"（简二）。因此，"情"源于性，皆是因心发挥作用，心取而性出之心自然与情感密切相关。情既然为天赋予之物，便已含有不可抛弃之质。因此，《性自命出》主张要顺应人之性情，引导其走向正道。若欲引导人之性情走向正道，那么具有引领作用的心便不可有"为"（通"伪"）。一旦心有所"为"，本真之性的内涵便无法显现，由心伪所产生的假心中取出的性已不能被称为"情"。因此，《性自命出》认为，人作为拥有心的存在，其生命活动因"用心"而有真实与虚伪之分。换言之，真假之象的产生并非因"情"具有真伪之别，人类生命活动的真实与否方为真象与假象产生的根源。因为"情"是由真心提炼出来的本性，虚伪的心灵提炼出来的性已丧失其真实的属性，遂与真心所提炼的性截然不同，故不能视之为"情"。"察其见者，情焉失哉？"（简三十八）由真心从性中提取之情是为善，由伪心提取之情是为恶。性本身并无善恶之分，善恶皆是因性在心取的过程中受真伪影响而形成之物。在此基础上，《性自命出》中所述之情涉及的无论是喜怒哀悲好恶之情，还是人格之善恶内涵，皆为性之相应层面的本真自然的显现，显示的是生命活动之本真面貌。

体现生命活动本质的"情"，必然是真实或诚挚之情。源于道、发自本真之性的"情"代表着人们的真实感受，坚定自我、令人信服的"情"则是人们真诚品质的体现。此"诚""真"二义，于孔子处承袭真实、质实、诚挚义，并于儒家《中庸》与道家《庄子》中各发一枝。在《中庸》中，"诚"为一种真挚无妄的情感意志，乃是在哲学的视域内涵盖着对宗教信仰的忠诚敬畏以及对道德规范的真挚遵循之情。在《庄子·渔父》中，"真"为摒弃人伪，崇尚纯粹自然之天性。

> 凡人情为可悦也。苟以其情，唯（虽）过不恶；不以其情，唯（虽）难不贵。苟有其情，唯（虽）未之为，斯人信之矣。未言而信，有美情者也。未教而民恒，性善者也。（简五十、五十一）

因人情可悦，且人有美情，情感自身便有向善的趋向，亦为孟子"乃若其情，则可以为善矣"（《孟子·告子上》）之性善论的提出提供了条件。孟子言："君子所性，仁、义、礼、智根于心。"（《孟子·尽心上》）

**先秦两汉儒道理想人格之情、才、德思想研究**

这是孟子在具体条目的角度中对性进行的思考。若从总体上看，性乃为"良能"与"良知"。孟子认为：

> 人之所不学而能者，其良能也，所不虑而知者，其良知也。孩提之童，无不知爱其亲者，及其长也，无不知敬其兄也，亲亲，仁也；敬长，义也，无他，达之天下也。（《孟子·尽心上》）

"良能"与"良知"并非源于后天强制性的灌输，而是来自天性。此二者连同人性之善皆源于人类初始之本性。孟子以"情"为钥匙，开启了揭示人之本然的大门。

"情"在《孟子》中共有四次呈现，但其所指不同，指向的对象有物、事、人之别。"夫物之不齐，物之情也"（《孟子·滕文公上》）中的"情"指物之情，是物品未进入社会流通领域之前的自然情状，包括其质地、量度以及性能等；"故声闻过情，君子耻之"（《孟子·离娄下》）中的"情"指事之情，是尚未纳入社会评价机制前主体修为的本真情实；"乃若其情，则可以为善矣""人见其禽兽也，而以为未尝有才焉者，是岂人之情也哉"（《孟子·告子上》）中的"情"指人之情，是人未加矫饰、未经污染之本始、纯粹自然之情状。此四处之"情"虽各有所指，但其意皆不离"本"。因为此中之"情"皆因物、事、人等经验世界的实存而起，故于《孟子》而言，"本"并非超越于经验世界外的抽象本体，而是蕴含于经验世界中具体现象之本实，"情"即被定格于经验现象之中。"情"作为经验现象中的一个既定范畴，其本实之义即源自物、事、人在初始状态下所固有的本真自然之实质。

孟子认为，"情"为人之本始自然之质实，"情"是孟子在对人性之本原进行探讨时提出的一个范畴，作为其性善论的思想支点，它泛指人类初始时自然固有的情感状态。"性"为心之自然的显现，"沛然而莫之能御"（《孟子·尽心上》）的性经由四端之心而自然地发展出仁、义、礼、智之德性。

> 恻隐之心，仁之端也；羞恶之心，义之端也；辞让之心，礼之端也；是非之心，智之端也。人之有是四端也，犹其有四体也。（《孟

## 第一章　先秦两汉儒道理想人格的"情"与"性"

子·公孙丑上》）

孟子所列仁、义、礼、智之四端，除是非之心有强烈的道德色彩，具有道德判断属性外，恻隐、羞恶、辞让三端皆以人之道德情感为主。

> 君子所性，仁、义、礼、智根于心，其生色也，睟然见于面，盎于背，施于四体。四体不言而喻。（《孟子·尽心上》）

作为成就人的自然四体之物，心本无善恶之分，仅当其孕育出仁义礼智之德性时，方可对其进行价值评判。仁义礼智既然由心生发并氤氲四肢，在人的一切活动中显现并外显于人之仪度之间，那么，仁义礼智势必会影响他人，即在人与物、事、他人及人与天的关系中接受价值评判并产生作用。如仁在父子关系中、义在君臣关系中、礼在宾主关系中、智在贤者之间的体现，皆为人的天性在伦理纲常中的彰显。由此可见，孟子所言之性善实为人之性于人伦事理中发挥的普遍效用。

相较于《孟子》，《易传》中的"情"之意涵更为丰富，更为重要的是，"情"于《易传》中被上升到了宇宙论的高度。

### 三、《易传》与荀子之"性情""情伪"之"情"与"性"

研读《易传》，"情"于其中共有14处呈现。《文言传》曰：

> 乾"元"者，始而亨者也。"利贞"者，性情也。乾始能以美利利天下，不言所利。大矣哉。大哉乾乎！刚健中正，纯粹精也。六爻发挥，旁通情也。（《周易·文言传》）

此二处之"情"主要指情实与情状。

《彖传》云：

> 观其所感，而天地万物之情可见矣。
> 观其所恒，而天地万物之情可见矣。
> 正大而天地之情可见矣！
> 观其所聚，而天地万物之情可见矣。（《周易·彖传》）

在这四处,"情"指的是宇宙万象存在与运行的内在原理。

《系辞传》曰:

> 精气为物,游魂为变,是故知鬼神之情状。
>
> 子曰:"圣人立象以尽意,设卦以尽情伪,系辞焉以尽其言。"
>
> 爻象动乎内,吉凶见乎外,功业见乎变,圣人之情见乎辞。
>
> 于是始作八卦,以通神明之德,以类万物之情。
>
> 八卦以象告,爻象以情言。刚柔杂居,而吉凶可见矣。变动以利言,吉凶以情迁,是故爱恶相攻而吉凶生,远近相取而悔吝生,情伪相感而利害生。凡《易》之情,近而不相得则凶,或害之,悔且吝。(《周易·系辞传》)

这八处"情"涵盖了法则、情感、特定情境、真实性与自然性以及恒久不变之道理等多重含义。但不论是被用以表述天地万物变化流转、日异月新的共性规律的"情",还是对宇宙万象进行具体解释的"情";不论是代表相互影响的、有利害关系的双方之一的"情",还是传达圣人对民众的忧患之情感的"情","情"皆是在《易传》阐述宇宙人生一体的总体框架时不可脱离之维度,故"情"是其中一重要范畴。在《易传》中,"情"是对于天地万物存在和演变的"天地万物之情"(《周易·彖传》)之共质的抽象概括。

较之于《孟子》,《易传》中的"情"有其独有的范畴与意蕴。"情"在《孟子》中,其质实之义具有理想性,但于《易传》而言,"情"具有现实性。《孟子》之"情"重视人之本原初始,《易传》之"情"重视人之质实存在。《孟子》以时间回溯之法对物、事、人的本真价值进行探索。通过回溯人初生之时的本然状态,孟子揭示出人之生命的本真意义以及人类独有的价值;通过对往圣先贤的缅怀,孟子继而梳理出现实社会中的人格范式。究其原因,乃是因为孟子意识到异化已于现实世界的物、事、人中显现。孟子认为现实世界中物、事、人异化的原因在于其自身禀赋的本真自然之性的异化,所以,孟子倡导被异化的物、事、人应回归其本始自然之情状,重新审视其价值之实质,通过回归,消解现实与其原初本质之间的矛盾与隔阂。因此,孟子主张人性本善。只有在人之本质至纯至善时,通过回归

第一章　先秦两汉儒道理想人格的"情"与"性"

此至纯至善之本始自然之情状而消解异化的理念才可能得以成立。善既然作为人之存在的基本准则，那么所有可能导致人性之善端萌芽、成长遭受阻碍的因素皆应被道德给予判定。这是一种含有理想色彩的单向模式，人初始的自然质实的"情"作为其中的参与者，同样具有理想色彩。《易传》则是从时间和空间的宏观视角出发，探讨天地万物共同的存在之本，通过对万事万物的千变万化中蕴含的内在规律进行探寻，进而阐释天地万物之间的紧密联系，激励人类遵循天地之道，感悟神明之德，与天地共同创造辉煌的德业。因此，《易传》构建的并非是超越意义的理想世界，而是一真正实存的现实世界。

《易传》从八卦和象数论"情"，揭示现实世界中"情"之质实义。《易传》直接与现实宇宙及人生中的生存与毁灭、光明与黑暗、顺遂与坎坷相对，从而领略阴与阳中的道之实质。"一阴一阳之谓道。"（《周易·系辞上》）《易传》于阴阳互存、互动、互变的观念之中诠释世界万物的常态，强调宇宙与人生均在幽明、死生、鬼神之间变化，并在这种转化中得以前行，此乃一双向的现实认同，这种双向度的认同因明晰前路中必存艰难险阻而并不奢求绝对光明的境遇。在宇宙论的高度上，《易传》关注的便不再仅是物情，天地之情为人情之本。人作为宇宙之中的一员，无须哀叹失败，无须感伤落寞，天地人物一体流行，人之为人的关键在于"与天地合其德，与日月合其明，与四时合其序，与鬼神合其吉凶，先天下而天弗违，后天而奉天时"（《周易·文言传》），即在于探究天地万物共生之奥秘，并将其融合于不断流转更迭的宇宙定律之中。

在人与天地万物共存并融入大化流行的过程中，人之"情"有"性""伪"之别，即出现"性情"与"情伪"两大范畴。这与荀子理念中的"情"遥相呼应。

经粗略统计，《荀子》全书中"情"字一共出现110余次。从《论语》中"情"之两现到《荀子》中百余之"情"，可以说，先秦儒学的传承脉络演化至战国中后期，"情"已可作为一个独立的范畴进行讨论。《荀子》中出现的百余次之"情"，大多有真诚坦率、内在本质、内心情感、情况情形情景等义，在这个范围内，《荀子》之"情"与《论语》《性自命出》《孟

## 先秦两汉儒道理想人格之情、才、德思想研究

子》《易传》中的质实、忠诚、真情之"情"并无相左。但在关于"情"之人情义上,荀子有自己的见解。

荀子曰:

> 刑名从商,爵名从周,文名从《礼》。散名之加于万物者,则从诸夏之成俗曲期,远方异俗之乡则因之而为通。(《荀子·正名》)

在荀子看来,在继承"诸夏之成俗"后,人之性、情一类的散名便因共约而形成,因此,所谓的"远方异俗之乡"便由此产生了共同的认识,进而皆可理解并领会此共约之名所代表的实际意义,即:

> 名无固宜,约之以命,约定俗成谓之宜,异于约则谓之不宜。(《荀子·正名》)

倘若刑、爵、文等名称是由先王、圣人等自觉而制,那么散名则必是一种在日常民俗活动中自发形成的称谓。鉴于荀子将"情"归属为习俗共约的散名范畴,故对其内涵的界定并不需要遵循历史文化的典章制度,仅需依据现实生活中已经形成的习俗来确定即可。虽然人所处地域、时间不同,但人们在生存过程中于当下共同体验到的"人情"却可共通。所以,荀子说"性之好恶喜怒哀乐谓之情"(《荀子·正名》)。人性中的好恶喜怒哀乐是为情,即是荀子在"性之质"的意义上讲"情"。

在荀子的思想中,"性"具有双重含义:一方面,"性"代表着人类与生俱来的感知与认知能力;另一方面,"性"还涵盖着基于自然感官的能力基础之上的身心欲望。前者为人之感性或知性,后者为人之情性或欲性。人之情性除目耳口心骨体肤理等生理性的欲望外,还包括对财富与权势的占有欲以及对功名或业绩的追求。人之情性在这些欲望与追求中,便会产生"伪"的因素,即是导致社会混乱的根源。虽然"情"在一定程度上会造成社会之混乱,但荀子并未提出根除人情的主张,反而认为人情可以经过礼义法度的引导而结出善果。

> 古者圣王以人之性恶,以为偏险而不正,悖乱而不治,是以为之起礼义,制法度,以矫饰人之情性而正之,以扰化人之情性而导之也。

## 第一章　先秦两汉儒道理想人格的"情"与"性"

始皆出于治，合于道者也。(《荀子·性恶》)

在荀子看来，礼义与法度起源于对人类自然性情的塑造与改造，只要遵循礼义法度的规范，人们对于金钱、权力等事物的占有欲便可视为是一种积极有益的自然情感的体现。换言之，荀子的本意并不是要遏制人之自然情性的生发，而是倡导人之情性的生发应合于礼义法度。

在另一个意义上，荀子认为"人情不美"，此与"情者，性之质也"（《荀子·正名》）之于"性之质"上言"情"是为不同。"性之质"之"情"是为人生命初始即具备之物，人人生而有之，在生命个体之间并无差别可言。

> 夫人之情，目欲綦色，耳欲綦声，口欲綦味，鼻欲綦臭，心欲綦佚，此五綦者，人情之所必不免也。(《荀子·王霸》)

人生而有之的"情"，是目色、耳声、口味、鼻臭、心佚之本能，谓之"天情"。

> 天职既立，天功既成，形具而神生，好恶喜怒哀乐藏焉，夫是之谓天情。(《荀子·天论》)

荀子对此天情的态度如同上文所言，主张的是应对其加以引导，以使其在遵循礼义法度的前提下得到最大满足。但"人情不美"之"情"是因与物接触而使其"不美"，加之生命个体之间在与物接触的程度方面存在着显著的差异，因此，天情之好恶喜怒哀乐并非是其实质，而是随环境、时间等条件变化之"习情"。荀子云：

> 尧问舜曰："人情何如？"舜对曰："人情甚不美，又何问焉？妻子具而孝衰于亲，嗜欲得而信衰于友，爵禄盈而忠衰于君。人之情乎！人之情乎！甚不美，又何问焉？"唯贤者为不然。(《荀子·性恶》)

在荀子看来，人之道德会在其物欲、权欲得以满足后衰退而体现为习情，在习情中，尽是世态的炎凉与人情的寡淡。不难看出，荀子对习情的态度是唾弃且鄙夷的，若说荀子欲扼制人之"情"，那么他意欲扼制的便是

## 先秦两汉儒道理想人格之情、才、德思想研究

此种习情,而非天情。

即使荀子有意对习情加以扼制,但他亦不认为习情与天情一样是人人皆有之物。"唯贤者为不然",即荀子认为习情是一般人有之,贤者则不受习情影响。因此,所谓"人情不美",针对的只是普通人,对于贤者而言,美情依然存在。换句话说,贤者在满足其"天情"之后,仍能坚守初心,不忘其本,不改变其德性,其"天情"无须刻意修习,便能保持美好。故在荀子看来,对于"天情"而言,若要使其保持美好,便不应以"习"而干预之。

至荀子,传统儒家对于"情"之意涵的阐发已较为完整。较之于先秦,汉代学者在"情""性"关系问题上进行了更为深入的分析,提出性善情恶、性情相应或性情皆本两种新的观点。性善情恶论者对情持消极态度;性情相应或皆本者认为在价值判断的层面两者不能分离。纵观汉代情性论思想,汉代学者大多支持性善情恶说,诚如蒙文通所言,"盖伏、陆之后,儒学渐昧,孟子之精深,为庸庸者所不能知,而荀卿之偏激,又非其所愿,于是依公孙尼子之说,以立'性'善而'情'不必善之论,一世儒学,大抵若是"[①],可以说,"性善情恶"是汉代学者对情性关系的主流认识。

### 四、董仲舒"性善情恶"之"情"与"性"

汉代学者以阴阳论情性,性阳情阴,进而推出性善情恶,董仲舒为其中之代表。董仲舒以先秦的儒家思想为基础,在将阴阳学说融合于其中而形成天人体系后,又为这一天人体系引入人之情性维度,继而提出了"性善情恶"及"性三品"的主张。

董仲舒认为,天规定了人性的来源和本质。

> 为人者天也。人之为人本于天,天亦人之曾祖父也,此人之所以乃上类天也。人之形体,化天数而成;人之血气,化天志而仁;人之德行,化天理而义;人之好恶,化天之暖清;人之喜怒,化天之寒暑;人之受命,化天之四时。人生有喜怒哀乐之答,春秋冬夏之类也。喜,

---

① 蒙文通. 儒学五论[M]. 桂林:广西师范大学出版社,2007:20.

第一章 先秦两汉儒道理想人格的"情"与"性"

春之答也；怒，秋之答也；乐，夏之答也；哀，冬之答也。天之副在乎人，人之情性有由天者矣，故曰受，由天之号也。(《春秋繁露·为人者天》)

人的形体、好恶、德行等均秉承于天，天亦决定着人之情性，因此，人的情、性与天紧密相连。尽管将人性与天相结合的观点并非董仲舒的首创，但运用天之阴阳阐释人之情性并予以较为系统的论述的，当首推董仲舒。董仲舒曰："天有阴阳禁，身有情欲栍，与天道一也。"(《春秋繁露·深察名号》)诚如冯友兰所言："情是恶的，但又在人的质(广义的性)中。"①冯友兰认为，董仲舒所说的性包含广义和狭义两面，狭义的性与"情"相对，广义的性则包含两者。是以，董仲舒虽言"性善情恶"，但仍曰"极理以尽情性之宜，则天容遂矣"(《春秋繁露·符瑞》)。

"情性之宜"，指的是将源于人性的情感欲望置于适度且合理的调和状态中。在这个意义上，董仲舒将"性"称为"情性"或"性情"。他认为孟子是在整体上言人性之善，但从整体而言，"性"中不仅有善的"质"，还包含有贪之"情"。是以，董仲舒汲取孟子性善论与荀子性恶论之精髓，主张贪与仁共存于人性之中。在自然人性的基础上，现实生活中的贪与仁往往仅呈现一种不善不恶、难以区分的"质朴"状态。因此，董仲舒又言"质朴之谓性"(《春秋繁露·对策三》)，这里的"性"指的就是人生而有之的"质朴"之性。鉴于此时的人性具有人天生禀赋的善恶均衡的"质朴"特质，故董仲舒之论接近于告子主张的"性无善无不善"(《孟子·告子上》)的观点，董仲舒将之称为"中民之性"。"名性者，中民之性"(《春秋繁露·实性》)，"性、情相与为一瞑"(《春秋繁露·深察名号》)。"瞑"在这里即为"民"，其内涵在于强调广大民众皆具有"中民之性"的"质朴"特性，而这种"中民之性"恰恰是最为普遍的"性"。

贪、仁即"中民之性"中不可或缺的一部分，其所当依止的合理状态应为"中和"。故董仲舒曰：

---

① 冯友兰. 中国哲学史新编：中[M]. 北京：人民出版社，1998：84.

### 先秦两汉儒道理想人格之情、才、德思想研究

使之有欲，不得过节；使之敦朴，不得无欲。无欲有欲，各得以足。（《春秋繁露·保位权》）

董仲舒认为，"极理"为达至情欲之"中和"状态的途径。"极理"，则"天容遂矣"（《春秋繁露·符瑞》）。

要言之，"性善情恶"的命题和"性三品"说的提出，使董仲舒之思明显区别于先秦儒家之学，乃是对孟、荀之说的进一步发展。《白虎通》继承并发挥董仲舒的性阳情阴说，提出"性者阳之施，情者阴之化也"的主张，因阳善阴恶，故性善情恶。基于此，许慎对"性""情"做出"性人之阳气，性善者也，从心，生声""情，人之阴气，有欲者，从心，青声"[①] 的判断。

此外，汉代儒家亦从人格修养的高度要求对情进行限制，韩婴、扬雄、赵岐等对此皆有所论。韩婴认为"君子去徼幸，节嗜欲，务忠信，无毁于一人，则名声常存，称为君子矣"（《韩诗外传卷九·第十九章》），即将"节嗜欲"视作君子必备的四大要素之一。扬雄以人能否自觉选择从善为标准把人划分为众人、贤人和圣人，其中，众人是受情欲支配之最低一等之人。赵岐认为，"乃若其情，则可以为善矣，乃所谓善矣"（《孟子·告子上》）。其中的"若"应为"顺"义，在赵岐看来，如果能够顺应情的要求，则情也可以是善。但赵岐又站在君子的角度主张对情加以控制，认为"思安佚不劳苦"[②]，纵然是人之所欲，但君子仍应"以仁义为大，礼节为制"[③]，不能一味地满足欲望，即是对君子提出的更高的标准与要求。

较之于儒家，道家则是从"道"言人之情性的自然与自由。

## 第三节 先秦两汉道家理想人格的"情"与"性"

从老子开始，先秦两汉道家对于道有情还是无情的问题展开了讨论，

---

[①] 许慎. 说文解字 [M]. 北京：中华书局，1963：217.
[②] 焦循. 孟子正义 [M]. 北京：中华书局，1987：990.
[③] 焦循. 孟子正义 [M]. 北京：中华书局，1987：990.

第一章　先秦两汉儒道理想人格的"情"与"性"

故先秦两汉道家理想人格的"情""性"思想起点源于对道是否有情的探讨。

**一、老子"有""无"之"情"与"性"**

在5000余言的《老子》中，"情"无一处可见，但在老子对道是否有情的讨论中，可以得知其所描绘的乃是一个有情之体。

讨论道是否有情的前提是确定道为何物。道于老子的思想体系中，"有"即为道之实体。"天下万物生于有，有生于无。"（《老子·第四十章》）无生有而万物生，其中逻辑在于，有既然可以生万物，有便不是等同于万物之物；有既然由无而生，有便不等于无。这也就是说，有非无，有可以生发出万物，即有是一种不同于万物的真实的存在。"道之为物"（《老子·第二十一章》），且"有物混成，先天地生"（《老子·第二十五章》），道亦是物，但与有形的实体之物的区别在于它无影无踪、无形无象却真实存在。作为万物生成之本原的统一实体，道之形成早于天地，乃宇宙中最精深玄妙且普遍的存在。在初始状态下，道始终是静止的模样，因而万物不能感知到道的存在，道便好似无形。"道生一，一生二，二生三，三生万物。"（《老子·第四十二章》）简言之，万物由一而生，一由道而生，也就是说，道可生万物。"道生一"，"有"又生发万物，"有"作为一种不同于万物的实存，也就在实体的意义上代表着道。换言之，"有"即是作为实体之道。

"道生一"而生发万物，"一"于此是一种具有流动性的实体，但在"昔之得一者，天得一以清，地得一以宁，神得一以灵，谷得一以盈，万物得一以生，侯王得一以为天下贞"（《老子·第三十九章》）中，"一"拥有道的能力，作为天、地、神、谷、万物、侯王皆可得之物，是一种具有精神性质的存在，即道为兼有物质性与精神性的存在。道具有物质和精神两种属性，说明道具有向生之意涵，即"有"的精神。道本无形，空没寂寥，道向生而蕴情，情意生而形显为有，万物遂得以生。道生万物的动力在于其向生，道生万物的材料即为"情"。所以《老子》开篇明义曰："无名天地之始，有名万物之母。"（《老子·第一章》）道之未发是为无，道之已发

## 先秦两汉儒道理想人格之情、才、德思想研究

即是有，有即是有情。

> 天下有始，以为天下母。既得其母，以知其子，既知其子，复守其母，没身不殆。（《老子·第五十二章》）

老子将道比喻为母体，表达的是对道之母性的尊崇。母体之所以生育万物，是因为其遵循内心的自然情感而孕育生命。母爱浩瀚无垠，"绵绵若存，用之不勤"（《老子·第六章》），子女对其可知可感，万物知道自身之生、成、长、养乃得益于道之母爱，遂"莫不尊道而贵德"（《老子·第五十一章》）。道因其有情方可成为万物之母，以其母性生发、哺育万物。道在孕育万物之后，其情感流溢于世间，使得万物皆有所感并遵循其道。人若想在这世间获得真挚的情感，就必须深入地领悟道之内涵，以掌握其中所蕴含的至纯之情。如此，人们将会更加热爱生命而齐于万物，齐于天，齐于道，"各复归其根"（《老子·第十六章》），继而回归母体，找到精神最安全平静之所在。

道虽因有母爱之情而孕育万物，但在万物诞生之后，道却显得很是"无情"。老子曰："天地不仁，以万物为刍狗。"（《老子·第五章》）道对待万物甚为公正，对人、事、物三者的情感态度亦毫无偏颇，"天道无亲"（《老子·第七十九章》）且"损有余而补不足"（《老子·第七十七章》），甚至"挫其锐，解其纷，和其光，同其尘"（《老子·第四章》），以使万物归一，道的这种行事风格在世人的眼中几近于无情。然则道如此为之，不是无情，而是为"天地相合，以降甘露，民莫之令而自均"（《老子·第三十二章》）。在道看来，人作为万物一员，与万物完全平等，无高低贵贱之别。道不偏情，是道在避免某一方盛极而衰，自取灭亡现象的发生。诚所谓"有无相生，难易相成，长短相较，高下相盈"（《老子·第二章》），世间万物皆有其优劣长短，在制他之时亦处于被制之中，在一物降一物的规则下，万物自由发展、互相依赖并互利互惠方能各得其所、各安其分，井然有序以至于恒常不殆。人若要理解道无偏情之深意，看到世间万物之同一性、平等性，意识到人与其他万物并无本质上的区别，找到人与他物之间的和谐，就要"复归于婴儿"（《老子·第二十八章》），只有这样，才能"知常容，容乃公，公乃王，王乃天，天乃道，道乃久。没身不殆"（《老子·

第十六章》），人之精神方可永存。因此，道之情不偏不多。圣人分有道之情，以其向生之有情维护人间的欣欣向荣，但其无私不偏又状似无情。

于老子而言，道之情自然而发，无须矫饰；人之情则其念日杂，不胜雕饰。然人之情渐渐走入偏锋，欲望与理性交织，被庄子斥为是非利害之伪情。

## 二、庄子"伪""真"之"情"与"性"

庄子之"情"，除包含其前或同时代"情"之情实、情感、情性义外，"情"在庄子处有不同层次的划分。

具言之，"不近人情"（《庄子·逍遥游》）之"情"表现为世人认为的人自然而有的生命特质；"遁天倍情"（《庄子·养生主》）之"情"是以"天情"为视角，强调循天应情，强调生命顺时而生，应时而去；"性情不离，安用礼乐"（《庄子·马蹄》）之"情"乃与"性"同义，表达庄子对世人依常性生活而远离政治权利造成伤害的一种期望；"有人之形，无人之情"（《庄子·德充符》）之"情"则指有人的形体而没有人的偏情，有德之人游于"形骸之内"（《庄子·德充符》）与德相交，不因自身形残而为恶，亦不因他人形全或残而有好恶之别。庄子之"情"摒弃了仁义对情感的矫饰，更注重的是对人当代本真自然之情感进行直观的阐述与深入的领会，因此，鲜明、洒脱是庄子之"情"的表现，也是宇宙与人达到同一境界的表现。

庄子在与惠施论辩时，

> 惠子谓庄子曰："人故无情乎？"庄子曰："然。"惠子曰："人而无情，何以谓之人？"庄子曰："道与之貌，天与之形，恶得不谓之人？"惠子曰："既谓之人，恶得无情？"庄子曰："是非吾所谓情也。吾所谓无情者，言人之不以好恶内伤其身，常因自然而不益生也。"惠子曰："不益生，何以有其身？"庄子曰："道与之貌，天与之形，无以好恶内伤其身。今子外乎子之神，劳乎子之精，倚树而吟，据槁梧而瞑。天选子之形，子以坚白鸣！"（《庄子·德充符》）

庄子将人情分为两层。其一，为源于天并由道塑造的人情，表现为人

## 先秦两汉儒道理想人格之情、才、德思想研究

类自然本性的流露；其二，为人之是非好恶的情感，此为伪情、累情，为人应当摒弃的世俗之情。庄子主张"无情"，意在劝诫世人应避免因个人之好恶而伤害自身之天性，应顺应自然本真之性情，而不予以人为干预，面对生命中的无常与难以改变的现实，如生死轮回、身体残疾等困境时，应用豪迈旷达、逍遥自在的心态去打破苦难。"人故无情"，但"道有情有信"（《庄子·大宗师》）。道赋予万物以生命，天地万物皆遵循一定的规律运行，四季之自然更替有序，人既然居于天地之中，就应遵循道之规律，拓展生命之境而实现自在之生活。庄子所言之"人故无情"，即是在引导人们摒弃狭隘的情感，避免过度沉溺、执着于喜、怒、哀、乐、容、动、气、意、恶、欲、色等个人情感，从而实现对物之束缚的超脱，以使人类与生俱来的自然生命特质得以充分展现与维护。是以，庄子提倡去伪情，存真情。

庄子认为在人类社会早期伪情并不存在，庄子曰：

> 至德之世，不尚贤，不使能，上如标枝，民如野鹿，端正而不知以为义，相爱而不知以为仁，实而不知以为忠，当而不知以为信，蠢动而相使，不以为赐。（《庄子·天地》）

在至德之世中，万物（包括人）同生共长，相扶相助，人皆无欲无求、淳良朴素，且人与万物、人与人之间和谐平等，无高低贵贱之别。然而欲望的产生打破了这种平衡，情变而性易，"丧己于物、失性于俗"（《庄子·缮性》），人之情趋向私利。在无限满足欲望的过程中，人愈发自大自满，意欲取天道而代之，试图以人之情代替道之情，以人之意志掌控自然及他人的关系，以期用臆造之伪情维持利己的秩序。人之物欲之膨胀使人与天道之间的平衡被打破，个体欲望的扩张进而打破了社会原有的均衡稳定。故君主虽欲以仁义礼制等世俗的规矩和准则矫正人心，却适得其反。所以，庄子呼吁"反其真"。

"反其真"，即回归至天成之真情。庄子所言之"真情"，与老子道之情是为一义，是无善无恶之向生且不偏不多之情。庄子曰：

> 真者，精诚之至也。不精不诚，不能动人。故强哭者，虽悲不哀；

## 第一章 先秦两汉儒道理想人格的"情"与"性"

强怒者,虽严不威;强亲者,虽笑不和。真悲无声而哀,真怒未发而威,真亲未笑而和。真在内者,神动于外,是所以贵真也。(《庄子·渔父》)

庄子借渔父之口言真者,是为精诚所至,不精不诚不足以动人。悲、怒、亲皆不在于外显之色,而是由道化之。由内在之道化之为外在之神色,才是人生命本质之自然流露,是不掺杂功利色彩的天成率真之至情。庄子所追求的真挚情感,为恬淡宁静的心境,以及自然纯真的情感表达,并在此心境与情绪下赏万物之美,体和谐之韵,感天地之精,悟宇宙之理。庄子认为,获得真情的奥秘在于逍遥。为此,庄子致虚守静、心斋坐忘、养生达道、物我两化、逍遥神游、与道同情。庄子在逍遥之时,尽管已回归于本原初始之至情,然由于摒弃了喜怒哀乐等世俗之情,从而显现出恍似超然无情的情状。实际上,"道是无情却有情",庄子并非真的无情,而是深谙时局后情到浓处无以言说,实为用情至深之人。

相较于老子之"有情""无情"与庄子之"伪情""真情",《管子》关注的核心在于如何满足君主及百姓的情感需求,即如何实现君主及百姓与生俱来的本能的问题。

### 三、《管子》"趋利避害"之"情"与"性"

《管子》认为,"凡人之生,必以平正,所以失之,必以喜怒忧患"(《管子·内业》)。人生之初,心平气静、形神合一,又因喜怒忧患之情性可激发人追逐物质利益的欲望,从而扰乱了心性之静,故而"失之"。在这方面,人之为人,无论贫贱或富贵,均要受其支配。是以《管子》言人皆有"趋利避害"之情性。

> 凡人之情,得所欲则乐,逢所恶则忧,此贵贱之所同有也。近之不能勿欲,远之不能勿忘,人情皆然。(《管子·禁藏》)

《管子》认为,趋利避害为人之常情,但在不同的行业中,人们所追求的利益和需要规避的风险各有差异,故以商人、渔人为例曰:

> 夫凡人之情,见利莫能勿就,见害莫能勿避。其商人通贾,倍道

## 先秦两汉儒道理想人格之情、才、德思想研究

兼行，夜以续日，千里而不远者，利在前也。渔人之入海，海深万仞，就彼逆流，乘危百里，宿夜不出者，利在水也。故利之所在，虽千仞之山无所不上，深源①之下，无所不入焉。(《管子·禁藏》)

"千仞之山"不能阻挡商人"倍道兼行，夜以续日"之行，"海深万仞"拦不住渔人"就彼逆流，乘危百里"之心。"利之所在"看似为商人、渔人之行为动机，但其行为的实质乃是在于不可逆改的人之情性的自然征显。这种"趋利避害"的情性客观地存在于人心之中，只要生而为人，就必然会受到这种情性的驱使，也就必然"见利莫能勿就，见害莫能勿避"。

再者，不同阶级所求之利亦不同。从统治阶级言，《管子》曰：

贵富尊显，民归乐之，人主莫不欲也。(《管子·形势解》)

富贵尊显，久有天下，人主莫不欲也。令行禁止，海内无敌，人主莫不欲也。蔽侵欺凌，人主莫不恶也。失天下，灭宗庙，人主莫不恶也。(《管子·明法解》)

对于统治阶级来说，其所求之利在于保持富贵与长治久安。从百姓言，《管子》曰：

百姓无宝，以利为首。一上一下，唯利所处。(《管子·侈靡》)

饮食者也，侈乐者也，民之所愿也。(《管子·侈靡》)

民，利之则来，害之则去。民之从利也，如水之走下，于四方无择也。(《管子·形势解》)

对于百姓来说，其所求之利在于饮食与侈乐。故而《管子》强调"趋利避害"之情性为"贵贱之所同有"(《管子·禁藏》)，是自然之事实，不可人为而去之。所谓"仓廪实则知礼节，衣食足则知荣辱"(《管子·牧民》)，显然，个体寻求超越肉体的形上精神境界的前提，在于生理需求之满足与生命之得以继续维持，这是毋庸置疑的。故《管子》劝诫君主要实行"予之为取"(《管子·牧民》)的政治策略，要"民恶忧劳，我佚乐之；

---

① "源"应为"渊"，因避唐高祖讳而改。

## 第一章　先秦两汉儒道理想人格的"情"与"性"

民恶贫贱，我富贵之；民恶危坠，我存安之；民恶灭绝，我生育之"（《管子·牧民》），全力以赴地满足百姓之"趋利避害"的情性。

虽然《管子》承认人之"趋利避害"的情性为客观事实，但《管子》亦意识到如果不对其加以限制而任其发展，就会导致纵欲妄行而无异于禽兽。《管子》认为人的性情本非仅限于"趋利避害"，故曰：

> 民之情，莫不欲生而恶死，莫不欲利而恶害。（《管子·形势解》）
> 
> 夫民者信亲而死利，海内皆然。民予则喜，夺则怒，民情皆然。（《管子·国蓄》）
> 
> 公曰惟烝婴儿之未尝，于是烝其首子而献之公。人情非不爱其子也，于子之不爱，将何有于公？喜内而妒，竖习自刑而为公治内。人情非不爱其身也，于身之不爱，将何有于公？（《管子·小称》）

概言之，《管子》中人之性情包括好恶之情、喜怒之情、爱子、爱身等。好恶之情、喜怒之情、爱子、爱身等人之性情皆为人生而有之之能力。故人之情性只有回归于此，回归于心性，才能与心一体，与道同行，即"反其性"（《管子·心术下》）。

在《管子》看来，人之所以受"趋利避害"之本能的驱使，根源在于未能妥善调控内心，而使自身之内心饱受杂念、嗜欲以及过欲的困扰，《管子》遂以君子为例曰：

> 君子不怵乎好，不迫乎恶。恬愉无为，去智与故。其应也，非所设也。其动也，非所取也。过在自用，罪在变化。是故有道之君，其处也若无知，其应物也若偶之，静因之道也。（《管子·心术上》）

所谓"静因之道"，就是要求人在处理问题时能够全神贯注，而在处理问题的时机不成熟或问题已解决之后，便保持内心之平静，即司马谈所言"以因循为用"（《史记·太史公自序》）之"因循"义。是以，唯有人人都如同君子一般，不受好恶情感所扰，保持恬淡无为的情性，摒弃世俗的聪明与狡诈，不将主观意愿强加于他物，而是顺应万物的自然本性去行事，才能达到即物而道、即物而德、即物而性、即物而行的境界，从而保持内心之宁静。故《管子》曰："内静外敬，能反其性，性将大定。"（《管子·

内业》)《管子》此法乃是效法于老子"道常无为,而无不为。侯王若能守之,万物将自化。化而欲作,吾将镇之以无名之朴。无名之朴,夫亦将无欲。不欲以静,天下将自正"(《老子·第三十七章》)之语。

可见,《管子》对于人之情性的关注在于如何满足其情性以使天下自正,其中含有"因循"之义。作为同属于黄老道家的《黄帝四经》,则是直接从"因循"出发言"顺天道"而"因人情"。

### 四、《黄帝四经》"因循"之"情"与"性"

老子之"道",是作为天地万物之本原与本始之"道",但老子并未说明如何遵循此抽象玄妙的本原、本始之"道"。《黄帝四经》则在老子之"道"的基础上,进一步说明人事人情遵循天道之法则。《黄帝四经》描述变幻莫测的"道"曰:

> 恒无之初,迵同大(太)虚。虚同为一,恒一而止。湿湿梦梦,未有明晦,神微周盈,精静不熙(熙)。古(故)未有以。万物莫以。古(故)无有刑(形),大迵无名。天弗能覆,地弗能载。小以成小,大以成大。盈四海之内,又包其外。(《黄帝四经·道原》)

在宇宙原初的混沌状态下,唯有"道"存于其中,"道"因没有固定的形态而具有神秘莫测的特质,"道"既能无限小亦能无限大,既能显现亦可隐匿,既可居于阳亦可居于阴,即使是天地也无法承载它。"道"对万物的作用潜隐无息、低调内敛,"道"润养着万物,无论是天地阴阳、四时日月、星辰云气,还是动植物的孕育成长无不源于"道"。然而,"道"的本质并不会因此而发生变化,无论是最为坚硬还是最为柔软的物体,都无法使其产生增减之变。"道"虽不变,但"执道者"和"圣人"可以作为沟通天道与人事的中间环节,利用天道管理人事,"因循"天道运行的规律治理国家。

> 执道循理,必从本始,顺为经纪。禁伐当罪,必中天理。(《经法·四度》)

《黄帝四经》指出,执守天地之道,遵循人事之理,必须从最基本的事

## 第一章　先秦两汉儒道理想人格的"情"与"性"

情开始做起，并沿着这条路去安排料理内政和外交，在征伐有罪之国时，亦必须合乎天道。故《黄帝四经》继而曰：

> 四时而定，不爽不代（忒），常有法式，［天地之理也］。一立一废，一生一杀，四时代正，冬（终）而复始，［人］事之理也。
>
> 逆顺是守。功溢（溢）于天，故有死刑。功不及天，退而无名；功合于天，名乃大成。（《经法·论约》）

人事运作遵循天地自然之道，万物有其恒定的运行法则，正是由于天地的生育养护与淘汰终结皆依道而行，故而四季之时交替有序，日月星辰各司其职。人类行为是否契合天道，其所产生的结果会截然不同：若行事超越了天道所规定的界限，则可能导致败亡；若行事未能达到天道的要求，亦难以取得卓越成就。唯有当人类的行为恰如其分地符合天道规定的尺度时，方能缔造辉煌的功业。此即取法自然的人类法则，顺应天道，根据天道变化"因循"行事即是其中之关键。

概言之，天道与人事之关系在于天道对人事仪则的规定性，而人事则对天道之定理加以效法。故《黄帝四经》的旨归并非仅在于顺应天道，而是在于通过遵循天道以治理人事进而成就功业。至于治理人事的关键，则在于因循人情、契合人性。"因循"人情是"因循"天道的要求，"因循"天道是"因循"人情的最高依据。《黄帝四经》曰：

> 生有害，曰欲，曰不知足。生必动，动有害，曰不时，曰时而倍（背）。动有事，事有害，曰逆，曰不称，不知所为用。事必有言，言有害，曰不信，曰不知畏人，曰自诬，曰虚夸，以不足为有余。（《经法·道法》）

《黄帝四经》认为，人一降生便有患害随之，这是因为人的原性中存在着欲望，并且这种欲望永无止境。人生而乐于妄动，而妄动往往会引发潜在的祸患。人的这种妄动具体表现为不合时宜，甚至是逆向行舟。在《黄帝四经》看来，对事物本质缺乏了解的妄动，会因其举措违背常理而带来潜在的危机。在人们的日常行为中，如若言辞不经思考而过于自信，口出狂言而缺乏对他人的尊重，甚至明知无法实现仍称事之可为，夸夸其谈且言过其实，或者对自身能力估计过高，就会使言辞与灾祸相伴。换言之，人出生即伴随着"生害""动害""事害""言害"之"四害"，故人性生而为恶，乃是与"道"相违。如若不对此"四害"加以约束和规范，难免会有祸乱和争端，故应"因循"人情建立法度规范人事。此黄老道家之"因循"之道，后被刘劭吸收而融入其理想人格的质素之中。

## 第四节　先秦两汉儒道理想人格的"情""性"思想的影响

在魏晋时期，先秦两汉儒道理想人格的情、才、德思想因魏晋选官用人的需要而成为士人关注的问题之一。是时，刘劭作为曹魏大臣，为使君主选贤用能以兴国安邦而作《人物志》。于《人物志》中，刘劭充分运用先秦儒道的情、才、德的思想，并对其加以自身之理解，进而建立了一套相对完整的理想人格之情、才、德学说。故以刘劭理想人格为例说明先秦两汉儒道理想人格之情、才、德思想的影响。

从"情""性"的维度上说，刘劭在先秦两汉儒道"情""性"思想的基础上，继承其中性"生而有之"之理念，并从汉代气性论中汲取养分，以阴阳论"情""性"，并秉承"因循"原则，提出"各遂其志"的情性思想，最终完成理想人格之情性旨归的构建。

### 一、刘劭理想人格之"情""性"思想的渊源

刘劭在《人物志》中开篇明义地提出"盖人物之本，出于情性。情性之理，甚微而玄，非人之察，其孰能究之哉"（《人物志·九征》）之观点。刘昞注曰："故常人不能睹，惟圣人目击而照之。"（《人物志·九征》注）人物的根本，由天赋的本然之质以及其本质中蕴含的各种情性外显而出。人的本质经由情性而显现，然情性形成变化的道理非常玄妙深奥，一般人很难洞察这种道理，只有圣人的明哲观察才能探究到其中的真谛。"人物之本"的"本"即本性、本质、本原、本体义，圣人探究的其中"甚微而玄"的理，则是上升为本体的"道"。性是天赋予人之本质、质性，情性来自质

## 第一章 先秦两汉儒道理想人格的"情"与"性"

性,于情性中可寻人之本性,情性即为人本质之外显。情性作为人本质之外显,是受后天环境影响而产生的欲望,在与后天环境中的外在他物接触的过程中,情性便会染习,故"性质禀之自然,情变由于染习。是以观人察物,当寻其性质也"(《人物志·九征》刘昞注)。"'性质'即禀之自然而即以自然之材质以为性。"① 是以,欲观人之情,还需从形上"自然"出发言本体之"性"。

刘劭云:"凡有血气者,莫不含元一以为质,禀阴阳以立性,体五行而著形。"(《人物志·九征》)刘劭认为,凡是有生命的物体,都是以蕴含于天地间的、最根本最原初的元气为自身的本质,此为一般人之共性,而个性的形成要根据其秉承的阴或阳之二气来进行判断,亦是刘劭对于"性"之内涵给予的解释。可见,刘劭所言之"性",其义在于先秦以来具有普遍性之含义的"生之谓性"(《孟子·告子上》),乃广义的禀得之性,即"性"为生而有之之物,是人之为人的根本。在这个意义上说,刘劭之"性"为人之为人之共性。但刘劭对"性"的阐述并未止步于此,而是进一步利用阴阳五行学说的思想以阴阳二气立源于"元一"之性。

东汉时期,王充提出"用气为性"的主张,认为"元一"之气是"性"之根源。"人禀气于天,气成而形立"(《论衡·无形》)、"人之善恶,共一元气,气有少多,故性有贤愚"(《论衡·率性》),气的多少,决定性之贤愚,即性之好坏由气之多少决定。人之才质的区别,取决于其所禀之气的多寡、厚薄与清浊,因而人之质性存在善恶、智愚等差异。智者禀气多、厚且清;愚者禀气寡、薄且浊。同时,这种天生的人之性质不能通过教化加以改变。

董仲舒认为,"身之有性情也,若天之有阴阳也"(《春秋繁露·深察名号》),阴阳二气源于天地间原始统一之气并与之融为一体,天地之间呈现阴气与阳气的分化,相应地,人之性情亦呈现阴阳二者不同的特点。此中之阴阳分别代表着贪与仁,阴代表着贪,阳代表着仁。"人之诚,有贪有仁。仁、贪之气,两在于身。身之取诸天。天雨,有阴阳之施;身亦雨,

---

① 牟宗三. 才性与玄理[M]. 桂林:广西师范大学出版社,2006:41.

### 先秦两汉儒道理想人格之情、才、德思想研究

有贪仁之性。"(《春秋繁露·深察名号》)在董仲舒看来,恶起源于贪婪,善则源于仁爱。人所展现的贪婪与仁爱皆为习性所影响,因此,人性的善恶可以通过后天的教化进行引导。此为王充、董仲舒二人之不同。

王、董二人虽然对人之性是否可以教化一题的意见相左,但二者的气化论却在刘劭的思想中体现得淋漓尽致。刘劭从"元一"的质出发分性之阴阳与形之五行。从"元一"的质可见人之共性,性之阴阳与形之五行则可见人之个性的刚柔与拘抗。通过阴阳二气,刘劭将"性"分一为五成骨、筋、气、肌、血之"五质",五质恒定而成仁、义、礼、信、智之"五常",因质性五分且内在于人的程度各不相同,故人之性有所分别。此时,刘劭之"性"已不再是共性义,而是因质性有别而有"性"之别的人之个性义。可以说,"性"之于刘劭,是人之共性与个性的合体。

于个性言,人秉承元气而为"性",元气经过五行之作用而塑造人之形体,因此人的性格各不相同。通过认识一个人所秉承的五行属性,其性情便可自然得以揭示,这便是刘劭主张的通过"形"来探究"性情"的思想。

"凡人之质量,中和最贵矣。"(《人物志·九征》)在人的质性中,中和是为最尊重之质。这种质性为圣人所独有,于一般人而言,仍需"含元一以为质,禀阴阳以立性"(《人物志·九征》)。阴阳二气可以确立人之性,五行之气则可以生成有型的机体,即"体五行而著形"(《人物志·九征》)。五行,木、金、火、土、水五者。体五行则可具骨、筋、气、肌、血之形。故曰:"其在体也,木骨、金筋、火气、土肌、水血,五物之象也。"(《人物志·九征》)阴阳不同则五行不同,五行不同则形不同。鉴于个体对五行之气的禀受有所差异,其"五质",即骨、筋、气、肌、血的生理体质发育程度因而各有所别,同时,"五常",即仁、礼、信、义、智的道德水平亦存在差别。虽然五行之气无形,但其孕育的骨、筋、气、肌、血之"五质"却为有形之实体。既然"五质"的发育状况可以被观察和感知,那么,由此引发的"五常"之差异亦可被探知。

> 是故骨植而柔者,谓之弘毅;弘毅也者,仁之质也。气清而朗者,谓之文理;文理也者,礼之本也。体端而实者,谓之贞固;贞固也者,信之基也。筋劲而精者,谓之勇敢;勇敢也者,义之决也。色平而畅

第一章 先秦两汉儒道理想人格的"情"与"性"

者,谓之通微;通微也者,智之原也。(《人物志·九征》)

仁、义、礼、信、智之"五常"便是"人物之本"外显之"情性",如弘毅、文理、贞固、勇敢、通微。反之,通过对"情性"特征的判断亦可获知"五行"禀赋及"五体"的发育情况。

> 是故温直而扰毅,木之德也。刚塞而弘毅,金之德也。愿恭而理敬,水之德也。宽栗而柔立,土之德也。简畅而明砭,火之德也。(《人物志·九征》)

知人之五行与五体的禀赋情况则可反推其所禀之本质,"苟有形,质犹可即而求之"(《人物志·九征》)。至此,刘劭认为"情""性"天生禀赋并可知,刘劭之"情""性"思想遂在先秦两汉儒道以及阴阳五行学说的基础上得以建立。

## 二、刘劭理想人格之"情性"的表现形式

刘劭认为,人之情性的彰显要通过容貌和言谈方能实现。"故其刚柔明畅贞固之征,著乎形容,见乎声色,发乎情味,各如其象。"(《人物志·九征》)"刚柔明畅贞固",是"人物之本"外显之"五常"在形态容貌上的表现。仁、义、礼、信、智之"五常"来源于孔子之温、良、恭、俭、让,承于董仲舒之仁、义、礼、智、信,于刘劭而言,对应的则是木、金、火、土、水之德,木、金、火、土、水之五种德行源于仁、义、礼、信、智之"五常"恒定,简言之,仁、义、礼、信、智之"五常"即可称其为"五德"。"仁"之"骨植而柔"为"柔","义"之"筋劲而精"为"刚","礼"之"气清而朗"为"明","信"之"体端而实"为"贞固","智"之"色平而畅"为"畅"。五德之征,寓于人的声音气色及情绪趣味之中,并透过"形容""声色"与"情味"的形式显现。于"形容"言,"心质亮直,其仪劲固;心质休决,其仪进猛;心质平理,其仪安闲"(《人物志·九征》)。"心质"一词涵盖了对人之"质""性""形"的综合性描述,其中有生理和精神两方面的内涵,在该语境下,"心质"主要指的是人之精神本体,也就是"性情"。外表刚毅稳重之人,性情必然忠信耿直;外表威武勇猛之人,

## 先秦两汉儒道理想人格之情、才、德思想研究

性情必然果敢宽良；外表恬淡宁静之人，性情必然和稳儒雅。人之仪表所呈现的状态与其"态度"息息相关，即神态气度是仪表的外在显现。故而刘劭曰："直容之动，矫矫行行；休容之动，业业跄跄；德容之动，颙颙卬卬。"（《人物志·九征》）"直容"即为"心质亮直"之"亮直"之容，"休容"即为"心质休决"之"休决"之容，"德容"即为"心质平理"之"平理"之容。"矫矫行行"是"亮直"之勇武刚强之状，"业业跄跄"是"休决"之强健庄重之貌，"颙颙卬卬"是"平理"之温和高朗之相。此即为情性之五德在仪表态度上的表现。

刘劭继而论之，认为仪表态度源于人之"心气"，"夫容之动作发乎心气，心气之征，则声变是也"（《人物志·九征》），仪表态度由"心气"而生，声音则是"心气"的表现。所以，声音的变化和情性之"五德"的关系是相当密切的。声音产生于"气"，"气清而朗者，谓之文理"（《人物志·九征》）。"文理"即人之仪表举止，或刘劭所言之"态度"。荀子认为，"文理情用相为内外表里"（《荀子·礼论》），文理情用互为内外表里，即"声音"与"态度"二者融为一体，色中有声，声中有色。"夫气合成声，声应律吕。有和平之声，有清畅之声，有回衍之声。夫声畅于气则实存貌色，故诚仁必有温柔之色，诚勇必有矜奋之色，诚智必有明达之色。"（《人物志·九征》）这里的"色"，并非容貌脸色之义，而是含有人之精神气度与内在人格之色，在此基础上，刘劭才会说"色见于貌所谓征神"（《人物志·九征》）。

征神见貌的核心在于"目"，即"征神见貌则情发于目"（《人物志·九征》）。"仁目之精，悫然以端；勇胆之精，煜然以强"（《人物志·九征》），此为"五德"与"目"，抑或说是性情与目光之间的关系。仁慈之性情，使眼神显得真诚稳重；勇敢之性情，令目光显得果敢明亮。故刘劭曰："物生有形，形有神精。能知精神，则穷理尽性。"（《人物志·九征》）为穷理以尽性，刘劭提出其"各遂其志"的情性观。

对刘劭而言，情感和理性是圣人人格之两大要素。"情"是"性"的表现形式，是人格情感的质素，而"智"所表现的则是其理性质素。在儒家思想中，情感主要体现为爱、敬的仁爱以及孝悌之心，而在情感状态方面，则表现为喜怒哀乐怨之五种情状。"圣人淳耀，能兼二美"（《人物志·九

征》），情感与理性于圣人处可合而为一，达之以中和境界。中和境界体现出的情感状态即为"平淡"，是人之情性之最高境界。"智"之理性是为聪明，聪明亦即阴阳清净和谐、内睿外明之状，是"智"内合于"中"的表现。禀赋"聪明"之质则可知晓微妙的道理，领悟性与天道的真谛；"知微知章"（《人物志·九征》）则可达至天人合一之境。因此，情感和理性具体而言便是平淡与聪明。平淡与聪明亦是刘劭所认理想人格之情性旨归。

在对个体人格之情性进行探讨时，刘劭主张人之情性乃天赋之质性的一种表现，因此，人之为人皆有喜怒哀乐的情感。这些情感体现的是个体需求是否得到了满足：满足则心生喜悦，反之，若需求未能得到满足，则会产生愤怒、抱怨之情。故刘劭曰："人情莫不欲遂其志。"（《人物志·八观》）

### 三、刘劭"各遂其志"的情性思想

"志"乃人之意志或动机之所在。人的这种意志品格不仅突显着独立与果敢，亦彰显着坚韧和自制。人之人格独立、意志自由的倾向，即意志品格在人生之价值追求上的反映。先秦儒家认为，坚持不懈地维护某种道德理想和人生追求是意志活动的旨归。孔子曰："三军可夺帅也，匹夫不可夺志也。"（《论语·子罕》）军队可以被夺去主帅，百姓却不可被夺去志气，可见孔子对于"志"之独立人格的重视。人的独立人格不可侵犯、不容侮辱，"苟志于仁矣，无恶也"（《论语·里仁》），并要求"博学而笃志"（《论语·子张》）。孟子则将"志"视为一种卓越的独立人格境界与人生目标，"夫志，气之帅也；气，体之充也。夫志至焉，气次焉。故曰持其志，无暴其气"（《孟子·公孙丑上》）。人之为人，思想意志居于意气感情之上，充当其统帅，意气感情为充盈于人体之内的力量，但若脱离了思想意志的引导，意气感情便犹如无根之浮萍，难以立足。因此，孟子指出应当坚定自身意志，避免意气用事。

在魏晋时期，"志"已不再局限于以道德理想、善和仁人等价值追求为目标，而是将重心转向了对意志、情感以及人性的自由等问题的关注上。因此，魏晋士人更加注重个体人格之独立性的彰显。故刘劭的理想人格在以"中和"之儒家"圣人"人格为最贵的同时，将"道"之"平淡"与

## 先秦两汉儒道理想人格之情、才、德思想研究

"常"以及"一"作为"圣人"人格之本体的归宿，使其在摆脱功利束缚的同时超越虚伪矫饰而获得本性之自然、自由。所以，刘劭言"人情莫不欲遂其志"（《人物志·八观》）。可见，"志"是为除情感和理性，即平淡与聪明外的第三大要素，三者合一则为知、情、意。

刘劭认为，人之本性中存在着一种"欲遂其志"（《人物志·八观》）的倾向，这意味着追求自由和独立是构成人之本性的要素之一。在人格质性中，"志"体现了人之本性中渴望依据个人意愿和期望行事，以满足自身欲望的情感旨趣。当人之本性的意志、欲望得到满足时，即有欣喜、喜悦之情绪；反之，若未得到满足，则为厌恶、忌讳、妒害、怨恨之情状。欣喜、怨恨、厌恶、喜悦、忌恨、妒害是为人情之"六机"。

> 何谓观其情机，以辨恕惑？夫人之情有六机：杼其所欲，则喜；不杼其所能，则怨；以自伐历之，则恶；以谦损下之，则悦；犯其所乏，则婟；以恶犯婟，则妒。此人性之六机也。（《人物志·八观》）

在刘劭看来，不同禀性之人都可充分发展自己的德性、智性以成就功业之"志"。

> 夫人情莫不欲遂其志，故烈士乐奋力之功，善士乐督政之训，能士乐治乱之事，术士乐计策之谋，辨士乐陵讯之辞，贪者乐货财之积，幸者乐权势之尤。权势之尤，则幸者窃其柄。（《人物志·八观》）

人之为人，其"志"若获得满足便会感受到快乐，若不能，则会感受到痛苦，即"苟赞其志，则莫不欣然，是所谓杼其所欲则喜也。若不杼其所能，则不获其志。不获其志，则戚"（《人物志·八观》）。因此，人之生命活动的动力和情感机制皆在于"志"。可见，刘劭并非以道德理想的标准对"志"进行定义，而是从人之生命活动的内在动力的角度去定义"志"。从人之生命活动的内在动力出发，刘劭将情性理解为征（用）与质的内外关系而客观看待情志。[①] 刘劭对情性的理解已与两汉儒家以善恶之性善情恶划分情性不同，刘劭的这一理解对于汉代至魏晋的情性观来说可谓一大

---

① 参见姚维. 才性之辨——人格主题与魏晋玄学[M]. 北京：人民出版社，2007：156.

## 第一章 先秦两汉儒道理想人格的"情"与"性"

转折。

通过这一转折，人的情性得以从汉代经学的束缚中获得解脱，人格得以在汉代大一统的道德伦理观念的困境中获得觉醒，这种内在契机亦预示着玄学将由老子的"无""道"思想向庄子所倡导的自然与自由境界转变之必然。刘劭对人之情志的论说，是在将人作为有情、有才、有德之具体、立体、生动的个体人格给予肯定的同时，肯定了人之自身价值，这亦反映了人之独立意识在魏晋士人间的觉醒。

然人作为有情、有才、有德之具体、生动的个体，其生命活动的内在动力与情感便会存有差别。人的情性可以通过人的外在表现洞察了解，观察九种体表特征就是还原人类本性的途径，但情性于人而言并非一成不变。所以，刘劭把人的情性变化在人身上体现出的现象归纳为"九征"，即作为独立个体之人的情性有"九征"之分，"性之所尽，九质之征也"（《人物志·九征》）。

刘劭之"九征"是对庄子"九征"的继承与发展。庄子曰："远使之而观其忠，近使之而观其敬，烦使之而观其能，卒然问焉而观其知，急与之期而观其信，委之以财而观其仁，告之以危而观其节，醉之以酒而观其则，杂之以处而观其色。"（《庄子·列御寇》）庄子认为，欲观人之忠诚，可遣其远任他乡；欲观人之敬慎，可将其留任身侧；欲观人之能力，可劳其冗杂之事；欲观人之智慧，可向其骤然发问；欲观人之信用，可短其完成时限；欲观人之仁德，可托其锦缎资币；欲观人之节操，可置其身于危难；欲观人之仪则，可与其醉酒同饮；欲观人之色态，可命其杂处众人。此即庄子之"九征"。通过这九种检验，便可以发觉那些内外不符的人，即"九征至，不肖人得矣"（《庄子·列御寇》）。

刘劭之"九征"则与庄子所言不同。对于刘劭而言，"九征"为人之情性在神、精、筋、骨、气、色、仪、容、言，即神态、眼神、筋带、骨骼、血气、面色、仪表、表情、语言九个方面表现出的特征。

> 平陂之质在于神，明暗之实在于精，勇怯之势在于筋，强弱之植在于骨，躁静之决在于气，惨怿之情在于色，衰正之形在于仪，态度之动在于容，缓急之状在于言。（《人物志·九征》）

**先秦两汉儒道理想人格之情、才、德思想研究**

  刘劭认为，正派与佞邪表现在神态上，聪明与愚蠢表现在目光中，勇敢与怯懦表现在筋腱上，刚强与软弱表现在骨骼上，焦躁与安静表现在气息上，伤感与愉悦表现在脸色上，衰颓与庄重表现在仪表上，意态与气度表现在表情上，缓慢与急迫表现在语气上。如果一个人在这九个方面都很优秀，那么这个人就是完美无瑕的人。如果在这九个方面各有其相违背的情况，如一个人声音清朗、语气和顺，但他的性情却不平淡、中庸，或筋骨有力强健，但仪容外表却不正直可信，这种人就是"九征有违"（《人物志·九征》）者。按"九征"之不同，刘劭将人分为偏材、兼材、兼德"三度"以及间杂、依似两种不做讨论的"末流"。

  至此，刘劭以先秦两汉儒道思想以及"元一""阴阳""五行"学说为基础，建立其"各遂其志"情性观，并以"九征"为基论，开启了他由单一的道德人格向多元的个性人格过渡的才性理念。如前所述，刘劭理想人格的建立除受先秦两汉儒道之"情""性"思想的影响外，还受先秦两汉儒家之"智""才"思想的影响。

# 第二章 先秦两汉儒家理想人格的"智"与"才"

如前所述，先秦两汉儒家普遍认为情、性皆为人生而禀赋之物，争论的焦点在于情之善或恶。但对于理想人格来说，理想人格之情性表现的必是质实、忠诚、真诚之善的一面，通过情之善显现其仁之性的美善。在儒家看来，理想人格除应拥有仁之质外，还应具备智之才。"才"即先秦两汉儒家衡量理想人格的第二个维度。但道家对于"智"的观点却是"绝"或"弃"，故在此不对道家的"智""才"思想进行讨论。

"才性"即人自身所具有的各种才能性质。但"才性"一词，并非自古有之。"才性"在荀子之前通常被分为"才"与"性"二字而单独使用，直至荀子"彼人之才性之相县也，岂若跛鳖之与六骥足哉"（《荀子·修身》）一语中"才""性"方首次得以合用。"才"在《修身篇》中与"材"相通，故亦有将"材""性"写作"才性"的现象。后世学界在探讨"才""性"关系的问题时，沿荀子"才性"的用法记为"才性之辨"。追本溯源，则要从先秦儒家，特别是孔子思想中的"智"说起。

## 第一节 孔子之"学而有知"

在传统的中国哲学思想中，对"智"加以强调和倡导的思想首见于孔子。"智"之于孔子，乃是作为道德准则和道德德性而存在于"三达德"之中。故对于"智"的讨论，应从先秦儒家思想，即孔子思想中的"智"谈起。

## 先秦两汉儒道理想人格之情、才、德思想研究

> 子路问成人。子曰:"若臧武仲之知,公绰之不欲,卞庄子之勇,冉求之艺,文之以礼乐,亦可以为成人矣。"(《论语·宪问》)

子路问孔子什么样的人才是完人。孔子回答说,拥有臧武仲那样的智慧,如孟公绰那般的无欲无求,像卞庄子那样的勇武过人,似冉求那般的多才多艺,再加上礼乐的文采,即可谓之为完人。换言之,如果一个人明智、无非分之想、勇敢果断、多才多艺,且有文采、懂礼乐,那么这样的人就是智勇双全、品行端庄、合乎礼法,既有智商又有情商之人。从孔子所言之次序上看,知、不欲、勇、文、礼乐,既是一个渐进的过程,又是君子修德体仁的必由之路。

然何谓"智"?

> (樊迟)问知。子曰:"知人。"(《论语·颜渊》)

孔子在回答樊迟关于什么是智的问题时说:善于识别人就是智,智者正是因为善于识别人而可不惑。

> 子曰:"君子道者三,我无能焉;仁者不忧,知者不惑,勇者不惧。"(《论语·宪问》)

仁、智、勇是为天下君子之"三达德"。孔子认为,有智慧的人才能认识到"仁"对于己身的有利之处,才会进而去实行"仁"。欲实现"仁"之至高的道德境界,不可或缺的条件之一便是"智"。若要达到"德"的境界,必先历经"智"的博学、审问、慎思、明辨以及笃行五个阶段。

孔子认为,博学是成"智"的首要条件。所以,孔子非常重视学习的作用,曰:

> 十室之邑,必有忠信如丘者焉,不如丘之好学也。(《论语·公冶长》)

孔子断言,十户之内,必然有像他一样忠心诚实的人,但不一定有像他一样的好学之人。十户之内,是否有忠心诚实之人是道德层面的衡量,是否有喜好学习之人则是在知识层面的比较。在道德与知识层面上,孔子

## 第二章 先秦两汉儒家理想人格的"智"与"才"

认为,他与别人的差异存在于知识层面,而非在于道德层面。

> 子曰:"好仁不好学,其蔽也愚。好知不好学,其蔽也荡。好信不好学,其蔽也贼。好直不好学,其蔽也绞。好勇不好学,其蔽也乱。好刚不好学,其蔽也狂。"(《论语·阳货》)

喜爱仁德而不喜爱学习会愚而不明,喜爱聪明而不喜爱学习会放荡不羁,喜爱诚信而不喜爱学习会反伤己身,喜爱直率而不喜爱学习会偏激尖刻,喜爱勇敢而不喜爱学习会作乱惹祸,喜爱刚强而不喜爱学习则会轻率狂妄。换言之,缺乏系统知识的支持,即便个体在主观上具备追求道德理想的强烈意愿,仍有可能在追寻的过程中偏离道德目标。因此,所有追求道德理想的人皆应将探寻知识的奥秘视为首要任务。曾子曰:"慎终追远,民德归厚矣。"(《论语·学而》)曾子认为,如若国家中具有智慧的人对自身行为所带来的终极后果与长远影响进行深思熟虑的探求,那么他们定能自觉地回归于道德的基石之上。简言之,通过学习拥有智慧后则可近仁,否则只会因有"蔽"而远仁。所以,在"成人"之路上,"好学近乎知"(《礼记·中庸》),"知者不惑"(《论语·宪问》)。

"惑"是缺乏基本的理性思考、不顾一切的感情用事。

> 一朝之忿,忘其身,以及其亲,非惑与?
> 爱之欲其生,恶之欲其死。既欲其生,又欲其死,是惑也。(《论语·颜渊》)

人之为人,如因一时气愤而忘却自身之安危,甚至忘却父母亲属,乃为惑而不明事理;如喜爱一人即希望其长寿,若对其厌恶便希望其速死,此乃迷惑。此二者即为缺乏理性思考,仅有感情用事之念的"惑"之行径。"惑"之行径人常有之,甚至孔子自称四十岁时自己才达到"不惑"的境界,遂"四十而不惑"(《论语·为政》)。

"四十而不惑,五十而知天命。"(《论语·为政》)"知天命"是孔子在达到"四十不惑"后的下一个人生目标,亦是人生发展之更进一层的重要阶段。"知天命"而"弘道","人能弘道,非道弘人"(《论语·卫灵公》),孔子将知"道"作为人生的最高阶段和最后的归宿。成为君子的关键即在

## 先秦两汉儒道理想人格之情、才、德思想研究

于"知天命","不知命,无以为君子"(《论语·尧曰》)。"六十而耳顺,七十而从心所欲,不逾矩"(《论语·为政》)之"耳顺"与从心所欲但不逾矩正是知"道"之表现。"志于道,据于德,依于仁,游于艺"(《论语·里仁》),知"道"是人生之最高目标。"知天命"、知"道"之先决条件便是"知",即"智",通过"智"而知晓、明晰天命与道,可以说,天命与道即为"智"之最终目标。简言之,"智"的最终目标就是把握终极的存在或法则。

智者拥有"智",既然可通晓天之命,便亦可预知人之命,"智"即蕴含于此"先见之明"之中。故孔子认为根据对过去思想、事实的正确认识即可对未来进行预知。

> 殷因于夏礼,所损益,可知也;周因于殷礼,所损益,可知也。其或继周者,虽百世,可知也。(《论语·为政》)

殷朝承袭夏朝的礼仪制度,故可知殷朝在夏朝礼仪制度上的增加及废除之处;周朝承袭殷朝的礼仪制度,同样可知周朝对殷朝礼仪制度的增加和废除之处。由此推之,以后继承周朝礼仪制度的朝代,即使历经一百代,依然是可以预知的。通过"智",人们可以了解宇宙的奥秘、预知迷惘的未来,并且能够打破自身的局限而寻求圣人境界。然而,对于常人来说,能否对未来有所预知是其与圣人间最本质的差异,常人并不具有圣人的"先知"之"智"。故曰:"圣人之所以过人以先知。"(《吕氏春秋·待君览》)

拥有"先知"之智者罕见,然"生而知之""学而知之""困而学之"者则常有。子曰:"生而知之者上也,学而知之者次也。"(《论语·季氏》)孔子自认,之所以年至四十方才"不惑",是因为他认为"生而知之者"与自己并无关系,之所以能够获取常人不能及的智慧,仅是因为自己对志学和敏求的坚持而已。"我非生而知之者,好古敏以求之者也。"(《论语·述而》)可见,相对于"生而知之",孔子更倾向于"智"的来源是"学而知之",学而拥有才智。

孔子将其智德的侧重点置于"学而有知"之上,对于"生而知之"论说的空白给了孟子在人性善的基础上以心言"智"思想形成的空间。

第二章　先秦两汉儒家理想人格的"智"与"才"

## 第二节　孟子之以心言"智"

孟子认为，人之性善的根源在于拥有人心。"心之官则思"（《孟子·告子上》），心不但是思维的器官，亦是道德的根源。"君子所性，仁义礼智根于心。"（《孟子·尽心上》）在孟子看来，心是产生道德（包括智）的关键，心产生智的过程与口、耳、目产生味觉、听觉、视觉的过程一样，别无二致。

> 口之于味也，有同耆焉；耳之于声也，有同听焉；目之于色也，有同美焉。至于心，独无所同然乎？心之所同然者何也？谓理也，义也。圣人先得我心之所同然耳。故理、义之悦我心，犹刍豢之悦我口。（《孟子·告子上》）

口对于味道，有相同的嗜好；耳对于声音，有相同的听觉；眼睛对于容貌，有相同的美感。理义使人内心愉快，就如同肉食使口愉快一样。人的内心相同之处，则在于理与义。所以，孟子认为"恻隐之心，人皆有之；羞恶之心，人皆有之；恭敬之心，人皆有之；是非之心，人皆有之"（《孟子·告子上》）。孟子将智与仁、义、礼并列而为人人有之的"四心"，并以"四心"的每一维度为人禀赋于天的一端，"四端"即存于此"四心"之中，孟子就此而提出仁、义、礼、智的四端学说。"四端"者：

> 恻隐之心，仁之端也；羞恶之心，义之端也；辞让之心，礼之端也；是非之心，智之端也。人之有是四端也，犹其有四体也。（《孟子·公孙丑上》）

孟子将智视为人类固有的善良品质，并对智的价值给予了高度评价。他认为，智、仁、义和礼均为人之天赋的善性，乃人与动物之间的本质差异之所在。

同情、羞耻、恭敬、是非之心虽人人生而有之，但如果不能对其好好地进行思考、探求便会失去此心。

> 仁、义、礼、智，非由外铄我也，我固有之也，弗思耳矣。故曰求则得之，舍则失之。(《孟子·告子上》)

因此，孟子认为人类天生具备的"是非之心"，即"智之端"于后天的发展任务仅为"求之"，即通过不断寻求并扩展而获得"智"的全面提升。孟子曰：

> 凡有四端于我者，知皆扩而充之矣。若火之始然，泉之始达。苟能充之，足以保四海；苟不充之，不足以事父母。(《孟子·公孙丑上》)

只需善于修养心性，拓展自身之智慧，便可成为智者；若致力于培养自身的善良品质，便可达至圣人之境。孟子认为，只要人们能够将恻隐、羞恶、辞让、是非之"四端"扩展并充实便可身拥仁、义、礼、智之"四德"。在此基础上，人之个体才能具备实行仁政、推行仁义的前提条件。

孟子认为，行仁义、施仁政之智者无所不通，智者无所不通的关键，即为其是知当务之急者。遂曰：

> 知者无不知也，当务之为急。仁者无不爱也，急亲贤之为务。尧、舜之知而不遍物，急先务也。尧、舜之仁不遍爱人，急亲贤也。(《孟子·尽心上》)

知当务之急即为知仁、义，

> 仁之实，事亲是也。义之实，从兄是也。智之实，知斯二者弗去是也。礼之实，节文斯二者是也。(《孟子·离娄上》)

知晓仁与义则探求到了智慧之实质。

同时，孟子认为智会受"时"的影响，

> 齐人有言曰："虽有智慧，不如乘势。虽有镃基，不如待时。"(《孟子·公孙丑上》)

"乘势""待时"对于智慧而言，同样重要，社会时代环境会影响个人智慧的发挥，有智者会"乘势而为"。在孔子的基础上，孟子意识到"势"

## 第二章　先秦两汉儒家理想人格的"智"与"才"

与"时"对于"智"的重要影响，是为一大进步。同时，孟子以"是非之心"规定"智"之德，把孔子"知者不惑"的观念进一步转化为人之内心德性。

> 人之所不学而能者，其良能也；所不虑而知者，其良知也。（《孟子·尽心上》）

"良能"与"良知"相合即为良心。

先秦儒家认为，人与天在本质之性层面上具有内在的一致性，天道寓于人与自然之间的互动共鸣之中，存在于人与天的融会贯通之中，如果可以揭开宇宙的奥秘，人生的真谛也便随之而彰显。人道源于宇宙法则，即天道。领悟天道的关键在于深入了解人之本质及其内在属性。孟子将人的心性与宇宙天道相联结，主张天道寓于人的内在心性之中，并在德性的视域中解释自然之天，曰：

> 尽其心者，知其性也。知其性，则知天矣。（《孟子·尽心上》）

尽心知性，则"万物皆备于我"（《孟子·尽心上》）。于荀子处，则认为智源于知与学。

## 第三节　荀子之"知通统类"

荀子引用孔子与子路、子贡、颜渊的对话，言"智"即"知人"。

> 子路入，子曰："由，知者若何？仁者若何？"子路对曰："知者使人知己，仁者使人爱己。"子曰："可谓士矣。"
>
> 子贡入，子曰："赐，知者若何？仁者若何？"子贡对曰："知者知人，仁者爱人。"子曰："可谓士君子矣。"
>
> 颜渊入，子曰："回，知者若何？仁者若何？"颜渊对曰："知者自知，仁者自爱。"子曰："可谓明君子矣。"（《荀子·子道》）

"智莫难于知人"（《大戴礼记·卫将军文子》），荀子"智"即"知人"的观点与孔子、《礼记》之观点一脉相承。与孔孟不同的是，荀子给予了

**先秦两汉儒道理想人格之情、才、德思想研究**

"智"一个较为明确的定义。荀子曰:

> 所以知之在人者谓之知。知有所合谓之智。智所以能之在人者谓之能。能有所合谓之能。(《荀子·正名》)

荀子提出,知觉是人生来就具有的认识事物的能力,人通过后天努力获得认识叫作智慧,人本身具有的处理事务的能力叫作本能,自身能力与处置的事物相适合叫作才能。在这里,荀子对智慧与才能二者之间的关系予以说明,并在孔孟之道德属性的"智"的基础上,给予了"智"之才能属性。荀子认为,"智"不仅在于道德主体自身,人之为人,认识事物的能力生而有之。

> 凡以知,人之性也;可以知,物之理也。(《荀子·解蔽》)

天虽然赋予人认识事物的能力,但人之"智"乃"非生而具者也"(《荀子·荣辱》),只有当"知有所合"即主观认识与客观事物相符合时,才能称之为"智"。然人之为人,如何使自身主观认识与客观事物相符合?荀子指出,通过后天学习方可达到。

因此,《荀子》开宗明义提出"劝学","学不可以已"(《荀子·劝学》),学无止境,并强调学习知识的重要价值。

> 君子博学而日参省乎己,则知明而行无过矣……吾尝终日而思矣,不如须臾之所学也……积土成山,风雨兴焉;积水成渊,蛟龙生焉;积善成德,而神明自得,圣心备焉。(《荀子·劝学》)

如同积水成山风雨兴之、积水成渊蛟龙生之一样,善德圣智要靠不断学习、积累而得之,所以与其终日冥思苦想,不如去学习,君子就是通过广泛地学习进而每天对照检查自己,方能智慧明达而不犯错,亦即"智"之"明事达数"[①] 价值之所在。较之更进一步,荀子认为智可通统类。

> 志安公,行安修,知通统类,如是则可谓大儒矣。(《荀子·儒效》)

---

① 荀子曰:"知者明于事,达于数,不可以不诚事也。"(《荀子·大略》)

## 第二章 先秦两汉儒家理想人格的"智"与"才"

大儒者，思想上安于公正，行动上安于善良，且拥有智慧，能通晓各类事物的法则。"知通统类"，就是掌握各类事物的基本规律，洞悉各知识领域的核心要义，此即"智"之更高一层的价值所在。于此，荀子所言之通过外向性学习活动获得的"知通统类"的认知之智，与孟子提倡的通过内心活动来提升道德觉悟的智之思形成了鲜明的对比。

总体来说，在先秦儒家思想中，"智"与"仁"相通。孔子认为"仁"是核心并能对"智"加以制约。"里仁为美。择不处仁，焉得知？"（《论语·里仁》）在挑选居所的时候，与具有"仁"德的人为邻才是最佳的选择，若选择的是不具"仁"德之邻居，那么自身也就不能得到"智"。在认识到"仁"之益处后，"仁者安仁，知者利仁"（《论语·里仁》），坚守长远利益的智者会去践行"仁"德，兢兢业业地承担对人民的责任。因此，"仁"在约束"智"的同时，亦对"智"有所依赖。这也就是说，"智"是实现"仁"的前提和方法。子曰："未知，焉得仁？"（《论语·公冶长》）孔子此言意味着"仁"为高于"智"的境界，若要实现"仁"，必先拥有"智"。然如何拥有"智"？博学、笃志、切问、近思四者即为达至"智"的过程。

博学而笃志，切问而近思，仁在其中矣。（《论语·子张》）

"仁"需通过博学、笃志、切问、近思等追求"智"之过程方可拥有。此外，"仁"同样具备守"智"之能。

子曰："知及之，仁不能守之。虽得之，必失之。"（《论语·卫灵公》）

孔子认为，如果一个人的才智足以胜任官职，但不能以仁来持守，那么即使他得到官职，也终将会失去。由此可见，孔子之旨归在于"智"助"仁"，以"智"促进"仁"的实现，旨在弘扬与发展"仁"的精神，培育兼具"仁"与"智"的圣人之理想人格。

孟子认为，"智"即知仁义、行仁义。在个体追求"仁"的境界达到顶峰时，他们将获得关于天与地、过去与未来的深邃知识，"智"自然有之。与孔子一致的是，"智"与"仁"在孟子看来亦为构建理想人格（"大丈夫"）的必备要素。

荀子秉承孔孟的思想路径，认为能够辅佐圣王或人主成就王霸之业的最重要的宝藏即己身之"仁"与"智"的同时存有。荀子曰：

> 故知而不仁不可，仁而不知不可，既知且仁，是人主之宝也，而王霸之佐也。（《荀子·君道》）

荀子认为，"仁"与"智"必二者兼备且相辅相成，唯有"既知且仁"，方能胜任人主之位或圣王之职。在先秦的儒家思想中，一个追求完美人格的人需在经历智者阶段后晋升为贤者，才可最终成为圣人。这种人即"博施于民而能济众"（《论语·雍也》）、"赞天地之化育"（《礼记·中庸》）的智慧之人。尽管孟子将"大丈夫"视为理想人格，但他同样认可圣人需要拥有"仁"与"智"的观点，故曰：

> 可欲之谓善，有诸己之谓信，充实之谓美，充实而有光辉之谓大，大而化之之谓圣，圣而不可知之之谓神。（《孟子·尽心下》）

儒家之智德思想围绕着圣人而展开，圣人是在道德修养和认知水平两方面皆达到至高境界之人。于圣人而言，人之个体不仅可以融合于天地万物，亦可将"仁"与"智"同时内化于己身。

先秦儒家智德思想发展至汉代，"仁"与"智"成为时下才性之辨所认的理想人格以及人性要素中的两大基本要素。董仲舒将孔子之智、仁、勇与孟子之仁、义、礼、智相结合，形成了以仁、义、礼、智、信为核心的"五常"思想。关于"仁"与"智"的关系，董仲舒称之为"智而不仁，则知而不为也"（《春秋繁露·必仁且智》）。

## 第四节　董仲舒之"必仁且智"

"智"在董仲舒处首先表现为规划、谋划之智，"凡人欲舍行为，皆以其智，先规而后为之"（《春秋繁露·必仁且智》）。虽然，人们在决定事情实行与否时，都是根据自身的智慧进行规划后才会决定，但由于个体差异，人们在对事情做规划、谋划时便会有正误之别，因而产生的结果亦各有不同。

## 第二章 先秦两汉儒家理想人格的"智"与"才"

> 其所为得其所事,当其行,遂其名,荣其身,故利而无患,福及子孙,德加万民,汤、武是也。其规非者,其所为不得其所事,不当其行,不遂其名,辱害及其身,绝世无后,残类灭宗亡国,桀、纣是也。(《春秋繁露·必仁且智》)

在董仲舒看来,拥有智慧,能够做出明智规划的人,会因其所做之事顺利进行而获得好的结果,名声显荣,福祉荫庇子孙,其德亦可庇佑万民,商汤、周武就是这类人。反之,身无智慧,不能做出明智规划的人,会因其所做之事不当而无结果,名声受辱,灭绝同宗同族甚至毁灭国家,夏桀、商纣就是这类人。可见,"智"于己、于人、于家、于国而言都具有道德属性。

董仲舒认为,"智者见祸福远,其知利害蚤,物动而知其化,事兴而知其归,见始而知其终"(《春秋繁露·必仁且智》),聪慧者得以预见吉凶,洞察得失而躲避祸患,事宜初显迹象即能预料其发展趋势,事业初创阶段便可知晓其最终走向,因此,明智者在初现事端之时便能洞悉结局。明智之人可见端知末的根本在于其渊博的学识以及丰富的经验。然如何判断某人是否为明智之人呢?董仲舒指出,有智者之"智",通过言语等行为举止表现于外,曰:

> 言之而无敢哗,立之而不可废,取之而不可舍,前后不相悖,终始有类,思之而有复,及之而不可厌。其言寡而足,约而喻,简而达,省而具,少而不可益,多而不可损。其动中伦,其言当务。如是者,谓之智。(《春秋繁露·必仁且智》)

此即是说,智者之言行,具有非凡之魅力。在智者发表言论时,他人皆敬听而不敢妄言;智者所确立之事,他人无法轻易推翻;智者所采取之策略,他人难以舍弃。智者之行为,始终保持一致,其思考与谋划皆遵循法度,且能通过持续的行为加以验证。为达目标,智者不知疲倦。智者之言语虽不多,却有充足的理由支撑,简洁明了,通俗易懂。在言语表达上,智者能够以简约之词传递丰富之意,既简单又充分。在语句篇幅上,智者掌握得恰到好处,既不宜增加也不宜删减。智者之行动,合乎伦理规范,

**先秦两汉儒道理想人格之情、才、德思想研究**

言语紧随时势之形势。具备以上之质性者,可称其为智者。

董仲舒亦曰:"莫急于智。"(《春秋繁露·必仁且智》)虽然"智"于人而言甚为重要,但用"智"不应急躁,要在自身言行与内心符合"智"之后再以"智"行之。

董仲舒将理性、道德、伦理属性加诸于"智"之内,是对先秦儒家智德思想的一次超越。同时,他秉承先秦儒家思想,在"智"与"仁"二者的关系上,亦认为二者不可分离,"必仁且智"。

> 仁而不智,则爱而不别也;智而不仁,则知而不为也。故仁者所爱人类也,智者所以除其害也。(《春秋繁露·必仁且智》)

在董仲舒看来,仁爱而缺乏智慧的人,可能会因为感情用事而无法明辨是非;智慧而不仁慈的人,即便明了是非,也有不愿遵循正确的行为准则之可能。对于那些无法分辨是非的人来说,即便明了善行,也难以付诸实践。所以,人之为人,应"必仁且智"。

在此基础上,董仲舒认为"仁"与"智"高于才能,是做人做事、安身立命不可或缺的德行和品质。

> 不仁不智而有材能,将以其材能,以辅其邪狂之心,而赞其僻违之行,适足以大其非,而甚其恶耳。(《春秋繁露·必仁且智》)

董仲舒指出,没有仁、智却拥有才能的人,会因此才能而助长其邪僻不正的思想,此为大恶。

> 有否心者,不可藉便埶;其质愚者,不与利器。(《春秋繁露·必仁且智》)

所以,对于心术不正之人,不宜赋予其易于操控的权势;对于才智平庸之辈,不应授予其锐利的武器,否则恐会导致恶劣的后果。在这里,董仲舒将"材能"[①]引入"智"的视域之中,如果说"智"与"仁"是先秦儒

---

① "材"通"才",为保留原文内容,故在对原文进行阐释时遵照原文用法使用"材"字,除此情况外皆按现今用法使用"才"字。下文对于"材"与"才"的使用皆同于此处。

家智德思想在人之内在德性范畴内的讨论，那么，"材"便是内在于人的"仁""智"之外在显露，是在实践范畴内的探讨。然而，对于"材"，董仲舒并未进一步系统阐述。

此外，东汉的徐幹在《中论》中亦专有《智行》篇，在论及明哲穷理与志行纯笃的关系时主张当二者不可兼得之时取其明哲而用之的观点。荀悦的看法与徐幹相同，他提出"合而用之以才为贵，分而行之以行为贵"[1]的主张，其中的"才"指的是才能、才智，而"行"则代表德行以及孝廉之行，意为才能与德行合二为一时才能为重，但分开时则是德行为重。曹魏时，曹操言"治平尚德行，有事赏功能"（《三国志·武帝纪·注引〈魏书〉》），可见，汉初董仲舒重德、以德为中心的传统儒学到了东汉末期的徐幹和曹操那里，开始向重智、以智为中心转变。

从总体上看，先秦两汉儒家在讨论"智""才""性"的关系时，注意到了"学"在其中的重要作用。通过"学"可以正确地把握"智"，通过"学"可以将智外显为"才"，进而寻求"仁"与"智"的统一。从发展逻辑上看，先秦儒家侧重的是德性维度中的智德意涵，至于两汉时期，"智"则从道德视域逐渐发展至实践领域而更为强调外显之"才"。但对于"才"的具体内容以及"才""性"关系并未有更为深入的阐述，这也为汉代之后才性思想的发展提供了空间。正是在这一前提下，刘劭将"才"彻底纳入实践范畴而形成一套相对系统的才性思想。

## 第五节 先秦两汉儒家理想人格的"智""才"思想的影响

刘劭在先秦两汉儒家"智""才"思想的基础上更进一步，将"智"从道德领域彻底引入实践领域，转变为外显之"才"。从此出发，刘劭从人之自然属性入手对人才进行分类，承认人与人之间的差异，对个体所具有的特征进行品鉴和欣赏，并提出通过人之"才"，可知其"仁"与"智"的主

---

[1] 荀悦. 申鉴注校补[M]. 黄省曾，注. 孙启治，校补. 北京：中华书局，2012：187.

## 先秦两汉儒道理想人格之情、才、德思想研究

张。刘劭《人物志》之才性观念由此展开。

### 一、刘劭理想人格之"材""性"释义

作为刘劭理想人格思想中的重要范畴,"才"在《人物志》中仅出现 1 次,而"材"出现 108 次。纵观全文,除"四理不同,其于才也"(《人物志·材理》)之"才"可为人才义外,"材"均为才能、资质义。然"材"亦可作人才义,"才"与"材"的来源得以论证。"才"即人有用,"材"即木有用,皆是言有用性,只是所指的对象有人与木之分,因此,可以说"才"与"材"为同源。① 人才的"才"在古时常被写为"材"。如"贤者敕其材,君因而任之,故君不躬于能"(《韩非子·主道》)、"夫人材不同,能各有异"(《人物志·材能》)中所言之"材",即通于"才",作有用之人解,即人才义。故对刘劭所言"材"之义的分析应从才能义、资质义、人才义三方面入手。

首先,"材"为具体才能与能力义。在论说人应对事物变化能力之别时,刘劭曰:

> 聪能听序,谓之名物之材;思能造端,谓之构架之材;明能见机,谓之达识之材;辞能辩意,谓之赡给之材;捷能摄失,谓之权捷之材;守能待攻,谓之持论之材;攻能夺守,谓之推彻之材;夺能易予,谓之贸说之材。(《人物志·材理》)

具有此八种才能的人,可以发挥其不同的能力,产生不同的作用。有辨名析理之能的是分类命名之才,有发明创造之能的是理论创新之才,有洞察事微之能的是明察事理之才,有言辞辨捷之能的是辩口利舌之才,有以捷补失之能的是机敏权捷之才,有善守待攻之能的是善于立论之才,有善攻夺守之能的是推理驳论之才,有攻弱制胜之能的是灵活善辩之才,此八种能力于事物中协调运用则收益倍增。

---

① 《同源字典》载:"木有用叫作'材',物有用叫作'财',人有用叫作'才'。故'材'、'财'、'才'三字同源。人才的'才'常写作'材'。"(王力. 同源字典[M]. 北京:商务印书馆,1982:99.)

## 第二章　先秦两汉儒家理想人格的"智"与"才"

其次,"材"为资质义。刘劭云:"禀阴阳以立性,体五行而著形。"(《人物志·九征》)人之性因阴阳而立,人之形因五行而著。具体来说,

> 其在体也,木骨,金筋,火气,土肌,水血,五物之象也。五物之实,各有所济。
>
> 五质恒性,故谓之五常矣。五常之别,列为五德。(《人物志·九征》)

故人因先天禀赋的阴阳不同而致其形体的五行各异,木骨、金筋、火气、土肌、水血的不同产生通微、勇敢、贞固、文理、弘毅五种不同的品质,五种品质因其恒常不变而为"五常",五常又可分为"五德"。因人之"五质""五常""五德"有别,人所禀之才能、资质也就各不相同,"材"于此即是在先天意义上言人所禀赋的才能、资质。

> 是故厉直刚毅,材在矫正,失在激讦。(《人物志·体别》)
>
> 兼有三材,三材皆备,其德足以厉风俗,其法足以正天下,其术足以谋庙胜,是谓国体,伊尹、吕望是也。(《人物志·流业》)

在刘劭看来,严厉耿直刚正不阿的人,有纠正偏错之才,但失在激烈攻击他人短处上。兼有德、法、术三种才能且较为完备的人,他们的品德足以勉励好的社会风气和习俗的建立,他们制定的法律足以匡正天下的歪风邪气,他们的谋略足以谋划朝廷预先制定的克敌制胜的战略,这种人称之为国体,例如殷商之伊尹以及西周之吕望。

最后,"材"为人才义。对于人才的评判,诸家因所处时代环境差异而各有见解。以儒家和法家为例,于儒家言,守礼、谦逊是人才必备的两大品质,但在法家看来,守礼、谦逊者是为胆小、怯懦而难成大事者;于法家言,事功是评判人才的核心标准,为达目的可不择手段,只以成败论英雄,但在儒家看来,这种重事功之才却是为人所不齿之才。较之于先秦,刘劭对人之才做出了相对具体且详细的分类。刘劭以人所具德、才比例不同为标准将人之才分为三类,即兼德、兼材和偏材。兼德之人,多种优良品质平衡发展,体现中庸之气度;兼材之人,德才兼备,但具体兼具哪几种才能要分而论之;偏材之人,只有单方面才能,如三百六十行各有其名。

### 先秦两汉儒道理想人格之情、才、德思想研究

偏材虽然在所具德才比例上不如兼德、兼材二者，但其依然可以在他们所具的才能领域中发挥作用，因此，偏材与兼德、兼材一样，都可称之为人才。对于人之才，刘劭认为"夫能出于材，材不同量。材能既殊，任政亦异"（《人物志·材能》）。人之能力出自人之"材能"性质，各种人才的"材能"性质是不同的，所以其所适之职位自然不同。

> 是故自任之能，清节之材也。立法之能，治家之材也。计策之能，术家之材也。人事之能，智意之材也。行事之能，谴让之材也。权奇之能，伎俩之材也。司察之能，臧否之材也。威猛之能，豪杰之材也。（《人物志·材能》）

具备修身自好能力的人，是清节家之才；具有建立法律制度并使人遵守能力的人，是法家之才；具有谋划奇计妙策能力的人，是术家之才；具有通晓人情事理能力的人，是智意之才；具有巡使一方推行团结协调各部之策能力的人，是谴让之才；具有奇思妙想能力的人，是伎俩之才；具有监察检举能力的人，是臧否之才；具有威武勇猛能力的人，是豪杰之才。简言之，有什么样的"材能"性质，就是什么样的人才。

总而言之，"材"于《人物志》中主要有才能义、资质义、人才义三类，其中不乏交叉共用之处。当"材"在论说人应对事物变化能力之别的意义上作才能义时，人所具之"聪能听序""思能造端""明能见机"等才能，亦是人所禀之资质，因具有此资质，而为与此资质相匹配之人才；当"材"在先天的意义上言人所禀赋的才能、资质时，人所禀之"弘毅、文理、贞固、勇敢、通微"五种品质，亦是人所具之才能，因具某一种才能品质，拥有某一种德性，而成为某一种人才；当"材"为人才义时，亦是因为人之所有的德才比例不同而具"兼德""兼材""偏材"中的某种才能、资质，进而成为"兼德""兼材""偏材"之人。因此，《人物志》中的"材"为才能、资质、人才三义贯通之"材"。

### 二、刘劭理想人格之"材""性"关系辨析

"才性"一词最早出现于《荀子·修身》中，"彼人之才性之相县也，岂若跂鳖之与六骥足哉"，其中"才性"意为才能禀赋。《孔丛子·连丛子

## 第二章 先秦两汉儒家理想人格的"智"与"才"

下》记载:"人之才性受天有分,若如君之论,则成王伯禽虽致泰平,皆当以不圣蒙弗克负荷之罪乎?"《元典章·礼部五·医学》云:"若有民间良家子弟,才性可以教诲,愿就学者听。"《大同书·丁部》载,康有为曰:"凡言平等者,必其物之才性、知识,形状、体格有可以平等者,乃可以平等行之。"此三处所提之"才性",皆与荀子所言一致,即才能禀赋之义。当"才性"为资质性情之义时,"才"与"材"相通。此外,另有才能和性格之义。

> 会论才性同异,传于世。四本者,言才性同,才性异,才性合,才性离也。尚书傅嘏论同,中书令李奉论异,侍郎钟会论合,屯骑校尉王广论离。文多不载。(《世说新语·文学·刘孝标注引〈魏志〉》)

赵岐注《孟子·告子上》"非天之降才尔殊也"曰:"非天降下才性与之异也。"[①] 王充云:"故夫临事知愚,操行清浊,性与才也。"(《论衡·命禄》)魏晋玄学兴起后,"才性"更是被广泛作为清谈的问题之一。"才性"之于刘劭,兼有才能禀赋、资质性情、才能性格之义。"材"与"性"的关系即为人之才能与天生禀赋间的关系。

综上所述,刘劭所理解的才性关系若按"四本论"之说,应属于"才性同"的观点,即"材"与"性"是异名而实同的关系。从"材"与"才"的实际使用情况及其含义分析可以看出,在一定程度上,才质、质性和才性可视为同一层次的概念。是以,于内在质性与外在表现之间,抑或是内在品质与外在才能之间体现的关系即为才性关系。简言之,个体的内在质性和才质决定了其能展现出什么样的才能。

> 若夫德行高妙,容止可法,是谓清节之家,延陵、晏婴是也。建法立制,强国富人,是谓法家,管仲、商鞅是也。思通道化,策谋奇妙,是谓术家,范蠡、张良是也。兼有三材,三材皆备,其德足以厉风俗,其法足以正天下,其术足以谋庙胜,是谓国体,伊尹、吕望是也。兼有三材,三材皆微,其德足以率一国,其法足以正乡邑,其术

---

① 焦循. 孟子正义 [M]. 北京:中华书局,1987:759.

## 先秦两汉儒道理想人格之情、才、德思想研究

> 足以权事宜,是谓器能,子产、西门豹是也。(《人物志·流业》)

刘劭认为,德行高尚美好,仪容举止可以被人效法者,可称其为清节家;建立法律和制度,使国家强大人民富裕者,可称其为法家;思想与客观规律的变化相同,所谋划的计策奇诡绝妙者,可称其为术家。兼有德、法、术三种才能且比较完备者,可称其为国体。兼有德、法、术三种才能但略有不足者,可称其为器能。故在刘劭看来,"性"与"材"应属统一关系。

清节家、法家、术家、国体、器能五者,因其所禀之性不同,而有不同之才,其才不同,所适之任亦不同。刘劭在《流业》篇中,依据个体所具质性之不同,将其所适之业列举如下:

> 清节之德,师氏之任也。法家之材,司寇之任也。术家之材,三孤之任也。三材纯备,三公之任也。三材而微,冢宰之任也。臧否之材,师氏之佐也。智意之材,冢宰之佐也。伎俩之材,司空之任也。儒学之材,安民之任也。文章之材,国史之任也。辩给之材,行人之任也。骁雄之材,将帅之任也。(《人物志·流业》)

清节之才,可委以宰相之位;法家之才,可担当司寇之位;术家之才,可以三孤之位授之。判断一个人是否是人才需要依靠质性,质性于智与才中的外显则为才能。无论成为哪种人才,倘若质性中的阴阳能够平衡和谐,就能达到其最高的境界。

> 凡人之质量,中和最贵矣。中和之质,必平淡无味。(《人物志·九征》)

所以,质性平淡的是道理之家;质性和平的则为义礼之家。

> 是故质性平淡,思心玄微,能通自然,道理之家也。质性和平,能论礼教,辩其得失,义礼之家也。(《人物志·材能》)

然而以人所禀赋之德、法、术水平的差异为根据,将人划分为清节家、法家、术家三大类之后,此三大类亦会有诸多小类,如臧否、智意、伎俩,

以及儒学、文章、辩给、骁雄之类。人之为人，个体才性禀赋情况千变万化，如若加之以依似、间杂之善于遮蔽自身本性者，其中辨别之难度可想而知。如果想在辨别个体才性的同时对其进行合理地任用，更是难上加难。所以，刘劭说：

> 盖知人之效有二难。有难知之难，有知之无由得效之难。（《人物志·效难》）

刘劭认为，认识人之才性并取得效果的难点主要有二：一是认识人之才性本身的难处；二是认识其才能但无取得成效的途径的难处。简言之，即为了解之难与举荐之难。于此，便要在才性与情性相结合的层面对这一问题予以解决。

### 三、刘劭理想人格之才性与情性关系辨析

才性与情性相结合的基础，是刘劭"七缪"和"八观"思想的提出。

对于"难知之难"，刘劭认为其原因在于常人观察、鉴别人之才、情的方法不完备而导致众人依据自己的标准对人才进行鉴识与任用，即"众人之察不能尽备。故各自立度，以相观采"（《人物志·效难》）。常人观人，只是片面地在形体容貌、行为举止、行事过程、意向动机、推论细节、过失错误、言语论调、办事效能等方面对人之个体进行鉴别。

> 或相其形容，或候其动作，或揆其终始，或揆其拟象，或推其细微，或恐其过误，或循其所言，或稽其行事。（《人物志·效难》）

此种以偏概全的品鉴方法，必然会出现诸多错漏失误。

> 浅美扬露，则以为有异。深明沉漠，则以为空虚。分别妙理，则以为离娄。口传甲乙，则以为义理。好说是非，则以为臧否。讲目成名，则以为人物。平道政事，则以为国体。（《人物志·效难》）

例如，一人思想肤浅却张扬显露，便认其为与众不同的奇才；一人深沉睿智但沉静淡泊，却认为其是空虚无物者；一人可分辨精妙的理论，便认其有离娄一样犀利的眼力；一人信口给事物分类划分等级，便认其有精

### 先秦两汉儒道理想人格之情、才、德思想研究

通经义名理之能；一人喜欢评论是非，便认其有辨别善恶的天赋；一人评议是非、品评人物，便认其有识别人才的本事；一人随意评说国家大事，便认其是身具德、法、术三种美质美德的人才。诸如此类，皆为名不符实之流，一旦被任用，其不实之处便会暴露于人前，以致无法在其职位上发挥作用。此类现象之所以会出现，其原因主要在于鉴识人才者的"七缪"之误。

> 七缪：一曰察誉有偏颇之缪，二曰接物有爱恶之惑，三曰度心有大小之误，四曰品质有早晚之疑，五曰变类有同体之嫌，六曰论材有申压之诡，七曰观奇有二尤之失。（《人物志·七缪》）

"察誉有偏颇"是人才鉴识者的第一个谬误，即在鉴识人才时被传闻误导，产生与事实不相符的偏差。然而通过口耳相传的消息，常有主观臆测成分掺杂其中。孔子亦有听一人所言便相信其行为之时，"始吾于人也，听其言而信其行；今吾于人也，听其言而观其行"（《论语·公冶长》）。但随着年龄的增长、人生阅历的增加，并经过宰予的启发，孔子在听一人所言时会对其行为进行仔细观察。所以，孔子说："众恶之，必察焉；众好之，必察焉。"（《论语·卫灵公》）对于传闻中大家都憎恨或者称赞的人，一定要仔细、慎重地考察。孟子亦告诫世人，传闻不可尽信，必须在追查事实之后才能相信，即"左右皆曰贤，未可也；诸大夫皆曰贤，未可也；国人皆曰贤，然后察之；见贤焉，然后用之"（《孟子·梁惠王》）。是以，子曰："吾之于人也，谁毁谁誉？如有所誉者，其有所试矣。"（《论语·卫灵公》）圣人并不会轻易地对常人称赞，而是经过测试、观察后为之，就是为了避免因误判而推荐了并非天才之人。

"接物有爱恶"是人才鉴识者的第二个谬误。不论人之贤愚，皆是喜爱良善且厌恶邪恶，此乃人之常情。但在现实生活中，常因人性好恶作祟，出现善待邪恶而疏远良善的反常现象。这是因为，即使是邪恶之人，但良善仍会在其内心的某一隐蔽角落中存在，如果其仅有的良善情性与鉴识者自身的优点相符合，便会不由自主地对其产生共情，以其一善遮其百恶；对于良善之人，虽然其从整体上来说是美好的，但人无完人，他也难免有不足之处，如果其仅有的不足与鉴识者自身的长处相悖，自然会被其以一

## 第二章 先秦两汉儒家理想人格的"智"与"才"

恶遮其百善。人之为人，人之心理复杂且微妙，内心的理智与情感间的相互碰撞常有之。虽然明知"理智"为正、"感性"为误之理，仍难免出现"感性"失控现象，或者是故意感情用事，以致错漏，这就是观察人才时会受个人爱恶之感情因素干扰而产生困惑的原因之所在。

"度心有大小"是人才鉴识者的第三个谬误。这里的"心"，即为处事心态。刘劭认为杰出的人才应是"精欲深微，质欲懿重，志欲弘大，心欲嗛小"（《人物志·七缪》）之人，其思想互动要深刻细致，人格品质要美好充实，理想抱负要宏伟远大，处事心态要谦虚谨慎。从"心"与"志"出发，刘劭把人分为四类：

> 心小志大者，圣贤之伦也。心大志大者，豪杰之隽也。心大志小者，傲荡之类也。心小志小者，拘懦之人也。（《人物志·七缪》）

心小志大之人是志向远大而谦虚内敛的圣贤，心大志大之人是志向远大而锋芒毕露的英雄豪杰，心大志小之人属于志向微小而桀骜不驯的傲慢放荡之流，心小志小之人则属于志向微小而唯唯诺诺的拘谨软弱之流。常人鉴识人才时，通常不会对此做具体分析，如同看到刘邦烧绝栈道，就说他不能一统天下；看到项羽号称强楚，就说他能消灭诸侯一样，都是只看到其"心"，而忽略其"志"，是以陷入了"心""志"大小问题方面的误区。

"品质有早晚"是人才鉴识者的第四个谬误。人成功的早晚与智慧圆熟的早晚有着密切的关系，即人之才质中的智慧有早智与晚智的区别，因此，刘劭认为人的成功与智慧早晚之间的关系有四种。早智速成者，从小就绝顶聪明，年纪轻轻就会干大人的事情，可惜常因年少得志而骄傲自满，故成就有限，王安石笔下的仲永就是这类人；晚智晚成者，可能在年幼之时表现平凡，看似低智，没有超乎同龄人水平的态势，其才华到中年才显现，但因其性沉稳内敛而导致成就不高；少无智终无所成者，从幼到老，一生庸庸碌碌、平平凡凡、百无所成；少便有才且成就大业者，与早智速成者一样，亦是从小展现其聪慧才质，通情达理，但其优越之处在于其能在严师的教导下，懂得谦虚谨慎、精益求精的道理，所以在成年后其聪慧才质依然出众，是以青云直上、名利双收。是故人不贵在早智，而贵在晚成。同时，刘劭指出，对早智之人而言，根据其幼时的言行举止可以预测其成

## 先秦两汉儒道理想人格之情、才、德思想研究

年后的才性与成就。例如，年幼时喜爱言辞的人，成年后可为文章之才；年幼时在言语上能言善辩的人，成年后是为辩论之才；年幼时心怀慈悲的人，成年后亦会对贫困之人有怜悯之心；年幼时慷慨之人，长大后即会喜欢施舍；年幼时胆小畏缩的人，长大后必定小心谨慎；年幼时不取一物的人，长大后必然清正廉洁。

"变类有同体"是人才鉴识者的第五个谬误。刘劭认为，鉴识者在辨别与自身同类的人才时极易出现失误，这是因为人之常情中有求名避害的本能。求名之本，在于肯定自身具备的才质；避害之方，在于否定自身不具备的才质。此中矛盾在于，能肯定自身者，必是同类型之人。故偏材之人都喜欢亲近、赞誉与其类型相同的人，以示自我之明智与正确；反之，则讨厌甚至诋毁与其类型相反的人，以示对方之愚蠢与错漏。为达求名之目的，即使是对于与自身同类之人，仍然不会过分赞誉。

> 是故性同而材倾，则相援而相赖也。性同而势均，则相竞而相害也。此又同体之变也。（《人物志·七缪》）

质性相同而才能大小有异者，会相互提携、相互举荐；质性相同但势均力敌者，则会互相竞争，甚至互相陷害。

> 是故直者性奋，好人行直于人，而不能受人之讦。尽者情露，好人行尽于人，而不能纳人之径。务名者乐人之进趋过人，而不能出陵己之后。（《人物志·七缪》）

具体来说，耿直者，性情愤激，所以喜欢的也是正直之人，但不能接受他人的批评；忠贞者，真情流露，喜欢对方直率真诚、倾诉无余，但不能接纳他人的忠告；好名者，虽然对他人之进步能够予以庆贺，但若他人超越自身则不会甘于屈居人后。故同质者彼此间实力悬殊时，会乐于相互帮助扶持并依赖共存；但当同质者彼此实力相当时，就会因不甘于人后而互相竞争甚至彼此伤害，这就是同质者之间矛盾的激化。

"论材有申压"是人才鉴识者的第六个谬误。"申"即"富贵遂达"，"压"即"贫贱穷匮"。人作为独立的个体，其生活环境各有不同，即有所谓好坏之分。在个体才质相同的条件下，所处环境的好坏会直接影响其事

## 第二章 先秦两汉儒家理想人格的"智"与"才"

业是否有成。仕道成功,声名通达,是好环境对人的增持;仕途不遂,修名不立,则是不利环境对人的压制。然环境对人之才性发挥的影响于"上材"之人而言甚是无用。"上材"之人在地位显赫时能够勤谨谦虚,在遇到困难阻塞时亦可穷且益坚、怡然自得,为常人不能为之事。是故,"上材"之人可不受情势申压之影响。所以,"论材有申压之诡"(《人物志·七缪》)一语的受众,主要是身具中等才能的人。

> 中材之人,则随世损益。是故藉富贵则货财克于内,施惠周于外。见赡者,求可称而誉之。见援者,阐小美而大之。虽无异材,犹行成而名立。处贫贱,则欲施而无财,欲援而无势。亲戚不能恤,朋友不见济。分义不复立,恩爱浸以离。怨望者并至,归罪者日。虽无罪尤,犹无故而废也。(《人物志·七缪》)

"中材"者若因其财富得势,即可凭借其财富恩惠施舍周济穷人,可以获得无善而行成、无智而名立的功效;"中材"者若身处贫穷低贱之境,无财可施舍他人,无势可援助他人,既不能体恤他人,也不能接济友人,就会莫名地遭到怨恨、诽谤,以至于声名沦落。是以,对于大多数的"中材"者来说,处于顺境之中形势比别人好,有人照顾提拔时,容易宣扬名声,树立形象;处于逆境时,非但无人照顾,反而会有人打击,即使再努力亦无其用武之地。可见客观环境对人之影响巨大,故仅以事业情况"观人察质"(《人物志·九征》),谓伸展者为才能,谓屈压者为愚短,便会有所遮蔽。品评、鉴识人之才、情,必须从人之质性、情势、机运等主要维度展开,方可谓公正合理。

"观奇有二尤"是人才鉴识者的第七个谬误。对于尤妙与尤虚两种特殊类型的人才而言,常人只从外在的声音、形貌、举止等研判内在的质性和感情的原则、方法会失去其效用。二尤之人与常人不同,不能根据其外在表征判断其内在的质性。尤妙之人,有真才实学,大智若愚,外表看起来平平常常,毫不出色;尤虚之人,一表人才,能言善道,是"金玉其外,败絮其中"的伪学问者。对二者进行鉴识时,"或以貌少为不足,或以瑰姿为巨伟,或以直露为虚华,或以巧饰为真实"(《人物志·七缪》),或因其形貌丑陋而认定其才质浅薄,或因其姿容美丽而认定其奇异超俗,或因其

### 先秦两汉儒道理想人格之情、才、德思想研究

直率袒露而认定其华而不实，或因其诈伪粉饰而认定其真诚实在。

由此"七缪"可以看出，鉴识人才之难在于识别人才之真正的才、情。问题在于，如何才能真正了解人之才、情。诸葛亮之"七观"、魏征之"六观"以及林则徐的"五观"等，都是历代智能之士对此问题思考之结果。《吕氏春秋》之《观表篇》直接提出事物内在本质虽然难以了解，但其本质一定会通过外表体现而出，通过其表征即可在一定程度上认识其本质的观点。刘劭则认为，应通过"八观"之法观察人真实之才、情。

> 八观者，一曰观其夺救，以明间杂。二曰观其感变，以审常度。三曰观其志质，以知其名。四曰观其所由，以辨依似。五曰观其爱敬，以知通塞。六曰观其情机，以辨恕惑。七曰观其所短，以知所长。八曰观其聪明，以知所达。（《人物志·八观》）

刘劭指出，鉴识人之才、情首先要识别人之"间杂"，"观其夺救，以明间杂"（《人物志·八观》），即要观察其在凶恶中是否能够主持正义，能否用善去感化人心。在间杂之人的质性中，善恶两种因素共存，由此导致"恶情夺正"与"善情救恶"（《人物志·八观》）两种现象的出现。在"恶情夺正"的情况下，人之性情中的恶的成分压制了善良一面，使优良的品德和正当的行为无法获得施展；在"善情救恶"的情况下，性情中"善"的成分会救助"恶"的一面，虽然可能产生不良行为，但并不会产生恶果。此中原因在于人之为人本身即是"善"与"恶"交错的矛盾体，正是由于其交错矛盾，所以形成人之复杂的情性系统，进而使得人之情性系统中具有无数种排列组合的可能性，抑或说"善"与"恶"在外观上可表现为情性之多种组合。从这个意义上来说，"恶情夺正"与"善情救恶"的实质就是打开人之内在世界，揭示性情运动的内在机制与人之情性的内在丰富性、复杂性。据此，刘劭进而从人才之内心状态探讨人才鉴识之第二个方法，即"观其感变，以审常度"（《人物志·八观》）。

刘劭认为，人之情性最基本的特征，可以通过其在各种突发事件中言谈行为的变化得知，即"观其辞旨，察其应赞"（《人物志·八观》）。前者通过观察倾听人之议论而得知其性情和能力情况，后者通过观察考验人之反应而从其神色、对答中窥知其内心真实思想，如此为之，便可"观辞察

## 第二章 先秦两汉儒家理想人格的"智"与"才"

应,足以互相别识"(《人物志·八观》)。以此为基础,刘劭列举出十四种言谈与情性的对应情况。论说正直者,直率之人;默而识之者,玄虑之人;是非明辨者,通理之人;述事无据者,混杂之人;先识未然者,圣哲之人;欲求真理者,睿智之人;见事过人者,明白之人;心明貌昧者,大智之人;辨微晓理者,幽妙之人;不瞒妙理者,疏朗之人;言理愈深者,实存之人;闻谣而布者,智空之人;傲己之善者,不智之人;内敛自谦者,豁达之人。可见,刘劭非常重视言谈与神色之间的关系,特别强调要从言语和神色的矛盾关系中,窥知人才之真实才、情。

> 是故其言甚怿,而精色不从者,中有违也。其言有违,而精色可信者,辞不敏也。言未发而怒色先见者,意愤溢也。言将发而怒气送之者,强所不然也。凡此之类,征见于外,不可奄违。虽欲违之,精色不从。感愕以明,虽变可知。是故观其感变而常度之情可知。(《人物志·八观》)

对于言辞和悦却面露忧色者来说,其言谈与神色必定相互背离。如果人之言论违背真实情感而神色可信,那么言辞表达常会有所迟缓;如果尚未发言却显露怒色,那么其愤怒之情已属难控;如果发表言论伴有怒气,那么其所为之事乃为被迫。故人之情性表征难以掩盖,即使意欲掩盖真实情性,神色亦会与之相悖。所以说,万物有其规律,掌握规律就可以了解人之内心。通过人之内心感受表现出的神情,即使是经过刻意掩盖,仍可知晓其真实的内心,简言之,观察人之情感变化就可以知晓其常度之情。

"观其至质,以知其名"(《人物志·八观》)为鉴识偏材之人是否名副其实之法。"至质"即为"志质",为人才之素质及外在表现(如"骨直"于外表现为正直,"筋劲"于外表现为强健等)。刘劭认为,偏材之人所禀才质若是有两种以上,那么这两种质性就会相互激发,而产生休名、烈名、能名、任名等美名。是以观察其所具备的人才素质与外在表现,就可以得知人才名称产生的原因并可知其是否名副其实。

偏材之人中,除间杂外,还有依似一类。这是一种介于偏材与恶人之间的人才类型,这类人才在刘劭看来酷似偏材实则是似是而非的伪人才。这便意味着,对于没有足够的洞察力的鉴识者来说,鉴别依似一类的伪人

## 先秦两汉儒道理想人格之情、才、德思想研究

才将极其困难。刘劭针对这一问题，承袭孔子思想，提出"观其所由，以辨依似"（《人物志·八观》）的主张。

> 子曰："视其所以，观其所由，察其所安，人焉廋哉？人焉廋哉？"（《论语·为政》）

孔子认为，如果观察人之所作所为，考察其做事的动机依据，了解其心情是否安乐，那么这个人便无法隐藏。何晏认为，"由，经也，言观其所经从""所由，是前日所行事"。① 观其所由，就是对其外在的言行举止以及表现的缘由进行观察。通过分析人之言行举止的来源以及表现方式，刘劭依据讦、宕将人分为直讦与依讦、通宕与依宕四类。理论上说，直讦者与依讦者的区别在于"直者亦讦，讦者亦讦，其讦则同，其所以为讦则异"（《人物志·八观》），通宕者与依宕者的区别在于"通者亦宕，宕者亦宕，其宕则同，其所以为宕则异"（《人物志·八观》）。虽然直率者与专好指责他人者都会指责对方的过错，但二者的出发点却截然不同，其区别在于是否考虑个人利益；虽然通达之人与放荡之人皆为不羁者，但二者放荡不羁的原因不同，即追求内在思想的放纵与追求外在行为的放纵的差异。

> 直而能温者德也。直而好讦者偏也。讦而不直者依也。道而能节者通也。通而时过者偏也。宕而不节者依也。（《人物志·八观》）

"直而好讦""讦而不直""通而时过""宕而不节"即为"所由"之不同。同时，偏材中有似是而非的依似者，亦会有似非而是之人。

> 是故轻诺似烈而寡信，多易似能而无效，进锐似精而去速，诃者似察而事烦，讦施似惠而无成，面从似忠而退违，此似是而非者也。亦有似非而是者：大权似奸而有功，大智似愚而内明，博爱似虚而实厚，正言似讦而情忠。（《人物志·八观》）

因人才之中固有似是而非与似非而是者，所以依似与偏有实才者难以辨认，故此要通过察其"经由"，方可正确观之，是为刘劭"八观"之第

---

① 刘宝楠. 论语正义[M]. 高流水，点校. 南京：凤凰出版社，2021：39.

## 第二章　先秦两汉儒家理想人格的"智"与"才"

四观。

"观其爱敬，以知通塞"（《人物志·八观》）是依据常人对某人的敬重程度，来判断此人与他人之间情感的沟通情况。人之为人，爱莫过于父子，敬莫过于君臣，爱与敬是人道上的最高点。《孝经》以爱为最高的情操，《乐经》以爱为主导；《孝经》以敬为人道的要论，《礼经》以敬为根本。是以，慈爱与礼敬两个方面在人之情性中占有重要地位，爱、敬与人之品德同为一体。

> 敬之为道也，严而相离，其势难久。爱之为道也，情亲意厚，深而感物。（《人物志·八观》）

于爱、敬的程度而言，爱少于敬，虽然廉洁之人会归顺，但大众却会远离；爱多于敬，虽然不会得到廉洁之人的喜爱，但会因众人爱戴而受到敬重。敬之为道，会因过于严肃而造成彼此间有较大的距离，故虽势力强大，但却无法持久；爱之为道，情深意浓，彼此之情意互相感染便会取得好的效果。是以，刘劭认为爱比敬更重要，爱之结果为通达，敬之结果则为闭塞。刘劭肯定"博爱，似虚而实厚"（《人物志·八观》），强调爱之重要性，已属超出儒家以等级尊卑为基础的"仁爱"范围，乃为真正把握到人性特点之思，抑或说，这是刘劭思想的过人之处。

人之爱、敬，是人之情性的基础，然人亦有喜、怨、恶、悦、娟、妒等"情机"。所以，刘劭认为，既要"观其爱敬"，亦要"观其情机"，方可辨其恕惑。

> 杼其所欲则喜，不杼其所能则怨；以自伐历之则恶，以谦损下之则悦；犯其所乏则娟，以恶犯娟则妒。此人性之六机也。（《人物志·八观》）

此为人之情感的六种表现，愿望得以抒发即会欣喜，能力、特长未获施展即会怨恨，突出自身能力压制众人即被厌恶，谦卑自损处人之下即获众人喜悦，触犯他人短处即被忌恨，以自己的长处攻击他人的短处则受妒害。人生在世，都有想做成的事，此乃人之常情。将士喜欢勇立战功，善士喜欢修改政事，能士喜欢治理动乱，术士喜欢出谋划策，辩士喜欢诡辩

099

之词，贪婪者喜欢积财积货，政客喜欢权势优越。若各自喜欢之事得以达成，便会内心欣喜。倘若不能达成，便会各自深感忧愁。例如，功名未建，将士会因其才未尽而愤怒；德行不训，善士会因教化未施而哀愁；政乱不治，能士会因其才未用而叹息；敌未能弭，术士会因奇计未施而哀伤；货财不积，贪婪之人会感到担忧；权势不高，政客就会感到悲愤。这是因为每个人都有好胜之心，都喜立于人前。因此，常人都希望得到他人的夸赞。然而喜欢自夸者则会招来厌恶，并不能得到他人的敬重。以己之长攻人之短，亦不可取。故而求胜之心虽人常有之，然亦应以谦虚为要。综观人喜、怨、恶、悦、姻、妒"六机"之根源，即在于人有好胜之心。君子待人接物，甘居人下，人犯其"六机"亦不与之计较；小人待人接物，必居人上，人若犯其"六机"则睚眦必报。因此，观察人情之"六机"，便可识别君子与小人。

  长处与短处，常人皆有之。关于人之长短，刘劭认为"有短者，未必能长也。有长者，必以短为征"（《人物志·八观》）。刘劭以直讦、刚厉、和懦、介拘四种长短关系为例，对其"观其所短，以知所长"（《人物志·八观》）的第七种观人方法进行说明。对于直讦来说，讦虽然是直的缺失，却也是直的象征。直中无讦，其直则无法达到，是以，"用人之直，恕其讦也"（《人物志·八观》刘昞注）。对于刚厉来说，厉虽然是刚的缺失，却也是刚的象征。刚中无厉，其刚则无法达到，遂"用人之刚，恕其厉也"（《人物志·八观》刘昞注）。对于和懦来说，软弱虽然是温和的缺失，却也是温和的象征，和中无懦，其和则无法达到，故"用人之和，恕其懦也"（《人物志·八观》刘昞注）。对于介拘来说，拘谨虽然是耿介的缺失，却也是耿介的象征。介中无拘，其介则无法达到，是以"用人之介，恕其拘也"（《人物志·八观》刘昞注）。刘劭这一以人之长短观人的方法，被陈无兢吸收发展，演化为"取恕法"，即"取人之直，恕其憨。取人之朴，恕其愚。取人之介，恕其隘。取人之敏，恕其疏。取人之辩，恕其肆。取人之信，恕其拘"（《示人》）。有短处者，虽不一定有长处，但其短处内定然隐含有长处的象征。于偏材而言，偏材总是具有同其优点相对应的缺点，正是因为这些缺点的存在，偏材所具有的象征自身独特性的特点才可得以保持。

## 第二章　先秦两汉儒家理想人格的"智"与"才"

简言之，偏材之优缺点相互依存、不可分割。故此，如若欣赏偏材具有的某一种优点，那么就不能苛刻对待与其优点相对应的缺点，但可以通过掌握偏材之缺点推知其优点，达之以鉴识偏材的目的，此中已含老子"相反相成"之辩证思想的韵味。

最后一个方法，也是"八观"甚至对于《人物志》全篇皆具重要性的观点，即"观其聪明，以知所达"（《人物志·八观》）。刘劭认为，学不如才，才不如理，理不如智，智不如道。学、才、理、智都没有真正达到聪明的地步，只有达以"道"之境界，事事方能灵活变通称之为聪明。聪明是各种人才的基础，仁、义、理都需要依靠聪明而实现。因此，"以明将仁"（《人物志·八观》），则怀之；"以明将义"（《人物志·八观》），则胜之；"以明将理"（《人物志·八观》），则通之。反之，无聪明，则仁、义、理不可达之，其中弊端有四：有名无实，是为浮夸不切实际；以诡辩取胜但道理不通，未能使人心服而流于烦乱；法律完美但无深入思虑，是以陷于刻薄难通；谋略巧妙但不甚周全，则显其诬妄欺诈。简言之，倘若聪明之质缺失，那么其他各种才质也会因此而产生对应的缺陷，也就无法对自身之"德"进行完善。故刘劭曰：

> 夫仁者，德之基也。义者，德之节也。礼者，德之文也。信者，德之固也。智者，德之帅也。（《人物志·八观》）

德为智所统率，仁则为德之基石。然对于"五德"而言，仁义与聪明究竟何者更为重要是需要讨论的问题。刘劭认为，"是故别而论之，各自独行，则仁为胜。合而俱用，则明为将"（《人物志·八观》），如果仁义与聪明各自独立成论，固然仁义重要；但如若将其作为统一于人才中一完整体系，则聪明更为重要。故此，刘劭在《人物志》开篇便言及"夫圣贤之所美，莫美乎聪明；聪明之所贵，莫贵乎知人"（《人物志·自序》），将聪明视为知人之最重要的条件。

"智莫难于知人"（《大戴礼记·卫将军文子》），由于人之表里不一的复杂性以及心理生理的变化性，使"知人"成为一重大难题。刘劭主张从神色举止、感情变化及待人接物的态度等方面考察人之才性特征，尤其是要去除种种假象，深入本质。例如，对于间杂与依似二者之似是而非与似非而是的情况，更应如此。其中关键之处在于，要有聪明之质。鉴定人之才性的关键在于聪明，唯有聪明，才能知人识人。"圣之为称，明智之极名也。"（《人物志·八观》）被万人崇尚的圣人即是聪明达之以顶峰的人，"聪明"即是刘劭理想人格的一大重要质性。

"八观"的才性鉴定方法，力图从言谈、行为和体质等方面综合鉴识人才，且能够根据性情的常和变，多方面、综合性地考察人之真实才、情。然而，纵有"八观"之法，"七缪"之失仍因人情性之复杂多变而恒常有之，"人物精微，能神而明，其道甚难"（《人物志·效难》），人物情性之变化，不一而足，难以把握，故刘劭慨叹人才难知。

是以，刘劭提出"五视"之法。"五视"者，"居，视其所安。达，视其所举。富，视其所与。穷，视其所为。贫，视其所取"（《人物志·效难》），即通过不同情境下的所作所为观察人才，以求全面正确地鉴识人才情性。需要注意的是，"五视"虽可知人才时下之才质，但随着时间的推移，人才可能并非一直保持当时之才。刘劭曰：

> 或志趣变易，随物而化。或未至而悬欲，或已至而易顾，或穷约而力行，或得志而从欲。此又居止之所失也。（《人物志·效难》）

刘劭指出，若"五视"时的外在条件发生变化，依据"五视"做出的评判即会有所差异。例如，因时间与环境的改变，人之志向或兴趣会随之发生变化；对尚未得到的东西会有强大的占有欲，若得之，则会弃之不顾；贫穷时尚知节约上进，发达后便会奢侈松懈等。人之难知便在于人性之善变，故观人不但要观其才质，还要看其变化；不仅观其一时，还要看其一生。鉴识人才最大的忌讳就是仅凭初步接触或外表印象便对人才下定论，应通过观察其外在表现，即人之才性与情性，了解其内心本性之世界。

才性与情性于人而言是相互依赖、不可分离的，从人本身出发，可从人性与人格两方面说明。从才性与情性之人性角度上看，有广义与狭义的区别。广义上讲，"材""性"关系即是人之内在本性与外在表现的关系，亦即本体与作用的关系。"性"即人之内在本性——人性，人之性中有"情"与"智"两大要素。情性相当于人在处理人与人、人与物的关系时表现出来的态度、情感的特征、特性；智性相当于人在认识处理人与人、人

## 第二章　先秦两汉儒家理想人格的"智"与"才"

与物关系时的理智特征。情性与智性即相当于心理学中情商与智商之说。二者均可外现为人的行为特征，显现为能力、态度。从横向方面看，二者为并列关系，都是人之本性的要素；从纵向方面看，二者同时表现为才性关系，即不同的情性、智性特征表现为不同的才能，情性此时作为人性一大要素及表现形式包含于才性之中。狭义上讲，情性偏重人性中的情感因素，才性则偏重人性中的智性因素，二者亦是并列的人性问题。总体上说，才性的讨论范围宽于情性；但从与本体的关系上说，人之为人，情性是人本性中一基本要素，是人之本质的表现，是以，情性更为接近于人之本体。

从才性与情性之人格角度上看，人性的要素也是人格的要素。因此，才性中便会有人格要素中的情感与理性两大质素，情性则仅有人格要素中的情感质素。从哲学实质看，才性与情性都反映了时人的人格理想追求与对待自身个性的态度。其中，亦体现了刘劭之才性价值观。

刘劭通过对"材"与"性"的论述，将魏晋时期价值观念的转变呈现于世人面前。在由儒家传统经学向老庄之玄学过渡的魏晋时期，时人的价值观念也随之而由儒家强调人文之原则的价值观逐渐向道家注重自然之原则转变。这种转变落实到人格上，即体现为单一的道德人格逐渐转换为多元的个性人格的变化过程。

在对"仁"与"智"的比重进行权衡的过程中，刘劭对"聪明"之质的诠释突显出他更为重"智"。刘劭的这一取向呈现出汉末魏初名教所面临的严峻困境，也反映出那个诸侯争霸、强调事功的时代对当时价值观念的形成产生的深刻影响。在由质性决定的"五德"中，反映人之内在根本质性的，一是"仁"，是道德的根基；一是"智"，是道德的统帅。"仁者，德之基也。智者，德之帅也。"（《人物志·八观》）在刘劭看来，有明有智者是为人格完善的通达者。"是故钧材而好学，明者为师。比力而争，智者为雄。等德而齐，达者称圣。圣之为称，明智之极名也。"（《人物志·八观》）即使是在身具五德的兼德之人中，只有明智之质极为突出的人才能被称为圣人，即是拥有中庸之德的人。身具中庸之德，故能契合于道，达至道的境界。

是故守业勤学，未必及材。材艺精巧，未必及理。理义辨给，未必

### 先秦两汉儒道理想人格之情、才、德思想研究

及智。智能经事,未必及道。道思玄远,然后乃周。是谓学不及材,材不及理,理不及智,智不及道。道也者,回复变通。(《人物志·八观》)

根据人之个体天生禀赋与才能的不同,刘劭将人之才性分为学、材、理、智、道五级,分别代表的是人的才性由低到高的五个层次,"道"即是人格境界的最高层次。"及道",就是达到与道同体的至高境界;"回复",指的则是人最终回到人之本体自然境界,以与万物相通。

刘劭因受生活时代的影响,故其思想可在总体上视为是儒家价值观念的延续。同时,刘劭亦受道家、法家价值体系的影响。一方面,以重功用为价值尺度。儒家、法家积极的人生态度在重智重明的维度上得以体现,"建事立义"(《人物志·材理》)即为刘劭才性思想的实用旨归。另一方面,刘劭的价值原则体现着道家重自然之观念,刘劭将才性的最高目标设定为"及道"即是道家理想追求的体现。

在人格的视域内,对才性问题的探讨既是对现实人格予以肯定的表现,也是追求理想人格之旨归的彰显。刘劭通过肯定人之质性和才能,揭示了人的个体价值之所在。刘劭在关于才性的论述中指出,人的才性在先天禀赋与后天修养方面的表现各有差异,从而在个体人格特质上呈现出偏与兼、短与长的差别。"善人虽善,犹有所乏"(《人物志·七缪》),"偏材之人,皆有所短"(《人物志·八观》)。是以,刘劭将人视为具有独特个性、具有多种才能、具有丰富内涵的现实个体。对个体人格多样性的认可,本质上乃是对个性价值的认同。在从先秦至两汉的发展过程中,儒家学派基于名教规范审视和运用人才,重视仁性的理性主义而扼杀了智性与意志的个性价值。但在魏晋时期的才性思想中,才性的价值观呈现出与之前时代截然不同的取向,它倡导并肯定了人之智性与意志的个性价值。

如前文所述,在刘劭的思想中,人有"五德",即仁、礼、信、义、智。其中,仁、义、礼三者属于情性、情感质素,智属于智性质素,信则贯穿于其他四种质素之中。刘劭根据人先天禀赋质性的不同和成分的多少,将人分为"三度","三度不同,其德异称"(《人物志·九征》),"三度"者,偏材、兼材、兼德是也。

偏材之人对阴阳的禀受或阴或阳,阳者为"明白之士"(《人物志·九

## 第二章　先秦两汉儒家理想人格的"智"与"才"

征》），阴者为"玄虑之人"（《人物志·九征》）。此种人于"五德"或"九征"中至少有"一至"，"一至谓之偏材"（《人物志·九征》），即偏材至少具有"五德"或"九征"中的一种美德美质。倘若偏材的性情中具备两种或以上的优良质素，这些相异的美好质素将相互激励、共生共长而孕育出美好的名目。

> 凡偏材之性，二至以上，则至质相发，而令名生矣。是故骨直气清，则休名生焉。气清力劲，则烈名生焉。劲智精理，则能名生焉。智理强恳，则任名生焉。（《人物志·八观》）

具体而言，骨骼直正、内气清净即具有仁和礼的美质，可得恭敬爱人之"休名"；内气清净、筋腱强劲即具有义和礼的美质，可得壮烈进取之"烈名"；刚劲、聪慧、精明、条理即具备义和智的美质，可得智能出众之"能名"；具有明智、正直、刚强、谨慎之仁、智、勇、信四种美质，则可得栋梁之"任名"。"是故观其所至之多少，而异名之所生可知也。"（《人物志·八观》）由此可见，通过品鉴人才所具美质美德之数，便可知其名。

在刘劭看来，阴阳五行的禀赋于兼材之人而言是"具体而微"的，即"比圣人之体微小耳"（《孟子·公孙丑上》），是九征虽皆备但并不十分完善的人，如前文清节家、法家、术家之才等。

兼德之人中有"圣人"一类。若五德具备，但尚未达之以最高境界，则是有德行的人；若五才皆备且有五德，当其德达之以最高境界时，即为中庸之圣人。

> 其为人也，质素平澹，中睿外朗，筋劲植固，声清色怿，仪正容直，则九征皆至，则纯粹之德也。（《人物志·九征》）

"圣人"完美地具备九种美好的质素，于其而言，其禀赋的阴阳二气平衡适宜，遂身拥"中和"之质，是为"五常既备，包以澹味。五质内充，五精外章，是以目彩五晖之光也"（《人物志·九征》）。

除"三度"之偏材、兼材、兼德外，还有间杂与依似两种"末流"。

依似之人乃为似是而非或似非而是的伪人才。"一征谓之依似，依似，乱德之类也。"（《人物志·九征》）所谓一征，指的就是表面上虽然具备

105

### 先秦两汉儒道理想人格之情、才、德思想研究

"九征"中的一种,实际却不具备"九征"中的任何美质。似是而非者,"是故轻诺似烈而寡信。多易似能而无效。进锐似精而去速。诃者似察而事烦。许施似惠而无成,面从似忠而退违"(《人物志·八观》);似非而是者,"大权似奸而有功,大智似愚而内明,博爱似虚而实厚,正言似讦而情忠"(《人物志·八观》)。依似者似有德而实害德,他们貌似谨厚,实则与流俗合污,表里不一、言行不一、随波逐流、趋炎媚俗,显然是道德败坏的小人,此种人亦是"乡愿"者。"乡愿亦无杀人之罪也,而仲尼恶之,何也?以其乱德也"(《中论·考伪》),是以孔子最讨厌依似矫德之辈。

间杂之人乃为"一至一违"者,"一至一违谓之间杂,间杂,无恒之人也"(《人物志·九征》)。间杂者即为善恶各半、信念不坚、反复无常之人。"九征"中的美质皆含有互相依存的两面,具备其一,另一面又与之背离,即"有至有违"(《人物志·八观》)。倘若坏的方面战胜了好的方面,即为"恶情夺正"(《人物志·八观》),就会出现事与愿违的情况,例如"仁出于慈,有慈而不仁者;仁必有恤,有仁而不恤者"(《人物志·八观》)等,危害极大。故此,"末流之质,不可胜论"(《人物志·九征》)。

刘劭以"九征""五德"为个体人格之质的基本要素,依据其具备要素的量的多少与偏兼区分出具有形形色色的个性之人,同时对每一要素的作用的肯定亦表现出对人的不同价值的肯定,更反映出时人在品评人物、自我标榜中透出的价值标准。换言之,刘劭对人物类型的划分即为其价值取向的突显。

刘劭以才和德对人物类型加以分类命名的观点,不仅体现了刘劭对现实个体人格价值的肯定,亦展现着刘劭对于德才兼备的完美的理想人格的追求。然而,于现实而言,德才不可求其全。因为现实之人并非皆完美之人,所以现实之人只要充分展现自身禀赋的质性就是实现了自身人格之价值。"个性中具有的材质、德性充分展现,就是个体人格的价值。以'材'为名目反映了对不同才性价值的肯定。"[①] 故刘劭对人物类型的划分亦反映出魏晋士人追求理想、完美与追求现实、个性的价值目标。

---

① 姚维.才性之辨:人格主题与魏晋玄学[M].北京:人民出版社,2007:58.

## 第二章　先秦两汉儒家理想人格的"智"与"才"

魏晋是一个崇尚功业的社会，故魏晋士人最大的愿望便是充分发挥自身之才智与才能。在魏晋时代，欲淋漓尽致地发挥自身之才能，就必须解除对个性的抑制与制约，也就是要充分地彰显个性，即将人性中与生俱来的潜在质性予以最大程度地展现以实现自身之价值。因此，刘劭将才性定义为内在质性与外在才能之间的互动关系。刘劭的这一思想在奠定人物类型划分的思想基础的同时，也为魏晋人性之觉醒提供了坚实支撑，在一定程度上说，这一觉醒乃是对个体人格价值的肯定、对个性存在的认同、对个体才能之重要性的认可，故为倡导个性解放与意志自由的思想潮流的产生奠定了思想基石。

同时，需要注意的是，刘劭论述才性问题的重点虽然在于体现人之个性，但他并未忽视人之共性。例如，在"八观"之"观其夺救，以明间杂"（《人物志·八观》）之法中，刘劭意识到人性中会有正反间杂之情况，宽仁出于慈爱是常人熟知之理，然事实上亦有慈爱而不宽仁者，或宽仁而不慈爱者的出现，这种情况产生的原因，实际上是人之个体的私欲或性格中的弱点在起作用。由此推之，个性素质比才能更为重要，如果人之素质有所缺陷，那么，其所谓的才能只能是害人害己之才。所以，刘劭在对人才之才、情进行探讨的同时，亦未忽视道德修养的作用。其解除个性束缚、肯定个性存在与价值、追求个性解放的底线，便是普遍存于人之内心中的德性。简言之，刘劭是在保留人之个性的基础上，承认人之普遍性，即承认德性的存在。

刘劭在先秦两汉儒道德性思想的基础上，将二者合而为一，提出"中和""平淡"之儒道兼综的德性思想主张。于此，"情""才""德"三者共同构成刘劭理想人格的"性"之系统。故在"情"与"才"的基础上，刘劭理想人格的形成深受先秦两汉儒道理想人格之"德""性"思想的影响。

先秦两汉儒道理想人格之情、才、德思想研究

# 第三章　先秦两汉儒道理想人格的"德"与"性"

"德"字，最早可追溯至甲骨文时期。在甲骨文中，"德"写作"⿱⿱"（甲2304）、"⿰"（粹864）。字形虽有所不同，但二者皆有"目上一竖"之结构。"目"为眼睛，其上一竖，为仰望上天之"举目正神"义，其中蕴含的是沟通天地人神的内在神秘力量。同时，竖亦可表示为直线，亦即目之所视为一条直线，故此有"正直"义。[①] 又，目因像种子之形，其上一竖即可理解为种子破土而生之茎、叶、苞，故此有"生""性"义。[②]

较之于甲骨文，"德"字在金文中拥有了一个"心"型结构，多见于鼎器之上，写作"⿰"（大盂鼎）、"⿰"（师望鼎）、"⿰"（毛公鼎）。鼎作为古代祭祀之礼器，其上所刻之"德"字有"心"的参与，即表示为以敬畏之心祭祀。《诗经》中有一篇周颂，可作为此义之佐证。

> 我将我享，维羊维牛，维天其右之。仪式刑文王之典，日靖四方。伊嘏文王，既右飨之。我其夙夜，畏天之威，于时保之。（《周颂·我将》）

因对上天有所敬畏，意欲祈求上天护佑，以保其民，即"敬德保民"，是以周公在祭祀时的行为可表现其万般用"心"。"敬德保民"之"敬德"，即以敬畏之心行祭祀祖先之礼，"敬"为敬畏义，"德"则为祖先祭祀义，

---

[①] 何新. 辨"德"[J]. 人文杂志，1983（4）：96—98.
[②] 斯维至. 关于德字的形义问题：答何新同志[J]. 人文杂志，1983（5）：86—88.

## 第三章　先秦两汉儒道理想人格的"德"与"性"

其中含有恩惠、恩德义。在周朝，只有周公有行祭祀之礼的权力，这亦是说祭祀祖先之"德"的礼仪为君王所独有。这一情况一直持续到春秋时期。

春秋乱世开启，民众疑天、怨天的情绪不断滋生，在这样的背景下，周公"敬德保民"之公正之天的基础不再坚实，"神依人而行"且"天道远，人道迩"（《左传·昭公十八年》）的嗟叹充斥民间。既然天远人迩，君王就应先民后神。"神依人而行"，权力的根本便在民而不在神。故应"先成民，而后致力于神"（《左传·桓公六年》），亦即爱民。

子产曰："夫礼，天之经也，地之义也，民之行也。天地之经，而民实则之。"（《左传·昭公二十五年》）于此，"德"已非祖先祭祀之义，由祭祀之宗教化的"德"转向为非宗教化之"德行"，即将"德"与自然人事相联系。《左传》对《周易》之"元、亨、利、贞"四德的阐释可为佐证。

> 穆姜薨于东宫。始往而筮之，遇《艮》之八。史曰："是谓《艮》之《随》。《随》其出也。君必速也。"姜曰："亡。是于《周易》曰：'《随》，元亨利贞，无咎。'元，体之长也；亨，嘉之会也；利，义之和也；贞，事之干也。体仁足以长人，嘉德足以合礼，利物足以和义，贞固足以干事，然，故不可诬也，是以虽《随》无咎。今我妇人而与于乱。固在下位而有不仁，不可谓元。不靖国家，不可谓亨。作而害身，不可谓利。弃位而姣，不可谓贞。有四德者，《随》而无咎。我皆无之，岂《随》也哉？我则取恶，能无咎乎？必死于此，弗得出矣。"（《左传·襄公九年》）

此段文字是借穆姜之事说明"元、亨、利、贞"之义。元，是躯体的最高处；亨，是嘉礼中的宾主相会；利，是道义的总和；贞，是事情的主干。体现了仁就足以领导别人，有嘉德就足以协调礼仪，有利于众人就足以总括道义，本体坚固则足以成就事业。是以，《左传》之解释将"元、亨、利、贞"四德与"体仁""嘉德""利物""贞固"相结合，且非君王专有。这就是说，君王专有之"德"逐渐演变为普遍的社会道德行为规范，即"德"成为人人皆有之物。君有"君德"，民有"民德"；有"君子之德"，亦有"小人之德"。故孔子认为君王应"为政以德"，其中要义便在于"爱"。"樊迟问仁。子曰：'爱人'。"（《论语·颜渊》）"爱人"即是"仁"。

于孔子处,"德"与"仁"联系在了一起。孟荀等儒家先哲亦沿孔子"仁""德"之思,求成"仁"之路。

儒家德性思想可用"天人合德"一语进行概括。在儒家的思想体系中,天道乃是人道之源泉,天是人伦道德的价值本原,道德的终极依据在于天。换言之,天即为人之德性的最终根据,人之德只是上承天命的实现。于周邦而言,"天人合德"之"敬德配天"是为天降命于有德之人,此有德之人只是周公,为周公所独有,不具普遍人性义。孔子则试图将周邦之"天人合德"的中心转向于人,通过人之道德践履达之以德性的实现。孔子承认天命存在,"天生德于予"(《论语·述而》),天赋予人之德,故人不可违背天命,否则"获罪于天,无所祷矣"(《论语·八佾》)。是以,孔子认为人应敬畏于天,且对天之敬畏要内化于人之心中。"不怨天,不尤人,下学而上达,知我者其天乎"(《论语·宪问》),通过下学而上达于天,"天"与"人"因而具有直接、内在的德性关联。"天"与"人"的这种德性关联在孔子处与其"性""情"思想相一致,乃为"修己安人"之德性,即以"德"求"仁"。

## 第一节　先秦两汉儒家理想人格的"德"与"性"

### 一、孔子"修己安人"之"德"与"性"

在孔子处,"仁"与"德"合于内在,"礼"与"德"合于外在,"德"之思想的基本特征是为"仁"与"礼"的结合。孔子认为,成就"德"离不开内在之"仁",亦离不开外在之"礼","仁"与"礼"为一体统一。子曰:

> 克己复礼为仁。
> 非礼勿视,非礼勿听,非礼勿言,非礼勿动。(《论语·颜渊》)
> 知及之,仁不能守之,虽得之,必失之。知及之,仁能守之,不庄以莅之,则民不敬。知及之,仁能守之,庄以莅之,动之不以礼,未善也。(《论语·卫灵公》)

## 第三章 先秦两汉儒道理想人格的"德"与"性"

礼是仁的规定，礼是仁的保障，仁亦是礼的内容。

> 礼云礼云，玉帛云乎哉？乐云乐云，钟鼓云乎哉？（《论语·阳货》）
> 人而不仁，如礼何？人而不仁，如乐何？（《论语·八佾》）

礼乐不仅是玉帛、钟鼓等礼器、乐器，不是单纯冰冷之器物。人无仁德则不能遵循礼，亦不会懂得音乐。礼乐之实质在于人遵守宗法所需之"仁"德，普遍内在于人的"仁"便是外在之"礼"的根据与依归。此时之"德"，作为兼有"仁""礼"之性，已不同于周邦之君主专有之物，孔子将其解放出来并置于常人之性中。所以，孔子提出"修己以安人"（《论语·宪问》）的主张。

> 子路问君子。子曰："修己以敬。"
> 曰："如斯而已乎？"曰："修己以安人。"
> 曰："如斯而已乎？"曰："修己以安百姓。修己以安百姓，尧舜其犹病诸？"（《论语·宪问》）

修己安人即是孔子"德"之思想的旨归所在。"修己"是"安人"的前提，是君子德才兼修的过程，是君子终生为之奋斗之事业。同时，"修己"要有敬畏之心，即"修己以敬"。是以，孔子修《春秋》。

> 世衰道微，邪说暴行有作，臣弑其君者有之，子弑其父者有之。孔子惧，作《春秋》。
> 孔子成《春秋》而乱臣贼子惧。（《孟子·滕文公下》）

在孔子的视域里，"礼"本身就蕴含着"敬"。如果人们行礼以敬、互敬互让，冲突与矛盾就会减少。"仁"的本义是"爱人"，故孔子言"孝悌"，即于家庭关系而言，"仁"德应表现为父慈子孝、夫妇顺别、兄友弟恭。

"仁""礼"之德的完美是孔子一生之追求，故在桓魋怒欲杀其之时，孔子仍平静地反问道："天生德于予，桓魋其如予何。"（《论语·述而》）孔子以"天生德"为精神依托，坦然以待，且始终抱有"德不孤，必有邻"（《论语·里仁》）的信念。孔子认为，为人之德的最高境界是为"中庸"。孔子以颜回为例，曰：

**先秦两汉儒道理想人格之情、才、德思想研究**

  回之为人也,择乎中庸,得一善,则拳拳服膺,而弗失之矣。(《礼记·中庸》)

  孔子之所以高度称赞颜回,甚至认为颜回是"生而知之"者,其原因就在于颜回选择了中庸之道,并且当他从中庸之道中领悟到有益之理时,便会牢牢地记在心上,真诚信服且永不忘记。故孔子认为颜回安于仁而志于道,"安贫乐道"的颜回即为孔子所推"德"之典范。

  从"修己安人"的"仁""礼"之德出发,孔子主张君主应实行德政,"为政以德,譬如北辰居其所而众星共之"(《论语·为政》)。孔子将德政提到了至高无上的地位,君主施行德政,就会像北极星那样获众星之拱绕,获百姓之爱戴。"道之以德,齐之以礼,有耻且格。"(《论语·为政》)用道德引导民众,用礼教规范民众,民众有羞耻心,便能自觉归正而人心归服,进而达以内圣外王之境。

  孟子虽亦秉持内圣外王之道,但于孟子言,"礼"不再是"德"之内容,"义"取代"礼"且与"仁"相合而成为"德"。

## 二、孟子"居仁由义"之"德"与"性"

  孟子承袭以"天""命"言性之传统,认为德性乃由天赋予,为"天之所与我者"(《孟子·告子上》),天之德包含于人的心性之中。随着"礼崩乐坏"程度的加深,孟子直面既定之事实,意识到周礼已不再能够规范人们的行为。是以,"德"在孟子的思想中,已不是"仁"与"礼"的结合,而是转为"仁"与"义"的结合。

  孟子认为,"仁"的实质在于"爱亲","亲亲,仁也"(《孟子·尽心上》),"仁之实,事亲是也"(《孟子·离娄上》),爱父母,是仁,仁爱的实质即为侍奉双亲。孟子进一步指出,"仁"的范围并非局限于家庭或家族,而是"老吾老,以及人之老;幼吾幼,以及人之幼"(《孟子·梁惠王上》)以至"亲亲而仁民,仁民而爱物"(《孟子·尽心下》)的普遍之爱,即为"仁者爱人"(《孟子·离娄下》)。在孟子那里,"仁"被认为是人类最根本的德性原则。"仁也者,人也。合而言之道也。"(《孟子·尽心下》)"义"则为"敬长"义,"敬长,义也"(《孟子·尽心上》),同时,"羞恶

## 第三章 先秦两汉儒道理想人格的"德"与"性"

之心，义也"（《孟子·告子上》），羞恶之心亦为"义"。朱熹注之曰："羞，耻己之不善也。恶，憎人之不善也。"[①] "义"由此而拥有了明辨善恶、行善除恶之义。

> 仁，人心也。义，人路也。（《孟子·告子上》）
> 仁，人之安宅也。义，人之正路也。（《孟子·离娄上》）

"仁"与"义"是统一的，故孟子提出"居仁由义"（《孟子·离娄上》）的主张，"富贵不能淫，贫贱不能移，威武不能屈"（《孟子·滕文公下》），"穷则独善其身，达则兼善天下"（《孟子·尽心上》）的德性人格由此形成。

为实现"居仁由义"（《孟子·离娄上》）之德性人格，孟子曰：

> 尽其心者，知其性也。知其性，则知天矣。存其心，养其性，所以事天也。夭寿不贰，修身以俟之，所以立命也。（《孟子·尽心上》）

尽心知性以知天，存心养性以事天，即为孟子修德之总纲。此总纲之要义在于葆有内心的天赋之德。

> 君子所以异于人者，以其存心也。君子以仁存心，以礼存心。（《孟子·离娄下》）

君子之所以与常人不同，是因为君子心中存有仁爱与礼义。故此，修养"德"之道便在于"存心"。然如何"存心"？孟子以射箭者为例，曰：

> 仁者如射，射者正己而后发，发而不中，不怨胜己者，反求诸己而已矣。（《孟子·公孙丑上》）

是谓"反求诸己"以"存心"，孟子于此将以"仁""义"为核心的人之"德"根植于人之内心。"诚者，天之道也。思诚者，人之道也。"（《孟子·离娄上》）真诚是上天的准则，追求真诚即是做人的准则，人之道即为追求天之道。所以，个人可以通过自身修养彰显先天德性，知悉、把握天命，

---

① 朱熹. 四书章句集注[M]. 北京：中华书局，1983：237.

# 先秦两汉儒道理想人格之情、才、德思想研究

达之以尽心知性而知天之"与天地参"(《礼记·中庸》)的"天人合德"境界。人之内在德性得以突显,个体之"德"的价值得以重视,是为孟子对孔子"德"之思想的发展与升华。荀子则与孟子不同,荀子通过回归孔子所言之"礼"而对孔子"德"之思想进行了承继。

### 三、荀子"隆礼教化"之"德"与"性"

荀子在孔子之后,又一次将"礼"与"德"相联系。荀子认为,"人无礼则不生"(《荀子·修身》),礼是社会生活的最高原则和人之道的最高准则。人之为人,根本即在于人能够通礼晓义,"规矩者,方圆之至;礼者,人道之极也"(《荀子·礼论》),无规矩无以成方圆,"礼者,所以正身也"(《荀子·修身》),无礼则无以正身,无礼则无以成人,故"学至乎《礼》而止矣。夫是之谓道德之极"(《荀子·劝学》)。是以,荀子提出修德尚义以至于礼的观点,"德"为成就"礼"之根本。具体而言,在荀子看来,如果能够将敬、孝、悌、慈、惠之德目的要求予以实现,就同样能够达之以礼;如果能够与"贵贵、尊尊、贤贤、老老、长长"(《荀子·大略》)之义的行为相符合,便能够符合礼之秩序,其根本即在于"养德"(《荀子·富国》)而修德。

荀子认为,"不知则问,不能而学,虽能必让,然后为德"(《荀子·非十二子》),修德的路径即为学,"故君子务修其内而让于外,务积德于身而处之以遵道"(《荀子·儒效》),且"生乎由是,死乎由是,夫是之谓德操"(《荀子·劝学》)。虽然"王公士大夫之子孙,不能属于礼义,则归于庶人"(《荀子·王制》),但"庶人之子孙也,积文学,正身行,能属于礼义,则归之卿相士大夫"(《荀子·王制》),通过"学"而拥有德操,则可"神明自得"而"圣心备焉"(《荀子·劝学》)。在这个意义上,人之先天情性可通过后天之学习和修德加以改造,"化性起伪"而"积善成德"以至于成人、成圣。

"德"为"礼"之基,"礼"为"德"之帅。荀子以裘毛与指缝、河流与手指等为例,指明"礼"不仅是敬、孝、悌、慈、惠等德目之总和,亦可说是各德目之统帅。

将原先王,本仁义,则礼正其经纬蹊径也。若挈裘领,诎五指而顿

## 第三章 先秦两汉儒道理想人格的"德"与"性"

之,顺者不可胜数也。不道礼宪,以《诗》《书》为之,譬之犹以指测河也,以戈舂黍也,以锥飡壶也,不可以得之矣。(《荀子·劝学》)

荀子说,预想推知"原先王"的教化,探求仁义的根本,那么"礼"便是一条便捷路径。这就好像是拎起皮衣的领子,弯曲五指抖一抖,顺过来的裘毛就数不清了一样。不遵从礼法,而依《诗》《书》行事,就像用手指测量河流,用戈舂捣黍米,用锥子代替筷子吃饭一样,是不能达到目的的。简言之,"礼"为诸德之纲。

同时,荀子在《国语》"地德"说的基础上提出"天德"之说,"变化代兴,谓之天德"(《荀子·不苟》),"天德"即为改变与感化之交相作用。

> 君子养心莫善于诚,致诚则无它事矣,唯仁之为守,唯义之为行。诚心守仁则形,形则神,神则能化矣;诚心行义则理,理则明,明则能变矣。……天不言而人推其高焉,地不言而人推其厚焉,四时不言而百姓期焉。夫此有常,以至其诚者也。君子至德,嘿然而喻,未施而亲,不怒而威。夫此顺命,以慎其独者也。善之为道者,不诚则不独,不独则不形,不形则虽作于心,见于色,出于言,民犹若未从也,虽从必疑。天地为大矣,不诚则不能化万物;圣人为知矣,不诚则不能化万民;父子为亲矣,不诚则疏;君上为尊矣,不诚则卑。夫诚者,君子之所守也,而政事之本也,唯所居以其类至,操之则得之,舍之则失之。操而得之则轻,轻则独行,独行而不舍则济矣。济而材尽,长迁而不反其初,则化矣。(《荀子·不苟》)

君子之至高德行,源于其顺从天命而行道。荀子认为,君子行道养德之关键在于"诚"。真诚地秉持仁爱之道,行为举止中便会充满仁爱,仁爱充斥于行为举止之中就会赋予行动之神明色彩,显现神明色彩便会孕育教化万物;以诚挚之心奉行道义,做事便能井然有序,条理清晰便易于理解,理解透彻则有助于促使人们的自我改变。是以,君子欲获得成功,就务必要坚守真诚,专注于仁义且不懈怠。在成功之后,人的才华便会得以充分施展,进而持久地引导人们向善而不再回复至原始状态,这样,民众便可得到教化。对于王者而言,

115

### 先秦两汉儒道理想人格之情、才、德思想研究

> 贤能不待次而举,罢不能不待须而废,元恶不待教而诛,中庸民不待政而化。分未定也则有昭缪。虽王公士大夫之子孙也,不能属于礼义,则归之庶人。虽庶人之子孙也,积文学,正身行,能属于礼义,则归之卿相士大夫。故奸言、奸说、奸事、奸能、遁逃反侧之民,职而教之,须而待之,勉之以庆赏,惩之以刑罚。安职则畜,不安职则弃。五疾,上收而养之,材而事之,官施而衣食之,兼覆无遗。才行反时者死无赦。(《荀子·王制》)

在荀子看来,王者应按"天德"施政。所谓"天有常道矣,地有常数矣"(《荀子·天论》),天有"常道",地有"常数",人有"常德",故人应尊道循德,不可悖道妄行,否则"天不能使之吉"(《荀子·天论》)。王者所施之政按"天德"而行,故其应为王者之"常"政。

于此,荀子将君子之德性联结于天地之德,在以天德为人德提供依据的同时,又以人德反观天德,"天地者生之始,礼义者治之始,君子者礼义之始也""天地生君子,君子理天地。君子者,天地之参也,万物之总也,民之父母也"(《荀子·王制》),君子者"与天地同理,与万世同久"(《荀子·王制》),君子为天地之参赞,万物之统帅,与天地共同育化生灵;君子亦为人民之父母,与民生息与共。从其实质上说,君子的这一参与天地化育的道德品格,已被升华为一种与天地齐高、与万物共存的形上本体。故荀子曰:"天见其明,地见其光,君子贵其全也。"(《荀子·劝学》)

总言之,荀子之"天德"观点将"德"从人类生活之现实世界的基本规律转向物质世界运动、变化、发展之基本规律。在孔孟处,虽然保留"天",并从"天"出发寻找人之德性的根据,但就本质而言,二位圣贤已自觉或不自觉地将周邦之"敬德配天"转化为以天之德性合于人之德性的模式。由此,"天人合德"的价值本体由"天"转变为"人"。荀子秉承孔孟之思,视德性为人之内在规定,并在辩证的意义上提出将自然规律作为人道所用的主张。"凡以知,人之性也;可以知,物之理也。"(《荀子·解蔽》)荀子认为,可以认识事物是人之本性,可以被认识则是事物的规律,通过认识事物的规律,人即可"制天命而用之"(《荀子·天论》)。故人之德性的主体性在此得以突显,亦是荀子对孔孟"天人合德"思想的一大超越。

第三章　先秦两汉儒道理想人格的"德"与"性"

董仲舒进一步发展孔孟荀之"天人合德"思想，在"天人合德"的基础上，从神学宇宙论的角度探讨"德"之来源，进而将"天人合德"思想发展为"天人感应"之说。

**四、董仲舒"天人相感"之"德"与"性"**

在董仲舒看来，天是至高无上的人格神，如果不能周到地侍奉上天，即使将百神侍奉得再好也无益处，故曰：

> 天者，百神之大君也。事天不备，虽百神犹无益也。（《春秋繁露·郊语》）

天作为最高的人格神，以仁德为中心乃是其特征，"仁之美者在于天。天，仁也"（《春秋繁露·王道通三》）。故此，天成为至善的道德化身，成为人之"德"的本源。天为人之"德"的本源，且"以类合之，天人一也"（《春秋繁露·阴阳义》），从类的角度上讲，天和人是合一的。天与人既然可以合一，亦是说二者可以相互感应。

> 天地之气，合而为一，分为阴阳。（《春秋繁露·五行相生》）
> 天人之际，合而为一。同而通理，动而相益，顺而相受，谓之德道。（《春秋繁露·深察名号》）

天、地、人三者之间凭借阴阳之气进行交互往来，儒家将其视为"不息不已，至诚实有焉"[1] 的"至神"[2]。天地化运，无息而至诚，生机延绵，变幻无穷，"诚与神，皆天地大化之所以为化，亦即此大化所具有之德性"[3]。由此推之，"天人之际"因与阴阳之气相合而使人生与宇宙成为可

---

[1] 钱穆. 中国学术思想史论丛：二 [M]. 北京：生活·读书·新知三联书店，2009：30.

[2] 钱穆. 中国学术思想史论丛：二 [M]. 北京：生活·读书·新知三联书店，2009：30.

[3] 钱穆. 中国学术思想史论丛：二 [M]. 北京：生活·读书·新知三联书店，2009：31.

## 先秦两汉儒道理想人格之情、才、德思想研究

以相互感应的统一体,此之谓"天人相感"。苏舆所言之"德道犹道德"[①],即此义之概括。"德"源于"道",天道在大化流行中自蕴其德。故曰:"德在天地。"(《春秋繁露·正贯》)"德在天地"且"其德昭明"(《春秋繁露·观德》)。天地之德性因人而愈显昭明,"天之大经也""天地与人,三而成德"(《春秋繁露·官制象天》),故"天德施,地德化,人德义"(《春秋繁露·人副天数》),人以其德义在与天地同律中成天之德、助地之化。

> 天覆育万物,既化而生之,有养而成之,事功无已,终而复始,举凡归之以奉人,察于天之意,无穷极之仁也。人之受命于天也,取仁于天而仁也,是故人之受命天之尊,父兄子弟之亲,有忠信慈惠之心,有礼义廉让之行,有是非逆顺之治。文理灿然而厚,知广大有而博,唯人道为可以参天。(《春秋繁露·王道通三》)

董仲舒认为,天是仁爱的,天庇佑化育万物,既造化而生长万物又培养而成就万物,因此,若探寻天之心意,便可知晓其中蕴含着的无尽之仁爱。人类秉承天命,从天地之间汲取仁,进而于自身之品行上展现仁。人接受天命的委派而拥有使命,这一使命源自上天尊贵的心意,蕴含着父兄子弟的真挚之情、忠诚守信的仁爱之心、清廉谦让的礼义之行、治事之"是非顺逆"的方略等,条理显明而又宽厚,知识广阔而又博大,只有此种做人之原则才可以与上天相匹配。是故"仁义制度之数,尽取之天"(《春秋繁露·基义》),人事中仁义制度的准则,皆由效法上天而来。简言之,唯有人道可以参通天道。正因只有人道可以与天道相通,圣王遂上承天意而教化万民。故董仲舒曰:

> 性者,天质之朴也;善者,王教之化也。无其质,则王教不能化;无其王教,则质朴不能善。(《春秋繁露·实性》)

董仲舒之所以将王道之端归乎于天,其目的在于利用天道来规范人道,以天道为人道效法的对象,强调的是人之主导性。天人"互相影响,互相

---

① 苏舆. 春秋繁露义证 [M]. 钟哲,点校. 北京:中华书局,1992:281.

第三章　先秦两汉儒道理想人格的"德"与"性"

决定……天人居于平等的地位"[1]，从而"将人提升到天的高度，以天的神圣性来强调人的神圣性，是对天地人三才并立，以人为主体的深入论证"[2]。由此，董仲舒借助天人相感的宏观宇宙观念，在宇宙的视域中，将人类提升至与天相呼应的形上世界，从而使人的主体地位得以突显。

综上所述，儒家对于"德"的思考源于周邦之"德"，是在继承周邦之"德"的基础上，将"德"从政治领域引入伦理领域，从君王之德转为众人之常德。道家对待周邦之"德"的态度则不同于儒家，道家主要是基于反思和批判的立场对周邦之"德"予以改造，使之成为一个承载万物性能如何获有以及生命价值如何实现等诸般内容的观念体系，从观念的演变进程上看，道家思想中"德"的新样貌、新内蕴皆源于老子。

## 第二节　先秦两汉道家理想人格的"德"与"性"

### 一、老子之"玄德"与"性"

如前所述，"德"在西周及其之前的时期中，已含有恩惠、恩德之义。老子在道与万物的施受关系中，对"德"原有之意涵进行了延伸和拓展。在《老子》中"德"有"玄德""上德""有德""无德""失德""广德""建德""贵德""尊德"等多种意涵，可直接理解为恩惠、恩德之"德"的，除"报怨以德"（《老子·第六十三章》）外，还可见于第六十章，即：

> 治大国若烹小鲜。以道莅天下，其鬼不神；非其鬼不神，其神不伤人；非其神不伤人，圣人亦不伤人。夫两不相伤，故德交归焉。（《老子·第六十章》）

老子指出，用道治理天下，鬼怪起不了作用。百姓不仅不会被鬼怪侵害，神祇与圣人也不会侵害人。由于鬼怪和圣人都不侵害百姓，百姓因而

---

[1] 徐复观. 两汉思想史：二 [M]. 北京：九州出版社，2014：370.
[2] 韩星. 董仲舒天人关系的三维向度及其思想定位 [J]. 哲学研究，2015 (9)：45—54, 128.

**先秦两汉儒道理想人格之情、才、德思想研究**

能够得到全部的恩惠和好处而拥有"德"。值得注意的是，老子的论说并未止步于这种世俗层面上的对恩泽之"德"的理解，而是将"德"的恩惠意涵扩展至道与万物的层面，使其不再仅限于人。老子曰：

> 道生之，德畜之，物形之，器成之，是以万物莫不尊道而贵德。道之尊，德之贵，夫莫之爵而常自然。道生之畜之，长之育之，亭之毒之，养之覆之。生而不有，为而不恃，长而不宰，是谓玄德。（《老子·第五十一章》）

老子认为"万物得一以生"（《老子·第三十九章》），因"一"源于"道"，故万物获得道而生生不息，获得道而存于天地。换言之，"一"之所以能够生成天地万物，其根源即在于"道"。万物获得"一"，"一"便随即成为维系万物存在与发展的属性而融于万物之内在。此时的"道"化生"万物"并不是说直接将万物生成，而是一种要去化生万物的趋向，万物是一种待形成的状态。简言之，此时的"道"化生"万物"是"潜在"的，是经由"一"而实现的。当"万物"于"道"处有所得时，"道生之，德蓄之"，万物有得于道而"德蓄之"，万物从"道"处获得一种可以继续养育万物的性能，这种性能就是"德"。"德"的这种蓄养万物的性能决定了其本质仍然是"道"，万物因等待着"德"之蓄养而呈现出一种尚未成型的"潜在"状态。通过"道"的化生和"德"的蓄养，万物方才逐渐显现各自之形状，并逐渐接近于现实中的真实存在。也就是说，万物因"道""德"的生养而有其"形"，抑或是说在"道"化育万物后，在万物之"形"产生的过程中起推动作用的乃是"德"，即"德蓄之，物形之"。然究其根本，这一切的驱动者仍然是"道"。当"道生一"（《老子·第四十二章》）后，万物便在"生""蓄""形""成"的连续作用下逐渐完成对己身之"形"的塑造。在这个过程中，有"形"的万物可以被称为"器"。因此，万物得于"道"的尚未实际显现出来的潜在性能，使得万物在历经"物形之，器成之"的过程后得以在现实中获得最终之展现。同时，"德"亦不是作为某种既定的属性而分化于各物之中，而是在万物呈现分化之趋势前，以一种潜藏的、包含着一切可能性的状态在"道"那里获得的潜在性能。这种性能分化到各物当中，即成为万物各自之特性。简言之，"德"是万物得于道之

## 第三章 先秦两汉儒道理想人格的"德"与"性"

尚未分化的全能潜质。这种蕴含了一切可能性的生命潜能,随"物形之,器成之"的进程,逐步分化而落实到各物之中并成为各物的特性,进而使各物之"德蓄之",此为道家特有之"物德"观念。然,此"物德"观念因其根源之"道"具有"潜在"性而实为隐含之"物德"。

万物自"道"中汲取保障生命的性能,这种性能是确保万物生、成、长、养的基础并发挥着"蓄养"万物的功效,是以"德蓄之"(《老子·第五十一章》)。"德蓄之"而"物形之"(《老子·第五十一章》),"德"与万物产生关联,作为"道"的协助者,"德"在"道"之后与"道"一同蓄养万物。万物秉承"德"之"生而不有,为而不恃,长而不宰"(《老子·第五十一章》)的福泽,故可恒养自然之状态,"是以万物莫不尊道而贵德"(《老子·第五十一章》)。此"德"即为道生养万物但不宰控万物之大功德,因道的这种大功德为"深藏不露"之德,深而难察,所以称之为"玄德"。"玄德"一词,象征着"德"之恩惠、恩德意涵在宇宙观层面的深化与拓展,它是老子在探索宇宙本原的过程中,为"德"赋予的新意义。

在老子的思想中,"道"对于万物之"德"而言虽为隐含状态,但对于万物之中的人而言却较为明确。老子认为,"孔德之容,惟道是从"(《老子·第二十一章》),人之"德"即有得于"道"。老子以自然之狂风、暴雨为例以证此观点。

> 希言自然。故飘风不终朝,骤雨不终日。孰为此者?天地。天地尚不能久,而况于人乎?故从事而道者,道者同于道,德者同于德,失者同于失。同于道者,道亦得之;同于德者,道亦乐德之;同于失者,失亦乐得之。(《老子·第二十三章》)

老子言,狂风不可能一直不停地刮,暴雨不可能没有止息的时候,为什么呢?其因在于只有天地能够对其加以控制,但天地尚且不能长久掌控,人恒亦然。所以,从事于道的人同于道,从事于德的人同于德。同于道的人,道也乐于得到他;同于德的人,德亦乐于得到他。概言之,即是人之"德"为有得于"道"。

在老子看来,道是生成天地万物的总根源,道与万物的关系可喻为母与子的关系,"天下有始,以为天下母。既得其母,以知其子;既知其子,

## 先秦两汉儒道理想人格之情、才、德思想研究

复守其母,没身不殆"(《老子·第五十二章》),"母"为道尚未分化之状态,人"得其母"后可遍知道之"子",道之子即为道所生之万物。简言之,人得道之后则可遍知万物。同时,人遍知万物亦需要葆有作为始母的"道",如此为之,人可终身都没有危险。是以人之"德"乃有得于"道"。既然人之"德"即有得于"道","道"又为万物之母,故"道"是为人"德"之根源;既然人之"德"根源于"道",故,"道"的表现亦即决定有德者的表现。

老子用"赤子"比喻有德者的表现,曰:

> 含德之厚,比于赤子。蜂虿虺蛇不螫,猛兽不据,攫鸟不搏。骨弱筋柔而握固,未知牝牡之合而脧作,精之至也。终日号而不嗄,和之至也。知和曰常,知常曰明,益生曰祥,心使气曰强。物壮则老,谓之不道,不道早已。(《老子·第五十五章》)

赤子所受后天环境的影响最少,故其拥有之"德"最符合原初的状态。专一其气以至柔顺、独然淡泊而无形迹乃是有德者自然流露而出的一种境界,是以,有德者葆有"道"之原本状态,就好像初生之赤子一样淳朴无华。换言之,"德"为人先天得于"道"而内化于自身之物。在这个意义上,"德"即等同于"性"(此点前文已有所论,故不再赘述)。老子认为,这种可与"性"相等的先天之"德"在现实生活中会因世人竞相务"德"而有流失的风险,为了避免这一情况的发生,老子提出要达到"常德乃足,复归于朴"(《老子·第二十八章》),即"复归于婴儿"(《老子·第二十八章》)的境界。这种心境于政治领域而言,"朴散则为器,圣人用之,则为官长"(《老子·第二十八章》),有道之人使用朴素本初的东西制成的器物,是为沿用真朴,沿用真朴则可为百官之长,沿用真朴即为秉持"常德"。

有道之人依靠心灵的觉悟来涵养自身内在先天固有的"常德",就其本质而言,乃是为了体悟道而达至与道同一之境界。因此,在治国安邦时,有道之人就会依循"道"的运行法则去对待百姓。此时,有道之人修持的"德"即成为其治国安民之内在的修养基础。在这种模式下,有道之人对待百姓好比"道"对万物"长而不宰"之"玄德",有道之人效法"道",福泽庇佑百姓但并不多加干涉与主宰,这是有道之人对待百姓的一种功德,这种

第三章　先秦两汉儒道理想人格的"德"与"性"

"德"可称之为"政德",是作为最高统治者的有道之人即"圣人"之"德"。

故在老子的思想中,能够效法"道"者即作为最高统治者的"圣人"。然而除圣人外的常人在圣人"政德"的"德治"之下是否能够具备与圣人一样的"常德",并非老子关注的问题。在老子的设想中,圣人会带领天下人共同"复归于朴"(《老子·第二十八章》),从而使得每一个人都能够像他一样,做到"常德乃足"(《老子·第二十八章》)。但这种期待就像柏拉图发现了"洞"外的世界,然后带领"洞"内的囚徒们一起走出去的"哲学王"的设想一样,[①] 仅是一种不能在其文本中找到直接说明的推导而已。其中根源在于老子没有将事物的德性与事物的"自然"两者之间的对应关系明朗化。[②] 老子之"自然"是一个非实物性的、表示万物或百姓自发状态的概念,可将其理解为一种万物或百姓所具德性充分实现之状态。事实上,老子对于百姓之"德"并不是非常关心,故在其文本中没有关于"德"与"自然"关系的直接论述,即无关于百姓普遍个体之"德"的思想主张。对于这一点,庄子则在其学说中予以回答及补充。

## 二、庄子之"物德"与"性"

老子之"德"思对庄子有很大的影响,但庄子在承袭老子之"德"的同时,又将其中不清晰的地方予以明确界定。庄子在老子之隐含的"物德"观念的基础上,直接将宇宙天地之间的一切事物所得于"道"并且维持自身生存与发展的本质言之为"德",并与"性"产生错综复杂的联系,是为将老子之"物德"观念加以补全与完善,使"物德"观念更为明朗与完整。是以,较之于老子之"德",庄子关于"德"的思考更为宽广与深邃。老子寄希望于作为最高统治者的"圣人"具备"常德"以稳定天下秩序,将个

---

[①] 柏拉图. 理想国[M]. 郭斌和,张竹明,译. 北京:商务印书馆,1986:272—281.

[②] 王中江认为,"在《老子》中,事物的德性与事物的'自然'两者之间的对应关系还没有明朗化,至少在概念之间的关系是这样"。(参见王中江. 早期道家的"德性论"和"人情论"——从老子到庄子和黄老[J]. 江南大学学报(哲学社会科学版),2012(4):5—14.)

### 先秦两汉儒道理想人格之情、才、德思想研究

人之"德"的"个人"予以特殊化，其目光聚焦之处即作为特殊个体的最高统治者。庄子则是关注天下间每一个个体之"德"如何圆满实现，如何将个人之"德"的"个人"普遍化的问题，这也说明庄子乃是将思考德性问题的焦点放置于天地间每一个独立的个体之中。换言之，此时之"德"在庄子处并不局限于表示某位特殊个体之德性，而是意味着人类整体之德性，重点在于，庄子之"德"更在乎生命内向的省察与体认，强调人之自我的"悬解"，"德"成为承载庄子社会理想的一个重要标志。在这个意义上讲，庄子之思比老子更为深入。

庄子认为，万物之"德"为万物有所"得"。

> 泰初有无，无有无名；一之所起，有一而未形。物得以生谓之德。（《庄子·天地》）

"泰初"即为宇宙原本初始之阶段。"泰初"之"无"并不是指空无一物，而是因为它正处于一种"无有无名"的无形之状态，故而称之为"无"。"无"是"一"的本源，"一"作为"无"的下一种状态虽有其名，但依旧无形。万物得"一"而在"一"中获得生、成、长、养，万物得于"一"的就是"德"。因此，"德"便是万物有所"得"，万物维系自身生命的基本要素即在于有所"得"。没有这种"得"，或者说失去这种"德"，万物也就失去了存续之根据。遂曰："夫道，渊乎其居也，漻乎其清也，金石不得无以鸣。"（《庄子·天地》）

在老子的思想中，万物之所"得"虽然未被明确地称作"德"，但为庄子的思考留下了空间。庄子在继承老子"万物得一以生"（《老子·第三十九章》）的观点的基础上，将万物之所"得"直接称之为"德"，以此来阐述万物之"德"，是为对老子思想进行的新的诠释与发展。

从万物之所"得"的根源上看，庄子指出"夫道，渊乎其居也，漻乎其清也，金石不得无以鸣"（《庄子·天地》）、"夫道有情有信，无为无形；可传而不可受，可得而不可见"（《庄子·大宗师》），万物所"得"之根源是维系万物生成与存续的本原性的"道"。

实际上，"泰初有无，无有无名；一之所起，有一而未形。物得以生谓之德"（《庄子·天地》），物所"得"之来源之"一""无"，即是"道"。

## 第三章 先秦两汉儒道理想人格的"德"与"性"

成玄英疏曰："'一'者，道也，有一之名而无万物之状。"① 在这个意义上，"万物得一以生"（《老子·第三十九章》），亦即万物得"道"以生。万物所得之"道"在融于万物之个体后成为保证其生命存续的本质，换言之，这时的"道"与作为万物生命之潜在性能的"德"在一定程度上具有相似的意涵。在此处，"德"的概念与老子所述"德蓄之"（《老子·第五十一章》）之"德"在内涵上存在着一定的一致性。其中之意在于，万物以一种潜藏的、兼具全能特质的状态而从"道"中获取其潜在的性能。这种潜在的性能虽然几乎涵盖了现实世界中万物的所有属性，但这些属性实际上尚未分化至各个具体事物之中。从整体上看，这种潜在的特质拥有"蓄养"万物之能，故言"物得以生"。值得注意的是，这里的"德"并非局限于"局部"的意义，并非仅指"局部"之所得，"德"于此展现的是其具有的"整体"属性。

庄子之"德"的意涵又与老子有所不同。老子的"物德"呈现的是生命之潜能的一种尚未分化的状态，表示的是尚未分化的生命潜能，然而在庄子处，"物德"不仅是一种尚未分化的生命潜能，同时也有已被划分至万物中而使万物所得之意涵。

> 故德总乎道之所一，而言休乎知之所不知，至矣！道之所一者，德不能同也；知之所不能知者，辩不能举也。名若儒墨而凶矣。（《庄子·徐无鬼》）

庄子认为，"德"为万物于"道"有所得，是"道"之"整体性"在各物中的彰显，故"德总乎道之所一"。在这个意义上，"德"在一定程度上已呈现分化现象。故曰："道之所一者，德不能同也。"是以，"德"可一分而为八。

> 夫道未始有封，言未始有常，为是而有畛也。请言其畛：有左有右，有伦有义，有分有辩，有竞有争，此之谓"八德"。（《庄子·齐物论》）

---

① 郭象，注. 成玄英，疏. 庄子注疏 [M]. 曹础基，黄兰发，整理. 北京：中华书局，2011：230.

### 先秦两汉儒道理想人格之情、才、德思想研究

"道"原本广阔无垠而没有界限，然因其有"八畛"而形成"八德"，换言之，"德"便是"道"分别在"八畛"之中的具体体现。"德"与"道"的关系即表现为"未始有封"和"有畛"之间的关联，此时之"德"可理解为"道"分化于具体万物之中，即万物"分有"本源性的"道"后而有不同之得，此时之"德"中便含有万物分有"道"之义。"天地之德"（《庄子·天道》）、"天地之道"（《庄子·天下》）即是"德"与"道"分化于各物之中后呈现而出的现实属性，亦是天地作为万物之一所得于"道"的一种性能。故庄子曰：

> 以天地为宗，以道德为主，以无为为常。（《庄子·天道》）
>
> 夫恬惔寂漠，虚无无为，此天地之平而道德之质也。（《庄子·刻意》）

在这个意义上讲，"道"与表示各物所得的"德"一样，均有分化之义，"道"已经落实到具体万物之中而为万物所得，二者并无实质性的差别。是以，庄子在此处将"道"与"德"二者连用，合为"道德"。

要言之，"德"与"道"在庄子思想中呈现出三种关系。其一，在"德"被视为万物尚未分化时，得于"道"的潜在性能，进而与作为生命本源的"道"有着相似之处，二者共同育养万物。庄子所言"物得以生谓之德""通于天地者，德也；行于万物者，道也"（《庄子·天地》）等即为此义。其二，当"德"被视为分化于万物而为万物之所得时，"德"呈现着"分有"本源之"道"的特性，如"八德"之说等。其三，"德"在具有分化于万物而为万物之所得之义的同时，"德"亦落实于具体万物之中，在这个意义上，"德"与"道"的含义相近。此时，"德"与"道"趋近于同一，诸如"天地之德""天地之道"等。因此，"德"与"道"二者可以连用，即为"道德"，此时的"德"与"道"均为分化于万物而为万物之属性义。

"德"作为已经分化的各物所得义，万物得"德"而可以"生"，"生"即为"德"之一大功能。故庄子言："生者，德之光也。"（《庄子·庚桑楚》）德之光在于"生"，"生"之本质则在于"性"。故曰："性者，生之质也。"（《庄子·庚桑楚》）是故，"德"与"性"在庄子处有明显的区分，同时亦弥补了《老子》中未出现"性"之观念的遗憾。庄子曰：

## 第三章 先秦两汉儒道理想人格的"德"与"性"

> 泰初有无,无有无名;一之所起,有一而未形。物得以生谓之德;形者有分,且然无间谓之命;留动而生物,物成生理谓之形;形体保神,各有仪则谓之性。性修反德,德至同于初。同乃虚,虚乃大。合喙鸣。喙鸣合,与天地为合。其合缗缗,若愚若昏,是谓玄德,同乎大顺。(《庄子·天地》)

"德"与"性"的区别在于:"德"与"得"相关联,意指万物各有其所"得";"性"则与"生"相关联,万物既生则有其形,万物之形体的葆有尚需依赖"性"之"仪则"。"性"通过修养而复归于"德",再通过"德"回复于"泰初"之"道",进而"与天地为合"。此时之"德"为"同乎大顺"之"玄德",与老子"常知稽式,是谓玄德。玄德深矣,远矣,与物反矣,然后乃至大顺"(《老子·第六十五章》)之"玄德""大顺"皆为顺合大道之义。是以若想实现"大顺"之"玄德",则必须以"反"为桥梁,故"德"即是作为万物生成本源之"道"("无")分化并落实于万物之中的"性"之媒介,作为连接万物之"性"的中介,"德"亦是修养"性"而回返于"道"的必由之途。

在另一层面上讲,庄子之"德"与"性"又无明显之区分,可同解为具体万物的自然本性,如水之本性、鸡狗之本性、天地之本性等。

> 水之性,不杂则清,莫动则平;郁闭而不流,亦不能清,天德之象也。(《庄子·刻意》)

水之本性,倘若没有杂质就会清澈,不去扰动则会平静。如果阻碍其流动,水也就不再能保持清澈,此即水的天然特性。"天"为天然、自然,"天德"为水的天然之德,即水之天性,"天德之象"即为水之天性的表现。总言之,"德"与"性"于此处皆为水之自然属性义。在以水为例后,庄子又引庚桑楚与徐无鬼之语以鸡、狗为例,说明"德""性"之具体万物的自然本性义。

> 庚桑子曰:"辞尽矣,(曰)奔蜂不能化藿蠋,越鸡不能伏鹄卵,鲁鸡固能矣。鸡之与鸡,其德非不同也,有能与不能者,其才固有巨小也。今吾才小不足以化子,子胡不南见老子!"(《庄子·庚桑楚》)

### 先秦两汉儒道理想人格之情、才、德思想研究

少焉，徐无鬼曰："尝语君吾相狗也：下之质，执饱而止，是狸德也；中之质若视日，上之质若亡其一。"（《庄子·徐无鬼》）

在庚桑楚与南荣趎的交谈中，庚桑楚认为，小蜂不能孵化出豆叶中的大青虫，小鸡不能孵化天鹅蛋，但大鸡却能做到，鸡与鸡相比，性分并无不同，只是才能有大小之别而已。在徐无鬼与武侯的交谈中，徐无鬼说自己有相狗之能，下等品质的狗吃饱后就不愿再搏执，这与野猫的本性相同；中等品质的狗意气高远，好像昂首望日的样子；上等品质的狗，好像忘掉了自己。在这两段对话中，虽然都没有一处提及"性"，但从分析可见，其中之"德"即为"性"义。

水、鸡、狗等事例代表的仅是一些具体而微的万物本性之"德"，"德"之具体万物的自然本性义，除代表这些具体而微的本性外，还可以彰显那些有形中的最大者，即天地的性能。

夫明白于天地之德者，此之谓大本大宗、与天和者也。所以均调天下，与人和者也。与人和者谓之人乐，与天和者谓之天乐。（《庄子·天道》）

是故天地者，形之大者也；阴阳者，气之大者也；道者为之公。因其大以号而读之则可也。（《庄子·则阳》）

天地作为有形之物中的最大者，作为万物之一，亦是有得于"道"者，故成"天地之德"。作为"形之大者"的天地，就像阴阳作为"气之大者"一样，它们皆依赖"道者为之公"而存在，即二者皆为"道"所支配。因此，天地与其他万物无异，皆因于"道"中有所得并将其所得内化为自身特有之属性而形成了各自的"德"。

诚如张岱年所言："'德'是所以谓未生之先者，'性'是所以谓既生以后者；由'德'而有生，有生乃有'性'。既生有形之后，乃可说'性'；未生无形之前，指其所以生者，谓之曰'德'。'德'与'性'虽有别，其实是二而一的。"[①] 依据张岱年的观点，我们可以将"德"至"性"的演变

---

① 张岱年. 中国哲学大纲 [M]. 北京：中国社会科学出版社，1982：196.

## 第三章 先秦两汉儒道理想人格的"德"与"性"

过程划分为"未生有形"与"既生有形"两个阶段。在万物"未生无形"之时,所谓的"万物"仅表现为一种待蓄养的"潜在",万物以这种潜藏的状态从"道"那里获得一种近乎包含一切可能性的、赖以生存的潜在性能。随着万物进入"既生有形"的阶段,其在"道"中所得具现为现实,进而演变为"生",即分化至万物之中而成为万物现实特性之来源以保证形下世界中的各物之存续。

在这个意义上,老子思想中隐含的"物德"观念在庄子处得到了较为清晰且完整地展示。在庄子的思想中,"德"预示着"万物"以潜藏的状态从"道"处获取一恍似含有一切可能性的潜在性能,随着万物逐步地生成而有其"形",这种潜在的特质便会分化而落实到现实世界的具体事物之中并形成其各自之独特属性,在这个层面上讲,"德"表示生命之潜质,区分于表示各物特质之"性",此时可以说"德"是"性"的来源。但在另一层面上,"德"的潜质义没有被强调,而成为与"性"相当的概念,二者均表示具体事物的自然本性。作为万物中的一员,人与万物均从"道"那里获得确保自身之存续的潜在性能,即获得先天之本性。但由于人在万物的维度中又有其特殊性,因此人之"德"与万物之"德"亦存有诸多不同。

作为庄子"德"之思想中最重要、最主要之形态,个人之"德"具有多重意蕴。首先,"德"意味着个人得于"道"的先天本性,庄子用"天""真"等语词描述或规定人之本性之德,这种意义上的"德"可以称其为天真或本真之德。庄子认为:

  贼莫大乎德有心,而心有睫,及其有睫也而内视,内视而败矣!(《庄子·列御寇》)

在庄子看来,人既已与生俱来地从"道"处秉承美德,那就顺乎于"德"之自然便可,任何有意的修饰行为都会导致"德"的破败或流失。世人大多因不明此理而难免于修德之夙念,以致自身本真之"德"随此修德之举悄然败失。概言之,乃有心为德却失德,反之,无意行德却葆德。因此,通过心之内向省察与觉悟而涵持人固有之美德便成为必要。

庄子继而对失德之缘由以及相应的葆德功夫进行多方位的思考,统言之,庄子主张化除"物累"以葆有"天德"。其一,"弃名利,反之于心"

## 先秦两汉儒道理想人格之情、才、德思想研究

(《庄子·盗跖》)。庄子认为"德"的葆有在于丢弃名利等一切外在性的目的,"德"之行出于心之自发,出于心之自发之"德"便独立于"欲求客体"[①]之外。其二,"通乎道,合乎德,宾礼乐,至人之心有所定矣"(《庄子·天道》)。名利贪念会促动世人以仁义约束、改造自身本性,原有之德性由此而受仁义之戕害,"仁义之端"若束缚人之本性,不仅损伤自身,亦会伤及他人,迷乱天下,为天下之大害,是为负面之"仁义"。但若去除名利之私心,自然行仁义,此时之"仁义"不但不会戕害德性,反而是德性之自发表现,为庄子推崇之"至仁""至义",与"德性"便无分歧之义。其三,"忘汝神气,堕汝形骸,而庶几乎"(《庄子·天地》)。庄子认为,人一旦囿于形骸就会疏于美德,故应忘形葆德、以德摄形。其四,"心不忧乐,德之至也"(《庄子·刻意》)。庄子并非绝对地否定所有内心情感,而是强调去除各种为外物所牵累的负面情愫,如此便可达之以心无外物之挂碍、德无俗情之牵系的"德至"之境。其五,"摄汝知,一汝度,神将来舍。德将为汝美,道将为汝居"(《庄子·知北游》)。庄子认为俗智表现于"言"便是各种言辩之术,而流显于"行"则是各类机巧之事,在庄子看来,这些都是"德之累",是以,为保全先天之美德,就必须去除言辩、机巧等俗智之举,以达"知彻为德"(《庄子·外物》)之境。

人之为人,若可顿去"德之累",使己心毫无所系,便可优游于"德"亦即"和"的境地。

> 自其异者视之,肝胆楚越也;自其同者视之,万物皆一也。夫若然者,且不知耳目之所宜,而游心乎德之和。物视其所一而不见其所丧,视丧其足犹遗土也。(《庄子·德充符》)

于此,"德"的状态即为"和",即"万物皆一",乃为超越耳目听视的有分世界而达之返心内观的浑融不分之境,亦即庄子所言"之人也,之德也,将旁礴万物以为一"(《庄子·逍遥游》)之境。"游心乎德之和",即

---

[①] 康德认为,道德理性的根本原则就在于它对于一切欲求客体的独立性,如果将欲求客体作为善良意志的先决条件,则不可能充任普遍道德律令的基础。(参见康德. 实践理性批判[M]. 韩水法,译. 北京:商务印书馆,1999:34—36.)

第三章　先秦两汉儒道理想人格的"德"与"性"

原初的天真之德未受到任何损害，此心便可悠游而无碍矣。庄子之"游"即是心之"游"，抑或是一种"游"于"道"的精神自由。故此，通过心灵觉悟所获得的"德"，体现着人类后天修养的重要性，并在心的意义上拥有了新的内涵。在"游""和"的意义上，"德"所蕴含的后天修持和境界意义是"物德"所没有的，也是"性"这一概念所不能完全涵盖的。是为对于老子"物德"思想在生命价值内向省察之广度与深度的推进及发展。

庄子之"德"较之于老子的另一大区别，即庄子对天下所有个人德性的关注。老子之"德"所关注的对象主要是作为最高统治者的"圣人"，统治者以外的普通个体的德性在老子那里是隐而不发的状态，但在庄子处，人之为人，每一个体都可以而且也应该通过上述五种方案"去德之累"（《庄子·庚桑楚》），从而葆有先天原真的美德，成为德性完满的"至德者"（《庄子·秋水》）。当天下间所有个体的天真之德都获以保全，人人都成为"至德者"，世间呈现"天下之德始玄同"（《庄子·胠箧》）之状态，此时的天下便是庄子所向往的"至德之世"（《庄子·天地》）。在这里，"德"已不仅限于个体，是为人类整体德性之意涵，抑或说是社会的一种完满状态，同时，这种意义的"德"还可以标示人类历史退化的过程，成为社会退化的一个动态性标志，即"逮德下衰"（《庄子·缮性》）。总的来说，"德"在这种语境之下承载着庄子对于现实社会的批判以及对理想社会的期待。

在庄子之后，黄老道家对老子"物德"思想进行了新的发展，同时亦呈现出与庄子之"物德"有所区别的理论形态，此处以《管子》与《黄帝四经》为例。

**三、《管子》之"内德"与"性"**

"虚无无形谓之道，化育万物谓之德"（《管子·心术上》）为《管子》"化育万物"之"物德"思想的集中体现。具体而言，《管子》曰：

> 天之道，虚其无形。虚则不屈，无形则无所位迕（忤）。无所位迕（忤），故遍流万物而不变。德者，道之舍，物得以生，生知得以职道之精。故德者，得也。得也者，其谓所得以然也。以无为之谓道，舍

# 先秦两汉儒道理想人格之情、才、德思想研究

之之谓德。故道之与德无间，故言之者不别也。间之理者，谓其所以舍也。（《管子·心术上》）

"道"虚而无形，因其虚而无形，故能无所抵牾，因而可遍流万物而不改变自身。在《管子》看来，世间万物存在与延续的基础即在于"道"，万物之生成皆有赖于"道"。故《管子》曰：

道也者，口之所不能言也，目之所不能视也，耳之所不能听也，所以修心而正形也。人之所失以死，所得以生也。事之所失以败，所得以成也。故凡道无根无茎，无叶无荣。万物以生，万物以成，命之曰道。（《管子·内业》）

从"道"的角度讲，"道"的作用不能离物而行，"道"之所谓"道"并非孤立自有，而是必须落实于万物之中方可言"道"；从万物的角度讲，"德"即是"道"施用于万物的一种体现，万物得此以生生不息，心智得此便可体认"道"之精髓，"德"即为万物从"道"中汲取保证自身生存与发展的本根之有所"得"。因而，"德"在"道"与万物之间呈现两个不同维度上的意义。具体来说，从"道"的维度出发，"德"意味着"道""化育万物"之能用，此即"道之舍"（《管子·心术上》），是"道"生养万物的一种功能。此时之"道"的功能在于促进万物之生、成、长、养，万物依赖于"道"而存有，因此，对于万物来说这便是一种恩德，即为"德"，但由于"道"虚无缥缈而"虚其无形"（《管子·心术上》），故其生养万物之功能乃是"动不见其形，施不见其德"（《管子·心术上》）。然"德者，得也"（《管子·心术上》），故从万物的维度出发，"德"即万物有所"得"，万物所得于"道"并落实其中，便是维系其生存与发展的根据，即"得也者其谓所得以然也"（《管子·心术上》）。

总之，不论是从"道"之维度，抑或是万物的维度上讲，"德"皆是"道"在万事万物中的具体表征。在这个意义上讲，"德"对万物的意义与"道"对万物的意义别无二致。因此，从根本上说，"德"与"道"并没有什么差别，二者具有内在一致性。"故道之与德无间，故言之者不别也"（《管子·心术上》），"德"与"道"在《管子》中的统一义，即《管子》

## 第三章　先秦两汉儒道理想人格的"德"与"性"

对于老、庄思想的发展,甚至是超越。但从"德"与"性"的关系上看,《管子》亦与《老子》一样,并未言明。

在明确"德"之双向意义之统一的基础上,《管子》继而赋予"物德"思想之"精气"意涵。《管子》曰:

> 凡物之精,此则为生。下生五谷,上为列星。流于天地之间,谓之鬼神。藏于胸中,谓之圣人。是故民气,杲乎如登于天,杳乎如入于渊,淖乎如在于海,卒乎如在于己。是故此气也,不可止以力,而可安以德。不可呼以声,而可迎以音。敬守勿失,是谓成德。德成而智出,万物果得。(《管子·内业》)

《管子》认为,精气蕴于万物之中,是万物生命构成之本源,万物之生命皆是赖此精气而存有,万物之"德"即是万物所得之"精气"。从"精气"的角度看,"德"是"精气"畅行于万物之中并发挥出的一种功效,即"此稽不远,日用其德"(《管子·内业》),"德"之功效对万物(包括人)而言是一种恩德。人通过修持自身,"日新其德"(《管子·心术下》),每日更新、完善"精气"之性能,保证体内"精气"之充实和满、通畅无碍,便可"昭知天下,通于四极"(《管子·心术下》)。可见,"精气"于此为"道"的一种代称,或称之为"道"的同义词。

在《管子》的思想中,"精气"和"道"实乃同义,"德"所寓指的"道"的效用与"精气"的机能已无差别,皆是本源之"道"或"精气"在生、成、长、养天地万物的过程中表现出的一种性能。同理,在"精气"与万物的维度中,"德"仍然存有着于"道"与万物中的双向度的意义。就万物的层面来说,"德"代表着万物对"精气"的汲取和占有,即"万物果得"(《管子·内业》),万物赖以生存的物质基础即在于"精气";从"精气"的角度看,"德"便是指"精气"运行于万物之中而呈现的一种性能。正如"德"于"道"与万物中的双向意义之统一义一样,"德"于"精气"与万物中的双向意涵在根本上亦为统一。在这个意义上,《管子》之"物德"思想不仅实现了道之恩德与万物之所得的统一,而且在具象化的视域内将"精气"作为"道"的代名词,"物德"于此便在老、庄之基于"道"与万物关系而承载"道"如何运行亦即万物如何获有性能之过程的思想基础上，进一步体现出万物如何拥有"精气"或"精气"如何运行于万物的意义，是为《管子》在"物德"思想的基础上发展的"德"之新意涵。

在《管子》的"精气"思想中，人可以通过修持自身而"日新其德"（《管子·心术下》），这种"德"从"精气"的角度讲，就是"精气"运行于人体的一种性能；从人的角度讲，则是有得于"精气"而成就自身品性，为人内在拥有的一种"德"。故"日新其德"（《管子·心术下》）亦是人之为人而不断完善自身德性之义。但作为"精气"落实于人体的"德"并不会毫无条件地常存于己身，这种"精气"之德在人身上的葆有尚需通过一系列的修养工夫，即《管子》所言之"内德"修养。

既然修持"内德"的前提是"精气"落实于人体，那么人之形体对于人内在之德而言便极为重要。故《管子》与庄子之"德有所长而形有所忘"（《庄子·德充符》）的观点不同，《管子》认为重视形体对于德性修持而言具有重要且必要的意义。

> 形不正者德不来，中不精者心不治。正形饰德，万物毕得。翼然自来，神莫知其极。昭知天下，通于四极。故曰：毋以物乱官，毋以官乱心，此之谓内得。（《管子·心术下》）

《管子》认为，若形体层面的功夫没有做足，则亦不会达之以"内德"之境。《管子》曰："敬发其充，是谓内得。"（《管子·内业》）此句之意，大致是说恭敬地发挥人体内所充实的"精气"的性能，保证其运行通畅，这种状态便是内在的"德"，故"内得"即为"内在之得"，此内在之所得便是"精气"存聚于体内的性能，也就是"日新其德"（《管子·心术下》）之"德"。换言之，"内得"为人体内所获得的"精气"，当"精气"的性能获以充分的发挥便意味着人处于"内得"之状态，"内得"即为"内德"，表示人之内在的德性，这种德性是"精气"落实于人体而转化成的人之性能。从性质而言，此"内德"属于个人心性之德。

### 四、《黄帝四经》之"天德""地德"与"性"

与《管子》以及老、庄不同，《黄帝四经》赋予了"德"明确的自然根据，即通过"天地之德"言"德"与"性"。从"物德"思想的发展来看，

## 第三章　先秦两汉儒道理想人格的"德"与"性"

老、庄及《管子》之"物德"主要基于"道"与万物的结构而表示万物的潜质或性征，而《黄帝四经》之"天地之德"则主要基于"天、地、人"之"三才"结构而表示天地的一种性能。故，《黄帝四经》之"德"要从其中之"天德"说起。

    天德皇皇，非刑不行；缪（穆）缪（穆）天刑，非德必顷（倾）。刑德相养，逆顺若成。刑晦而德明，刑阴而德阳，刑微而德章（彰）。（《十大经·姓争》）

在此句中，"天德"乃是与"天刑"相对而言的范畴。"天德"是"天"对万物的恩德，"天刑"则是"天"对万物的刑杀。所谓"春夏为德，秋冬为刑"（《十大经·观》），春夏是万物生长的时节，是"天"对万物施予恩德的表现；秋冬则是万物衰亡的节令，乃是"天"对万物刑杀的结果。大自然对万物的恩德虽然显著，但不能没有刑杀配合，是谓"先德后刑，以养其生"（《十大经·观》）；大自然对世间万物的刑罚严苛肃穆，倘若没有恩德作为支撑则其必将面临倾覆。是以，唯有将春夏生育之恩德与秋冬之刑杀相互配合而令其"有度"，才能使万物在大自然中获得生、成、长、养，四时的存在于自然之中的意义即在于维持春生、夏长、秋衰、冬亡之"有度"。故曰："四时有度，天地之李（理）也。"（《经法·论约》）据此，《黄帝四经》指出，天对万物之恩德与刑杀缺一不可，天之刑隐晦隐微，天之德阳明彰显。大自然的根本规律、根本原则便在于此天之刑与天之德，亦是"天制"与"天道"之整体性能的体现，不可违逆，即"莫循天德"（《十大经·姓争》）。要言之，此中之"天"包含有"地"，"天"与"地"二者并不独立，表示宇宙大自然之整体；"德"在此处则表示天地的基本规律，同时亦表示天地对万物的养育功德。

在《黄帝四经》中，"德"在"天"与"地"中亦有单独存在的情况，即将"德"单独地与"地"相关联，"天"与"地"相对而具有独立意义，"德"在此表示"地"之属性。

    诸阳者法天，天贵正；过正曰诡，[诡道者天]祭乃反。诸阴者法地，地[之]德安徐正静，柔节先定，善予不争。此地之度而雌之节

135

# 先秦两汉儒道理想人格之情、才、德思想研究

也。(《黄帝四经·称》)

"地之德"安然徐迟、正定静默,以阴柔勘定天下,擅长给予而不去争夺,"天"则"贵"在其"正","天"为阳,"地"为阴。《黄帝四经》认为,"天""地"除有阴阳之别外,还有动静之异。

> 夫天有[恒]干,地有恒常。合[此干]常,是以有晦有明,有阴有阳。夫地有山有泽,有黑有白,有美有亚(恶)。地俗德以静,而天正名以作。静作相养,德虐相成。两若有名,相与则成。阴阳备物,化变乃生。(《十大经·果童》)

地"静"而天"作",天因为运作而呈现动态,是以地静而天动。"地"之宁静与"天"之运转互相成就,天地通过运用各自或动或静之方式而协同配合以共育万物,故其有整体之义。在这个意义上,天阳地阴与地静天动之"德"亦可统称为"天地之德",即宇宙天地整体之"德"。总而言之,《黄帝四经》之"德"并非天之专属,亦非仅限于地,而是体现着天地自然之整体性能与运行准则,这种性能及准则通常表现在对万物的生杀之中,在根本上说,宇宙的这种整体性的规律展现的即是天地之性能的恒常与持久。

可见,《黄帝四经》之"德"在宇宙观的视域下仅归属于天地,并不与万物之德有所关联,这明显不同于老、庄及《管子》之"物德"思想。但在道家思想的总体框架中,处于"道"之下的有形之物中的最大者是为天地。在这个意义上,《黄帝四经》所说的"天德""地之德"乃至"天地之德",都可以被看作表现"物德"的一种形式。从"道"的维度看,《黄帝四经》之《道原》篇对此有所论述。

> 恒无之初,迵同大(太)虚。虚同为一,恒一而止。湿湿梦梦,未有明晦,神微周盈,精静不配(熙)。古(故)未有以,万物莫以。古(故)无有形,大迥无名。天弗能覆,地弗能载。小以成小,大以成大。盈四海之内,又包其外。在阴不腐,在阳不焦。一度不变,能适规(蚑)侥(蛲)。鸟得而蜚(飞),鱼得而流(游),兽得而走。万物得之以生,百事得之以成。人皆以之,莫知其名。人皆用之,莫见

## 第三章　先秦两汉儒道理想人格的"德"与"性"

其刑（形）。

一者其号也，虚其舍也，无为其素也，和其用也。是故上道高而不可察也，深而不可则（测）也。显明弗能为名，广大弗能为刑（形）。独立不偶，万物莫之能令。天地阴阳，〔四〕时日月，星辰云气，规（蚑）行侥（蛲）重（动），戴根之徒，皆取生，道弗为益少；皆反焉，道弗为益。坚强而不撌，柔弱而不可化。精微之所不能至，稽极之所不能过。（《黄帝四经·道原》）

概括此段之要旨，可归为二：一是强调"道"作为世界万物之本源的至高无上性，强调"道"是天地宇宙一切万物之总根源、总根据；二是讲述万物属性之来源，以万物有得于"道"来解释万物之性能何以有之。在此，我们重点分析后者。诚如王中江所言，道与物的关系，不管是道与具体的自然之物，还是道与广义的万事万物的关系，都是用"得"和"得之"对其进行说明。① 就此篇而言，"天地"亦是处于"道"之下而有得于"道"的事物之一，故"天地"作为万物当中的最大者有得于"道"且内化为自身的性能而有"德"。由此观之，《黄帝四经》在这一点上乃是承袭于老子之万物有得于"道"的"物德"思想。在这个基础上，君王可以取法于"天地之德"而具备对待百姓之功德。

故"德"除有老、庄及《管子》之"道"对万物的生养恩德的"物德"义外，还可于"天—地—人"之"三才结构"内表示天地对万物之生养功德。不同于老、庄的是，此"三才结构"在黄老道家的思想中并非隶属于"道"与万物的体系中，而是隶属于天地。以此为依据，《黄帝四经》遂在宇宙观的视域下将"德"作为天地大自然的一种性能而置于"道"与万物体系之外的"三才结构"中。

综上所述，老子之德具有承上启下的开创性，他在继承前道家时期"德"观念的同时又开辟出新的意域，在整体上奠定了道家之德的基本属性。经由庄子和黄老学派的继续发展，道家之德的理论维度不断充实，思

---

① 王中江. 出土文献与先秦自然宇宙观重审[J]. 中国社会科学，2013（5）：67—85，205—206.

想内涵不断丰富。庄子之德重在关注个人生命价值如何解悟的路径，其所指者乃在于天下所有人。黄老之德则是偏重"德"如何为君王所用，其所指者主要是作为最高统治者的圣王。如果说黄老之德体现其君王德政的诉求（老子之德亦有此偏向），庄子之德则主要是对众生德性的期待。

统言之，儒家将君王之德转变为众人之常德，将"德"从特殊性中解放而出并纳入普遍性之中。道家之德虽在出发点上与儒家承继周邦之"德"不同，乃是基于反思与批判周邦之"德"而分别关注个人心性之德与圣王政治功业之德。但从儒道两家"德"之思想的宗旨来看，二者皆是为了救世安民，可以说是殊途同归。刘劭即是在这个前提下集儒道之所长，以儒道之"德"为基础，展开其对于理想人格之"德"的论述。

## 第三节　先秦两汉儒道理想人格的 "德""性"思想的影响

在先秦两汉儒道理想人格之情、才、德思想的影响下，刘劭亦将"德"作为衡量理想人格的一大范畴。

"德"字在《人物志》中共有55处呈现，其义较多，共记为七种。具体言之，首先是指决定人之个性的五行之本性，即木、金、水、土、火之"五德"。人之禀性因其五行各异而各有不同，人由此分为偏材、兼材与兼德。圣人兼备"五德"之品性，圣人所具之"德"即为德性之美德义。再者，"九征皆至"（《人物志·九征》）的纯粹之德即是在人之内在德性上的表现，此"德"为德行之美德义。德行之美德亦有善行义，如"克明俊德""圣人兴德"（《人物志·自序》）之"德"，即为善行义。从行为角度讲，"德"有行为、行为规律义，如"信有险德"（《人物志·释争》）、"制礼乐则考六艺祗庸之德"（《人物志·自序》）等。最后，"德声伦于古人"（《人物志·释争》）、"德容之动，颙颙卬卬"（《人物志·九征》）之"德"为有道德、德行美好义。其中，决定人之个性的五行之本性之"德"义，是刘劭理想人格之"德"的基础，由此出发，又以德性与德行之美德义为要。在这个意义上说，刘劭所言之"德"包含于"性"中，是人为人之本性的

第三章　先秦两汉儒道理想人格的"德"与"性"

一大组成部分，人之德性与人之情性、才性共同构成人之本性。

从先秦两汉儒道两家德性思想的分析中可以看出，"修己安人"及"成己成物"之仁德是儒家的终极关怀，"退而省其私"（《论语·为政》）的反思结果即是于"克制"一己之私中感悟生命的意义；"亦足以发"（《论语·为政》）则是在严格遵守血缘家族伦理、政治社会伦理之"仁"与"礼"的过程中承担责任，完成义务，实现人生的价值。但是，儒家的这种仁德体系在汉末之乱世中收效甚微。相较于家族或者整个社会来说，士人更加关注的是如何安身立命。自我意识与个人观念在此背景下开始觉醒，德、才观念开始出现变化。

诚如前文所言，"材"在刘劭处于先天的意义上言人所禀赋的才能、资质时，人所禀之弘毅、文理、贞固、勇敢、通微五种品质，亦是人所具之才能，因具某一种才能品质，拥有某一种德性，而成为某一种人才；当"材"为人才义时，亦是因为人之所有的德、才比例不同而具"兼德""兼材""偏材"中的某种才能、资质，进而成为"兼德""兼材""偏材"。故从这两方面含义出发，刘劭理想人格之"德""材"思想便有"以才定德"与"德才兼顾"的双重维度。

**一、刘劭"以才定德"的"德""材"思想**

刘劭曰："智者，德之帅也。"（《人物志·八观》）刘昞注曰："非智不成德。"（《人物志·八观》注）刘劭认为，"智"是在道德中起主导作用的部分，是仁、义、礼、信"四德"之统帅。刘昞继而认为，没有"智"则不能成"德"。于此而言，才智较之德行而言更为重要，"以才定德"之义亦已充斥其中。论其源头，则要从其"九征"之阴阳五行说谈起。

《九征》有云："若量其材质，稽诸五物，五物之征亦各著于厥体矣。"刘劭认为，以木、金、水、火、土之"五物"对照衡量人之才能与资质，"五物"之特征便会显著地存在于其身。刘昞对此举例曰："筋勇色青，血勇色赤，中动外形，岂可匿也。"（《人物志·九征》注）筋脉之勇会显示青色，血脉之勇会显示红色，诚如"青筋暴露""血脉偾张"之青、红，人之内在心理、情感等质素的变动会有其对应的外部表现，这是不可隐藏的。

## 先秦两汉儒道理想人格之情、才、德思想研究

所以，刘劭将五行与人体对应，形成"五质"；又"五质恒性"（《人物志·九征》），故可称其为仁、礼、信、义、智之"五常"；"五常"有别，是为"五德"。

"五质"即弘毅、文理、贞固、勇敢、通微五者，抱负远大意志坚强是"仁"的资质，气色清爽声音明亮是"礼"的根本，守持正道坚定不移是"信"的根基，内心精诚勇敢有力是"义"的前提，通晓事物洞察细微是"智"的本源。进而推之，温柔而直率，驯良而果断，是"木"的德性；刚强而充实，志大而坚毅，是"金"的德性；朴实而恭敬，干练而谨慎，是"水"的德性；宽厚而严肃，柔顺而坚定，是"土"的德性；简约而畅达，明察而直言，是"火"的德性。是以，因"五物"与人之"五体"相对而有"五质"，"五质"恒定不变又有"五常"，"五常"存有差别形成"五德"。刘劭继而说："虽体变无穷，犹依乎五质。"（《人物志·九征》）刘昞注曰："人情万化不可胜极，寻常竟源，常在于五。"（《人物志·九征》注）是故人情千变万化不可穷尽，"五常"则是恒常不变品质之根源，虽然人之性情德行变化无穷，但其变化仍以木、金、水、火、土之"五物"的品质为依据，遵循五行之规律。故可言之为"五质"是"五德"产生的基础，换言之，人因具有"五质"之一，而拥有五种德性中与自身之质对应之"德"，而成为某一种人才。概言之，即"以才定德"，此乃刘劭之"德""材"思想的第一重维度。

需要注意的是，刘劭虽然言及"以才定德"，但其"以才定德"并不等于说刘劭之才、德思想就是才重于德。事实上，刘劭之"德""材"乃为二者并重且"因循"实情而变化的关系，即刘劭之"德""材"思想的第二重维度——"德才兼顾"。

### 二、刘劭"德才兼顾"的"德""材"思想

按照人才之"德""材"比例的"三度"不同，刘劭将人才分为三大类。刘劭曰：

> 三度不同，其德异称。故偏至之材，以材自名。兼材之人，以德为目。兼德之人，更为美号。是故兼德而至，谓之中庸。中庸也者，

## 第三章　先秦两汉儒道理想人格的"德"与"性"

圣人之目也。具体而微，谓之德行。德行也者，大雅之称也。一至谓之偏材。偏材，小雅之质也。一征谓之依似。依似，乱德之类也。一至一违，谓之间杂。间杂，无恒之人也。无恒、依似，皆风人末流。末流之质，不可胜论，是以略而不概也。（《人物志·九征》）

"三度"，即偏材、兼材、兼德三种人才"德""材"比例的不同程度。刘劭认为，因偏材、兼材、兼德三种人才"德""材"比例的程度不同，故对他们品德的称呼亦不同。刘昞注曰："偏材荷一至之名，兼材居德仪之目，兼德体中庸之度"（《人物志·九征》注），即偏材承担着一至的名声，兼材有德仪兼备之称，兼德则体现中庸的气度。具言之，偏材之人以某一方面的才能命名，兼材之人以其所具有的美德行为称呼，兼德之人兼具各种美德且达到极高的程度即为中庸。其中，根据兼材所具有的品德定其称呼，亦即用兼材所具备的仁、义、礼、智四种品德的比重取其较多者为其称呼。若总体上各种品德都已具备而发展程度不高，则称之为德行。此外，还有九征中只具备一征之德性紊乱的依似者，以及只在某些方面有才在其他方面无德之无恒常德行的间杂者，此二者"略而不概"（《人物志·九征》）。概言之，即以人所具之"德""材"比例的程度定其"名"。

虽定其"名"，然体变无常，如何辨别人才是否名副其实便成为刘劭思考的问题之一，故其提出"八观"之鉴识法。刘劭之"八观"前文已有详尽论述，于此不再赘述，但其"八观"之法的基础乃是人才之"五常"与"五德"。"五常"之仁、礼、信、义、智，与"五德"之"温直而挠毅""简畅而明砭""宽栗而柔立""刚塞而弘毅""愿恭而理敬"（《人物志·九征》），即为现实生活之独立个体的人应该拥有的五种最基本的品格和德行，故"五常"与"五德"可合并为"仁德""礼德""信德""义德"与"智德"。刘劭之"八观"即从人才之"仁德""礼德""信德""义德"与"智德"出发，故可说其内在逻辑实为"以德观人"。

刘劭首先提出通过观察人之质性的正反两面之博弈以辨明"五常"中的"仁德"，即"观其夺救，以明间杂"（《人物志·八观》）的主张。在仁爱之心与仁义之行中，刘劭认为仅有仁爱之心、在他人需要帮助之时却不施以援手的人并非真正具有"仁德"者；在严肃与刚正的问题上，刘劭强

### 先秦两汉儒道理想人格之情、才、德思想研究

调了人的复杂多变。在他看来，一些人在道义问题上表现得刚正不阿，但一旦涉及个人私利，却胆怯退缩。这种行为是贪婪悖理者之德性的体现，与"仁德"相去甚远，甚至会因其强硬果断而招惹灾祸。因此，需要有鉴别能力的人来对人才的复杂质性进行识别，以判断其是否真正具备"仁德"。

"观其感变，以审常度"（《人物志·八观》）之法较之于前者来说更为具体，在通过观察人之情性中的具体变化来探究人性。也就是说，通过品鉴一个人的言辞，以判断其是否具备德性；通过观察其应变能力，以判断其是否具备智慧。倘若人才外显之情状异于常态，那么必然存有某些不同寻常的原因，这种情状变化是不能进行掩饰的。是以，欲了解人才的基本性情，就需要观察其言谈举止和应对能力，探究其内心变化与外在情状之间的关系。具言之，在观察人才之德性时，"论显扬正，白也。不善言应，玄也。经纬玄白，通也"（《人物志·八观》），论点凸显，宣扬正道，即是明白；不善言辞而心中了然，即是玄默；明辨对错而洞察黑白，即是通达事理，"礼德"之根本即在于此。在观察人才之智慧时，"先识未然，圣也；追思玄事，睿也；见事过人，明也；以明为晦，智也；微忽必识，妙也；美妙不昧，疏也；测之益深，实也"（《人物志·八观》），可高瞻远瞩地预知未来，是因其智慧过人；可深入思考玄虑哲理，是因其内在聪慧；见机行事之能非同一般，是因其洞察力过人；内藏聪明而不外露，是因其大智若愚；可明辨微小事理，是因其思想深奥；善于发现各种美德，是因其通达疏朗；经过检验愈觉其思想深奥，是因其蕴含富实。故当人才表现出智似圣贤、通达聪慧、才智显达、聪明机智、洞察秋毫、心胸宽广、内涵富实其中之状时，此人即为有"智慧"之人，亦即有"智德"之人。

"观其志质，以知其名"（《人物志·八观》）则如前文所言，旨在辨明偏材是否名副其实。刘劭认为，偏材如果拥有两种德性，那么这两种德性就会相互作用生发而可助其拥有美好的名声。例如，"仁德"与"礼德"相辅相成，可彰显其恭敬爱人之美誉；"义德"与"礼德"相互融合，可展现其英勇奋进之美誉；"义德"与"智德"相互促进，可成就其大智大勇之美誉；"智德""仁德""义德"及"信德"兼备，则可令人信任而承担重任。故刘劭认为通过观察人才所具之德性，可辨其"名"。

## 第三章　先秦两汉儒道理想人格的"德"与"性"

然"观其志质"（《人物志·八观》）可能会因人才外显之质性、行为而产生谬误，故刘劭提出"观其所由，以辨依似"（《人物志·八观》）之法，警示世人应通过人才外显之表象探知其真实之德性。刘劭对此以提出他人过失时人才的不同目的进行说明：秉持正直者，其动机源于善良，品德恶劣之人的动机则出于恶意，同时，亦有借正义之名行攻击之实者。尽管三者皆以揭示他人过失为目的，但其行为呈现的德性特质却各异。因此在选拔人才时，应对真正具备德行者与似是而非或似非而是者之间的差异进行鉴别。鉴别的关键即在于对"偏激"与"依似"二者进行区分，以判断其隐藏于表面现象之后的真实德性。

"观其爱敬，以知通塞"（《人物志·八观》）则是从仁爱与礼敬之间的关系出发，推测人才处世之情状。刘劭认为，通过观察一个人的"爱敬"，可以知其"通塞"。在刘劭看来，"爱敬"即是人之所以为人之德性的根本。"爱敬"既包含了"仁德"，也包含了"礼德"，在二者之中，"仁德"则更为重要。仁爱在人际关系中的作用也更为恒久有效，原因在于：礼敬之情状往往使人际关系变得严肃拘谨，甚至让人彼此敬而远之，这种紧张的关系不利于人们的长期相处，相较之下，仁爱则能够使人与人之间关系变得亲厚，这种平和而可控的关系有助于人们实现长期的合作。"仁德"与"礼德"又相辅相成。总的来说，为确保人际交互往来之顺畅，"仁爱"之情应多于"礼敬"，以避免因氛围过于严肃而阻碍人与人之间的互动。

为保证人情之上下通达，刘劭提出在使用"观其爱敬，以知通塞"（《人物志·八观》）之法时，还应在施以"仁爱"与"礼敬"的过程中注意他人之性情变化，即"观其情机，以辨恕惑"（《人物志·八观》）。刘劭认为，人的性情变化的关键点有六处，即抒情则喜，克己则怨，自夸招厌，自贬受迎，触短引恨，揭短招妒。这六种人性情变化产生的根源，在于常人皆喜欢站在高处俯视他人。君子之所以不同于常人，就是因为君子在人际交往的过程中，即便遭受不公也能保持宽容，宽以待人便可处处展现尊敬与谦让的德、情，从而免受他人嫉妒。小人则难以领悟此中之精髓。故在刘劭看来，通过对性情变化的关键点进行观察，便可大致了解一个人的心志贤良与否，进而区分君子与小人，以采用不同的应对策略。

### 先秦两汉儒道理想人格之情、才、德思想研究

诚所谓圣人难寻,而偏材常见。偏材之人,既有长处亦有其短处,故应"观其所短,以知所长"(《人物志·八观》),对其在德性上的要求不应过于苛刻。例如,正直者通常坦诚直言,直言不讳乃正直之体现。因此,欣赏正直者便需包容他的坦诚直言;刚强者必然严苛,不具备严苛之质者则无法成为刚强之人,故欣赏刚强者就要包容其严苛。同理,欣赏温和柔顺者就要对其懦弱之处予以包容,欣赏耿介廉洁者就要对其拘谨给予宽恕。简言之,在欣赏各类人才之德质时,需包容其在具体表现中暴露的不足,这种不足正是其内在德质的外在显现。所以,通过观察人才在日常生活中的不足,便可洞察其德性中的长处。

对于"智德",刘劭在"观其聪明,以知所达"(《人物志·八观》)之法中予以集中论述。刘劭认为,对于人才之德性来说,仁,是基础;义,是原则;礼,是文采;信,是支柱;智,是统帅。刘劭继而认为,

> 是故别而论之,各自独行,则仁为胜。合而俱用,则明为将。故以明将仁,则无不怀。以明将义,则无不胜。以明将理,则无不通。然则苟无聪明,无以能遂。(《人物志·八观》)

此意是说,当仁、义、礼、智、信五种美德独立发挥作用时,"仁"的意义最为重要;当五种美德综合发挥作用时,"智"则处于统帅地位。以明智引领仁爱,各方顺服;以明智统御正义,战必胜矣;以明智探寻事理,万事通达。故若无聪明智慧,则万事难成。可见刘劭对于"智"的重视,同时,"智"也是对"观其所短,以知所长"(《人物志·八观》)之法的补充,"智"可帮助鉴识者更好地鉴别偏材之德性。是故,在众人之仁、义、礼、智、信的德性持平时,能够通权达变之"明智之极明"(《人物志·八观》)者是为圣人。通过品鉴其在仁、义、礼、信等德性基础上展现出来的聪明才智的程度,便可以判断出偏材所处的层次。

总言之,刘劭之"八观"观察的主要是偏材之人所具有的德性,偶有对兼材与兼德者的论说。按照刘劭的说法,在政治生活层面,臣子多为偏材者,兼材之人为少数,而君主则应是兼德者。故从德性角度看,刘劭将其分为"臣德"与"主德"。

## 第三章　先秦两汉儒道理想人格的"德"与"性"

### 三、刘劭"君臣二分"的"德""材"思想

刘劭认为,"兼德之人"(《人物志·九征》),为中庸之才,可以为君;"偏杂之材"(《人物志·九征》),则只可为臣。人之为臣或为君,乃是由于天赋的禀性,是因禀受于天的"元一""质量"不同。偏材即人由于禀气的差异而形成的各种不同才质者,且"偏材之性不可移转"(《人物志·体别》),是故偏材之情性、才性与德性不可改变。偏材虽可"学以成才",然"虽教之以学,材成而随之以失"(《人物志·体别》),故偏材只可为臣。此乃君与臣之间的先天性差别,因君、臣所禀受"元一"与"质量"的不同,其才质及其职责以及职责所需之德性亦各不相同。

关于为臣之兼材与偏材,刘劭认为,只有国体与器能二者可称为兼材。[①]"国体"为"三材皆备"者,"器能"则为"三材皆微"者。"国体"者,其道德足以匡正天下的歪风邪气,其谋术足以谋划朝廷预先制定的克敌制胜的谋略;"器能"者,其品德足以为一国的表率,制定的制度足以匡正基层社会,其谋术足以应变各种事务。对于为臣之偏材,刘劭曰:

> 夫人材不同,能各有异。有自任之能,有立法使人之能,有消息辩护之能,有德教师人之能,有行事、使人、谴让之能,有司察纠摘之能,有权奇之能,有威猛之能。
>
> 夫能出于材,材不同量。材能既殊,任政亦异。是故自任之能,清节之材也。故在朝也,则冢宰之任,为国则矫直之政。立法之能,治家之材也,故在朝也,则司寇之任,为国则公正之政。计策之能,术家之材也。故在朝也,则三孤之任,为国则变化之政。人事之能,

---

① 刘劭在《流业》篇中按德、法、术三个维度将人才分为清节家、法家与术家;国体与器能;臧否、智意、伎俩、儒学、文章、辩给与骁雄三个层面,此内容前文已有论述。但其中问题在于,"清节家"在《流业》篇中是"德行高妙,容止可法"的师氏之才,亦是"偏材";而在《材能》篇中却是冢宰之才,冢宰之才在《流业》篇中是"三材皆备"之"国体",是为"兼材"。因此《人物志》对于"清节家"的定位存在前后矛盾,且由于无其他辅助史料可参考,故遵循《流业》篇中对"兼材"为"国体""器能"二者的论说,对于"清节家"之兼偏不予讨论。

### 先秦两汉儒道理想人格之情、才、德思想研究

> 智意之材也，故在朝也，则冢宰之佐，为国则谐合之政。行事之能，谴让之材也。故在朝也，则司寇之佐，为国则督责之政。权奇之能，伎俩之材也。故在朝也，则司空之任，为国则艺事之政。司察之能，臧否之材也。故在朝也，则师氏之佐，为国则刻削之政。威猛之能，豪杰之材也。故在朝也，则将帅之任，为国则严厉之政。（《人物志·材能》）

由于人之才质不同，故其能力亦有所别：有修己洁身，自至爵位的能力；有建立法制，让人遵循的能力；有随时消长，与时俱进、周旋应对、出谋划策的能力；有道术深明，洞察明彻，可让人效法的能力；有行事以德，使人以法，责让以术的能力；有督察是非，检举揭发的能力；有错意施巧，奇谲非常的能力；有威严凶猛，震慑敌国的能力。

上述人才之能力，皆是从其自身的才质中产生的，而构成其才质的因素又各不相同。既然人才之才质与能力皆有不同，那么他们担任的官职亦应不同。例如，洁身自好，经常加强自身修养之人，身具"仁德"，是"清节家"之才，若在朝为官，可担任宰相之职，治理国家者，则以矫正邪恶、倡导正直为政策核心；构建法律体系，使民众遵守法纪者，具备"礼德"，成为"法家"之才，若在朝为官，可担任司寇之职，治理国家时定会秉持公正无私之原则；擅长机智权谋、策划奇计妙策之人，具备"智德"，乃"术家"之才，若在朝为官，可担任三孤之职，治理国家时会实行灵活顺势之政策；通晓人情事理，善于理顺人际关系之人，身具"智德"，是"智意"之才，若在朝为官，可辅佐宰相，治理国家则会实行和谐融洽的政策；善于处理各种事务，具有办事能力之人，身具"礼德"较弱，是"谴让"（器能）之才，若在朝为官，可辅佐司寇，治理国家则会实行督察问责、惩治邪恶、赏罚分明的政策；奇思妙想，错意施巧，权变奇特之人，身具"智德"较弱，是"伎俩"之才，若在朝为官，可担任司空之职，治理国家则会实行推崇技艺的政策；督察是非，检举揭发之人，身具"礼德"较弱，是"臧否"之才，若在朝为官，可辅佐师氏，治理国家则会实行严苛且是非分明的政策；威武勇猛，震慑敌国之人，身具"义德"，是"豪杰"之才，若在朝为官，可担任将帅之职，治理国家则会实行严厉果断的政策。

## 第三章　先秦两汉儒道理想人格的"德"与"性"

故曰："凡偏材之人，皆一味之美。故长于办一官，而短于为一国。"（《人物志·材能》）偏材之人皆只有一种好的品质和才能，所以偏材在与之质性相配的职位上能够发挥其所长，但若让其治理整个国家则会显露其短处。诚如刘昞所言，"譬饴以甘为名，酒以苦为实。弓工揉材而有余力，兼掌陶冶器不成矣"（《人物志·材能》注）。这就好比糖以其甘甜为名，酒以苦烈为实质；制弓的工匠处理木材游刃有余，若让其同时掌管陶器冶炼就不能做成一样。是以人才之才能各有不同，用其执政便会有得有失，即"人材不同，故政有得失"（《人物志·材能》）是也。具言之：

> 王化之政宜于统大，以之治小则迂。辨护之政宜于治烦，以之治易则无易。策术之政宜于治难，以之治平则无奇。矫抗之政，宜于治侈，以之治弊则残。谐和之政宜于治新，以之治旧则虚。公刻之政宜于纠奸，以之治边则失众。威猛之政宜于讨乱，以之治善则暴。伎俩之政宜于治富，以之治贫则劳而下困。故量能授官，不可不审也。（《人物志·材能》）

"凡此之能，皆偏材之人也。"（《人物志·材能》）刘劭认为，具有以上几种才能的人，皆为偏至之材，因其所具之德性有偏，故在根据人才之才能授予官职时，不能不加以审慎对待。原因在于：治理国家大政，必须因时制宜，选用适合的人才。王道教化之士，能够统领国家大事，但若用其处理琐碎小事，则显得不知变通，不切实际；智谋权术之士，能够治理纷乱局面，但若用其治理安定时期，则缺乏创新精神；权术谋略之士，能够治理危难局势，但若用其治理常态时期，则难以出现奇效；矫枉修正之士，能够纠正奢侈浪费之风，但若用其治理民俗之弊，则会使百姓遭受压迫；和谐政策之士，能够治理新建立之局面，但若用其治理旧有之局面，则会显得空洞无力；公正苛刻之士，能辨狡诈诡谲之徒，但若用其掌管边陲之境，则会导致人民畏法而逃；威严勇武之士，能镇压叛乱之地，但若用其治理良善之民，则会对百姓施以暴政；崇尚技艺之士，能够掌控富饶之地，但若用其治理贫穷之土，则会徒增人民困苦。一言以蔽之，"故或能言而不能行，或能行而不能言"（《人物志·材能》），这几类人才有的会说却不会做，有的能做却不会说，是为与"国体"最大的区别。"国体之人，

## 先秦两汉儒道理想人格之情、才、德思想研究

能言能行,故为众材之隽也"(《人物志·材能》),兼具多种才质的栋梁之才,"能言能行",因此成为众才中的佼佼者。

故此,刘劭认为,为臣者应"以一味协五味"(《人物志·材能》)。"人君之能,异于此"(《人物志·材能》),君主的情、才、德则与臣不同。刘劭曰:

> 臣以自任为能,君以用人为能。臣以能言为能,君以能听为能。臣以能行为能,君以能赏罚为能。(《人物志·材能》)

如果臣子以修养自身,自至爵位为能力,国君则以善于任用人才为能力;如果臣子以能够进善言妙计为能力,国君则以多方面听取众臣进言为能力;如果臣子以善于实践自己的诺言为能力,国君则以公正地赏功罚罪为能力。故曰:"所能不同,故能君众材也。"(《人物志·材能》)是故"总达众材"(《人物志·流业》)之为君者应"以无味和五味"(《人物志·材能》)。

刘劭将为臣为君之道比作人生活之味道(酸、甜、苦、辣、咸),为臣者,以一种味道去协调其他四味,其自身含有一种味道,即其自身有一既定才能以及与之对应的职能。臣子之才,有其所长亦必有其短。如果臣子间长处各不同,且短处各有异,则可互相协调而发挥每个人之长处并弥补其短处;反之,如果百官同才,其长处、短处皆相同,虽亦可发挥其共同的长处,但因其短处不能得以弥补或抑制,故而会加重错漏甚至损失。所以,需要为君者对臣子之能进行整合。故为君者应以其无味去调和五味,诸如水之无味而可吸收、容纳五味,是为同理。为君者无味,并不是真正的没有味道,乃是因其质性中含有全味且和谐圆通,平淡无味仅是其外显之状而已。故而,刘劭认为为君者之"主德"在于聪明与平淡。

"主德者,聪明平淡,总达众材,而不以事自任者也"(《人物志·流业》),为君之德在于聪明与平淡,首先,为君者聪明方可识人认人以"总达众材"(《人物志·流业》)。超乎寻常的聪明才智是达到"主德"的一个重要标准,为君者利用其聪明智慧以任人使人进而立其"主道"(《人物志·流业》),后可"君众材"(《人物志·材能》)使"十二材各得其任也"(《人物志·流业》)。其次,为君者在聪明的基础上,还应拥有平淡之德行。老

## 第三章 先秦两汉儒道理想人格的"德"与"性"

子言:"淡乎其无味"(《老子·第三十五章》),"恬淡为上"(《老子·第三十一章》)。王弼注老子之"希言自然"曰:"道之出言,淡兮其无味也。"[1]为君者平淡无味,乃可使"众材得其序"而兴"庶绩之业"(《人物志·自序》)。反之,"若道不平淡与一材同好,则一材处权,而众材失任矣"(《人物志·流业》),如果为君者之德性不平淡,其爱好的只是某一种才质、质性,那么他所重用的便会仅是这一类的人才,这类人才自然会因得势而处于当权地位,其他众多人才就失去了其应获得的职能。故此,为君者只有具有平淡无味的"中和之质"(《人物志·九征》),才能"调成五材"而"变化应节"(《人物志·九征》),进而达之以"主道得而臣道序,官不易方,而太平用成"(《人物志·流业》)之目的。概言之,"以一味协五味""以无味和五味"(《人物志·材能》)之道即"和实生物,同则不继"(《国语·郑语》)之"和"一道,也就是人与人之普遍性与特殊性之辩证统一之道。

"和"于刘劭处即为"中和",刘劭言:"凡人之质量,中和最贵矣。"(《人物志·九征》)"中和",即为人之各种情、才、德之表现的和谐一致。刘劭将"中和"视为人之才质、才能中最为珍贵之质。"中和之质,必平淡无味"(《人物志·九征》),"平淡无味"的"中和之质"与"其质无名"的"中庸之德"(《人物志·体别》)的本质皆在于其中之"无"。故在刘劭的思想中,"中和"与"中庸"之本质相同,可视为同义。总言之,"中和""中庸"与"聪明""平淡"即刘劭所认之理想人格应具有的德性质素。

---

[1] 王弼. 老子道德经注[M]. 楼宇烈,校释. 北京:中华书局,2011:60.

# 第四章　从刘劭看先秦两汉儒道理想人格之情、才、德思想的当代价值

基于"内圣外王"之旨归的先秦两汉儒道理想人格之情、才、德思想，被三国时期魏国的思想家刘劭充分吸收、继承并发展。刘劭在先秦两汉儒道理想人格的情、才、德思想的基础上，取儒家之"智"，弃道家之"弃智"；取道家之"无为"，弃儒家之"有为"，以平淡、无味的中庸、中和为理想质性，提出了他对理想人格之情、才、德的独到见解。

## 第一节　刘劭理想人格的具体内涵

理想人格是刘劭人性思想的最高价值追求，刘劭以质性和才能为基本的人格要素，理想人格则是人格要素各方面最佳整合的显现。从人性要素言，理想人格乃是由质性决定的情性、智性要素均具备，并达到与本体境界合一之状态者。内在质性要素的最佳状态，即情性和智性要素达至平衡和谐，外显而出则为聪明才智。理想人格追求的与本体境界合一之状态，即在于得"道"。概言之，兼具中庸、中和及平淡、聪明，以得"道"为目标，即刘劭的理想人格在情、才、德的维度上固有之质素与信念。

刘劭曰："凡有血气者，莫不含元一以为质，禀阴阳以立性。"（《人物志·九征》）在刘劭看来，"质"来源于"元一"之气，"性"则源于"阴阳"，二者合而称为"质性"。"质"为才质，"性"为属性、禀性，如前文所言，有什么样的才质，便有什么样的属性。同时，根据"凡人之质量"（《人物志·九征》），即"凡人"禀得阴阳之气的多少兼偏，亦可知其才质。

## 第四章　从刘劭看先秦两汉儒道理想人格之情、才、德思想的当代价值

在人之禀赋的质量中，刘劭认为"中和最贵"（《人物志·九征》）。"中和"即使对立的两极实现和谐、适度之统一，从而使事物保持相对稳固、均衡和宁静的状态。实际上，在前文所述的儒道两家的思想中，皆有此义，只是所言之名有所不同而已。具言之，儒家以"中和""中庸""中道"为名，道家则以"平淡""虚静""道"等为名，虽名各有异，但二者作为一种宇宙观、方法论和道德境界的实质是相通的。

> 喜怒哀乐之未发，谓之中；发而皆中节，谓之和。中也者，天下之大本也；和也者，天下之达道也。致中和，天地位焉，万物育焉。（《礼记·中庸》）

孔颖达疏之曰：

> 喜怒哀乐缘事而生，未发之时澹然虚静，心无所虑而当于理，故谓之中，发而皆中节谓之和者，不能虚静，而有喜怒哀乐之情，虽复动，发皆中节限，犹如盐梅相得，性行和谐，故云谓之和。[1]

荀子将"中""和"并用，曰："中和者，听之绳也"（《荀子·王制》）。杨倞注之曰：

> 听，听政也。衡所以知轻重，绳所以辨曲直；言君子用公平中和之道，故能百事无过。中和谓宽猛得中也。[2]

"中和"，即处理政事之准则。宋明理学吸收道家及《易》的思想，并有所发挥，程颐曰：

> 喜怒哀乐之未发，谓之中。中也者，言寂然不动者也，故曰天下之大本。发而皆中节，谓之和。和也者，言感而遂通者也，故曰天下之达道。（《二程集·河南程氏遗书卷第二十五》）

---

[1] 郑玄，注. 孔颖达，疏. 十三经注疏·礼记正义：下册[M]. 龚抗云，整理. 北京：北京大学出版社，1999：1424.

[2] 梁启雄. 荀子简释[M]. 北京：中华书局，1983：101.

## 先秦两汉儒道理想人格之情、才、德思想研究

朱熹则更加明确地说：

> 喜、怒、哀、乐，情也。其未发，则性也，无所偏倚，故谓之中。发皆中节，情之正也，无所乖戾，故谓之和。①

朱熹所言，即把"中"解释为"性"的不偏不倚，把"和"说成是"情"发而中节度，对于二者的关系，朱熹采用波和水的说法，以喻统一物的不同状态。

"中和"于儒家来说，与其同义者，亦有"中庸"一语，并将其视为最高美德。子曰："中庸之为德也，其至矣乎。"（《论语·雍也》）孔子认为执中庸之德之两端，在具体之行为中应以"中"为行，"不得中行而与之，必也狂狷乎"（《论语·子路》），"狂者进取，狷者有所不为也"（《孟子·尽心下》），故应"用其中于民"（《礼记·中庸》）。刘劭之言"揆中庸以戒其材之拘抗"（《人物志·体别》）即为此义。

刘劭在此基础上，对理想人格做出进一步规定。在刘劭看来，"平淡"是质性之中和状态，即"阴阳清和"（《人物志·九征》）。当阴阳清净平和时，阴阳二气所蕴含的生机便得以显现，遂可"中睿外明"（《人物志·九征》），领悟阴阳之精髓而拥有聪明之质。

> 是故观人察质，必先察其平淡，而后求其聪明。聪明者阴阳之精，阴阳清和则中睿外明。（《人物志·九征》）

概言之，刘劭所理解之质性关系即从"元一"之气出发，"元一"有阴阳之别，阴阳之性平衡清和是为情性之平淡，外显为智性之聪明，平淡聪明合二为一，质性中和方可成就中庸之德。故从情、才、德的角度言，刘劭认为"色平而畅者，谓之通微；通微也者，智之原也"（《人物志·九征》），质性中和即人平淡之心境的表现，亦是人之最高德性。平淡之后，还要有聪明，"二者之义，盖阴阳之别也"（《人物志·九征》），平淡与聪明二者如若不能达至平衡清和之境，则会偏于一方，偏于一方者是为偏材。是以，平淡、聪明的阴阳中和之质是理想人格的应具之质。"中庸"则可显

---

① 朱熹. 四书章句集注 [M]. 北京：中华书局，1983：18.

## 第四章　从刘劭看先秦两汉儒道理想人格之情、才、德思想的当代价值

现阴阳两性之智慧，即完满的理想人格应达至内在淳朴与外在聪明之情、才、德合一的境界。

刘劭在论述中庸之德时，由中和之质性推及平淡之质性，以平淡诠释中和，实则已显现援道入儒的倾向。故刘劭以无释中庸，刘劭曰：

> 夫中庸之德，其质无名。故咸而不碱，淡而不𬩽，质而不缦，文而不缋。能威能怀，能辨能讷，变化无方，以达为节。（《人物志·体别》）

"其质无名"中的"无"于一切事物之中存在，并且是作为一种本质和本体而存在着。"无"并非无有，对于宇宙来说，它是宇宙中的对立双方的一种存在状态，为"中和之质"（《人物志·九征》）；对于人来说，"无"是人的一种存在状态，为"中庸之德"（《人物志·体别》）。

中庸之德的本质难以言表，犹如含盐之水虽咸却不涩口而令人生厌，虽淡却不失滋味；又如朴实无华的丝织品，色彩斑斓却不过于炫耀，朴素却并非了无纹饰。具备中庸之质的人，庄重威严，和顺宽容，既能言辞流利地辩论，也能沉默不言，应变无方，始终以通达为要。倘若具有了中庸的最高德性，那么就具有了中睿的大智慧，因此能应对各种变化而无方。"无方"即"万方"，能通达万物并审时识度即"中节"。因此，守"无"则"有"，不守"无"则"失"。"无"在这里亦与"中"相通，"是以抗者过之，而拘者不逮。夫拘抗违中，故善有所章，而理有所失"（《人物志·体别》）。因此，拘、抗皆不能守"中"、守"无"，从而达到平淡的心境。在拘、抗的状态下，智慧皆不能获得全面的显现和发挥，也就无法通达事理、道理而使"理有所失"。至此，刘劭将孔子"不得中行而与之，必也狂狷乎"（《论语·子路》）的行为范式与德性、智性及"道"之本体联结在一起，从而上升到了形上的思辨层面。刘劭举例曰：

> 厉直刚毅，材在矫正，失在激讦。柔顺安恕，每在宽容，失在少决。雄悍杰健，任在胆烈，失在多忌。精良畏慎，善在恭谨，失在多疑。强楷坚劲，用在桢干，失在专固。论辨理绎，能在释结，失在流宕。普博周给，弘在覆裕，失在溷浊。清介廉洁，节在俭固，失在拘局。休动磊落，业在攀跻，失在疏越。沉静机密，精在玄微，失在迟

# 先秦两汉儒道理想人格之情、才、德思想研究

缓。朴露径尽，质在中诚，失在不微。多智韬情，权在谲略，失在依违。（《人物志·体别》）

例如，"厉直刚毅"是一种偏向于阳的质性，表现的是刚强果断的德性特质，但在智性方面则不知适度；"柔顺安恕"是一种偏向于阴的质性，表现的是宽容的德性特质，但在智慧方面则缺乏果敢决断；"雄悍杰健"是一种偏向于阳的质性，表现的是勇猛刚烈的德性特质，但在理智方面则缺乏周密自制；"精良畏慎"是一种偏向于阴的质性，表现的是恭敬慎重的德性特质，但在性情方面则稍显多疑等。总言之，偏颇之质必然会导致偏颇之性，故只能成为偏材。身具平淡、中庸者，则通往"无"之本体，最终与自然之"道"相契合。故刘劭曰："心平志谕，无适无莫，期于得道而已矣。是可与论经世而理物也。"（《人物志·材理》）

在本体论上，儒道有相通之处。在道家本体论中亦可发现儒家"中庸"之意蕴，如"多言数穷，不如守中"（《老子·第五章》）。刘劭中庸之理想人格的形而上之本体就是"道"，刘劭曰：

> 盖人道之极，莫过爱敬。是故《孝经》以爱为至德，以敬为要道。《易》以感为德，以谦为道。《老子》以无为德，以虚为道。《礼》以敬为本，《乐》以爱为主。然则人情之质，有爱敬之诚，则与道德同体，动获人心，而道无不通也。（《人物志·八观》）

刘劭认为，为人之道的根本，莫过于慈爱与礼敬。所以，《孝经》认为慈爱是最崇高的品德，礼敬是最重要的大道；《易经》以刚柔相济、阴阳相爱为品德，以谦虚自持、礼敬他人为要道；《老子》把"无为"作为有德，把"虚无"作为有道；《礼经》以恭敬为根本，《乐经》以慈爱为主导。由此可见，人情的根本特质是发自内心的慈爱与礼敬，如果这种情感与道德融为一体，就常常能够赢得人心，因而万物顺适，道理畅通。故刘劭糅合儒道之思，认为天下之"道"皆是相通的。

天下之"道"之所以相通相连，乃在于"理"之作用。

> 夫建事立义，莫不须理而定。及其论难，鲜能定之。夫何故哉？盖理多品而人异也。夫理多品则难通，人材异则情诡。情诡难通，则

## 第四章　从刘劭看先秦两汉儒道理想人格之情、才、德思想的当代价值

理失而事违也。(《人物志·材理》)

刘劭认为，成就伟大的事业，建立正确的理论，必要依靠某种原理才能确定。但至辩论诘难时，则很少有一种原理能使大家信服。其原因就在于"理多品"，在于事物形成的原理多种多样。故而认识事物就是要找到其中之真理，事物发展变化的规律及其内在联系即事物之"理"。事物之"理"多种多样，刘劭将其分为四类：

若夫天地气化，盈虚损益，道之理也。法制正事，事之理也。礼教宜适，义之理也。人情枢机，情之理也。(《人物志·材理》)

于刘劭处，"理"有"道理""事理""义理""情理"之别。具言之，反映天地变化规律的是"道之理"，反映社会政治制度规律的是"事之理"，反映社会伦理规范的是"义之理"，反映人之质性变化的是"情之理"。其中，"情之理"之"情"是人先天禀赋之"性"在具体人身上的生动表现，由"天地气化，盈虚损益"(《人物志·材理》)之质性而来。

四理不同，其于才也，须明而章，明待质而行。是故质于理合，合而有明，明足见理，理足成家。(《人物志·材理》)

才是智（明）之外显，亦为质性之外显，理即寓于质性之中。换言之，有什么样的质性，就有什么样的智（明），就能通达什么样的理，外显而出，即有什么样的才性。由质性到才行，由性至行，刘劭将其合称为"性行"，"其历众材也，能识性行之常"(《人物志·接识》)。识人、知人，若懂得了"性行"的内在联系、规律，即懂得"性行之常"，就能化难为易。概言之，刘劭此论遵循"天人合一"之思维原则，与孟子之"尽其心者，知其性也。知其性，则知天矣"(《孟子·尽心上》)的心性观相吻合。孟子以"性"连接天与人，刘劭则以"理"连接"才"与"性"，其"理"因而具有形上"本体"之意味。因此，人道相通于天道，宇宙间的万物皆有其固有之"理"，万物之"理"在刘劭看来可分为四类，即情理、义理、事理、道理。"理"与"道"相通，而"道"又通达于万事万物。所以，"理"便是连接"道"与"德"的媒介，并于万物之中贯通。

### 先秦两汉儒道理想人格之情、才、德思想研究

除《八观》外,《释争》作为刘劭对无为自然之道家思想进行专门论说的篇章,其论人之德行即以老子所言之虚无之"道"为本体。刘劭曰:"盖善以不伐为大,贤以自矜为损。"(《人物志·释争》)老子曰:"不自伐,故有功;不自矜,故长。夫唯不争,故天下莫能与之争。"(《老子·第二十二章》)"为学日益,为道日损。损之又损,以至于无为。无为而无不为。"(《老子·第四十八章》)刘劭曰:"是故君子知屈之可以为伸,故含辱而不辞。知卑让之可以胜敌,故下之而不疑。"(《人物志·释争》)老子曰:"古之所谓曲则全者,岂虚言哉!"(《老子·第二十二章》)"善胜敌者不与,善用人者为之下。是谓不争之德,是谓用人之力,是谓配天古之极。"(《老子·第六十八章》)故刘劭《释争》之"不争"最终与老子之虚无之"道"相契合,乃为"配天古之极""纯德自然之所合也"(《人物志·释争》)。

概言之,刘劭推崇的理想人格是具中庸之德的圣人,亦称"兼德"之人。刘劭由儒家的德行入手构建理想人格,以"中行"之人为范式,对质性关系做了进一步的论述,由外及内,选取中庸、中和以及聪明作为人之本质属性在德与智的维度中的最高目标,并将其视为理想人格必备之质素。在此基础上,刘劭进一步探讨理想人格之形上本体,借助"理"之媒介将天、人联系在一起,同时,又以"理"将"道"与"德"相连,从而建构出理想人格之本体。刘劭的思想以儒家思想之中庸的最高道德境界出发,逐渐迈入道家思想之虚无的"道"的本体境界,在一定程度上来说,奠定了魏晋玄学发展的思想基础。因此到王弼时,王弼正式建立了以运用本末、体用、有无之思论"道"、论"德"为核心的玄学本体论。刘劭以"元一"为理想人格之本体建构的起点,虽然留下了明显的汉代探寻本原的宇宙生成论的印记,但随着刘劭将道家的"自然"与"无"以及"道"引入理想人格本体的建构中后,"元一"和"阴阳"便相对成为理想人格的形下质性。因此,刘劭的思想进入抽象思辨的领域。在此基础上,具有平淡、无味的中庸、中和之"兼德"之质并与"道"相通的理想人格于刘劭思想中得以形成。

## 第二节 刘劭理想人格之"圣人"

关于刘劭所认之理想人格,牟宗三认为,"《人物志》顺才性之品鉴,

## 第四章　从刘劭看先秦两汉儒道理想人格之情、才、德思想的当代价值

对于英雄有恰当之理解，对于圣人无恰当相应之理解"①。刘劭之所以言"学不入道，恕不周物，此偏材之益失也"（《人物志·体别》），是因偏材不知如何学而入道，亦不知入道之学何以可能；不知如何恕而周物，亦不知周物之恕何以可能。故刘劭曰："偏材之性不可移转矣。"（《人物志·体别》）刘劭此论是源于其自身之观察，刘劭才质之性与孔子"上智与下愚不移""性相近也，习相远也"（《论语·阳货》），以及宋儒之"气质之性"同义，为生命上之先天、定然之性。因刘劭所言之才质之性为先天、定然之性，不可学且不可转移，故其"德"无所"进"，牟宗三称其为"非理性之必然"②。在牟宗三看来，刘劭所言既无法建立成德之学，故"对于圣人亦不能有恰当之了解"③。牟宗三认为，刘劭之"圣人"是从才性角度而言的，其"中庸""中和"的出发点皆是才质，并非《中庸》之"中庸""中和"的本义。故牟宗三说："圣人自有圣人之天资。然圣人之所以为圣，不只是天资所能尽。圣人是德性人格之目，不是才性人格之目，他的根基是在超越的理性，不在才质或天资。"④

诚然，牟宗三是立足于才质之性言刘劭所论之"圣人"与"英雄"，虽有其合理性，但未免绝对。在刘劭的思想中，理想人格的德性质素主要有中和、中庸与聪明、平淡两重内涵，文中所提之"圣人""英雄"皆有此质。是故，对刘劭的理想人格为"圣人"抑或"英雄"犹有争议。牟宗三所言虽有其合理之处，但仍不足以说明刘劭的理想人格为"英雄"。

实际上，对刘劭的理想人格不应单从中庸、中和的维度去定义。刘劭之"中和"固然是从人之才性质量出发，"凡人之质量，中和最贵矣""中和之质，必平淡无味"（《人物志·九征》）；然其"中庸"则是从"德"的角度论之，"又叹中庸以殊圣人之德"（《人物志·自序》）、"是故兼德而至，谓之中庸"（《人物志·九征》）、"夫中庸之德，其质无名"（《人物志·体别》）。刘劭并非不言"进德""成德"，他理想中的君主之德乃是

---

① 牟宗三. 才性与玄理［M］. 桂林：广西师范大学出版社，2006：51.
② 牟宗三. 才性与玄理［M］. 桂林：广西师范大学出版社，2006：50.
③ 牟宗三. 才性与玄理［M］. 桂林：广西师范大学出版社，2006：51.
④ 牟宗三. 才性与玄理［M］. 桂林：广西师范大学出版社，2006：50.

### 先秦两汉儒道理想人格之情、才、德思想研究

"无味"之德，换言之，即希望君主能够成就"无味"之德。只是对于偏材者而言，刘劭认为其性不可转，因其性不可转而其德不可进。刘劭"叹中庸"，是慨叹拥有中庸之德者罕有，是出自惋惜与希冀的嗟叹。可见，刘劭对于德行高深、"兼德而至"之圣人的渴望。故此，刘劭以"中行"为模型，又取平淡与聪明，将其极致之情、才、德列为理想人格之要素，并在此基础上，援道入儒，将"理"与天人、道德相连，上溯至"无""道"之形上本体，最终完成理想人格之本体建构。这也就是说，从"元一""阴阳"出发，经由儒家之"中和""中庸"的最高道德境界，最后发展至道家之"无""道"的虚无本体境界，为刘劭理想人格的发展路径。牟宗三所言，忽略了"中庸"之"德"的属性，以及其中"无""道"之虚无本体义。

具言之，刘劭对于"圣人"的论说如下：

> 夫圣贤之所美，莫美乎聪明；聪明之所贵，莫贵乎知人。（《人物志·自序》）

> 是以圣人著爻象，则立君子小人之辞。叙诗志，则别风俗雅正之业。制礼乐，则考六艺祗庸之德。躬南面，则援俊逸辅相之材。皆所以达众善而成天功也。（《人物志·自序》）

> 圣人兴德，孰不劳聪明于求人，获安逸于任使者哉！（《人物志·自序》）

> 又叹中庸以殊圣人之德。（《人物志·自序》）

> 情性之理，甚微而玄，非圣人之察，其孰能究之哉？（《人物志·九征》）

> 聪明者，阴阳之精。阴阳清和，则中睿外明。圣人淳耀，能兼二美，知微知章。自非圣人，莫能两遂。（《人物志·九征》）

> 是故兼德而至，谓之中庸。中庸也者，圣人之目也。（《人物志·九征》）

> 等德而齐，达者称圣。圣之为称，明智之极名也。（《人物志·八观》）

> 圣人者，众尤之尤也。（《人物志·七缪》）

> 盖善以不伐为大，贤以自矜为损。是故舜让于德，而显义登闻。

## 第四章　从刘劭看先秦两汉儒道理想人格之情、才、德思想的当代价值

汤降不迟，而圣敬日跻。（《人物志·释争》）

概言之，于刘劭言，"圣人"者，"聪明""知人"，"兼德""中庸"而平淡无为。

刘劭首先用"聪明""知人"界定"圣人"，并非没有依据。《国语·楚语》言：

> 民之精爽不携贰者，而又能齐肃衷正，其智能上下比义，其圣能光远宣朗，其明能光照之，其聪能听彻之。（《楚语·观射父论绝地天通》）

此句之义在于，人民中精神专注不二而且又能恭敬中正的人，他们的智慧能使天地上下各得其宜，他们的圣明能光芒远射，他们的目光明亮能洞察一切，他们的听觉灵敏能通达四方。简言之，"圣"与"聪""明"在《国语》中即有联结。《说文解字》亦有此证，"聖，通也。从耳，呈声"[1]，即耳聪目明，博闻多识者为圣，圣人就是要"闻声知情"[2]，就是要通过对所听闻的具体事物进行分析，揭示事物之本质，从而明察事理。

因圣人"聪明""知人"并明察事理，故圣人可以制作卦象爻辞，确立君子小人的不同标准。根据各地不同民情风俗叙述《诗经》的内容，并说明其对王政教化事业的意义。制定礼乐教育，形成以敬而有常的美德为核心的礼、乐、射、驭、书、数之"六艺"系统。南面称王，就能够选拔才能出众辅佐君王的人才。这些都是为了发挥众才之长，成就历史赋予之"天功"，即伟大功业。刘劭以尧、舜、汤、文王为例，

> 尧以克明俊德为称，舜以登庸二八为功，汤以拔有莘之贤为名，文以举渭滨之叟为贵。（《人物志·自序》）

尧因明察贤德之人而受到称赞，舜因举用"八元""八恺"之杰出人才而成就功业，商汤因提拔重用伊尹而闻名于世，周文王因重用姜尚而完成

---

[1] 许慎. 说文解字[M]. 北京：中华书局，1963：250.
[2] 顾颉刚. "圣"、"贤"观念和字义的演变[M]//中国哲学编辑部. 中国哲学：第一辑. 北京：生活·读书·新知三联书店，1979：86.

## 先秦两汉儒道理想人格之情、才、德思想研究

帝业。是故圣人功业的兴盛,皆在于用其明智聪察求取人才,将国家重任交给这些人才以获安逸,即"孰不劳聪明于求人,获安逸于任使者哉"(《人物志·自序》)。换言之,刘劭所认之"圣人",亦承继内圣外王之道,"得道"以"内圣","治世"而"外王"。"得道"即身具极高的情、才、德之内在修养,"治世"即于外在事功有所成就。故此,刘劭之"政治哲学、人物流品和设官分职的思想,都是以圣人为前提的"[1]。

在刘劭看来,圣人的主要任务是知人善任、垂拱而治,而非插手具体事务。故圣人可"著爻象""叙诗志""制礼乐""躬南面""以达众善而成天功"(《人物志·自序》),亦即圣人是为"通材"者。只有圣人为"通材"者,才可总领众才,"达众善而成天功"。圣人虽为"通材",但并不意味着他们对所有事务都能游刃有余,而是旨在强调圣人能够兼容并蓄,有海纳百川之质性,且不拘泥于特定才能的展现,因其不对某一项具体才能偏好,故而可使身具具体才能之人才为其所用而成以"天功"。

故圣人之德以中庸、中和与聪明、平淡质素为贵。同时,圣人兼有"爱敬"之情。刘劭承继孟子"爱人者,人恒爱之;敬人者,人恒敬之"(《孟子·离娄下》)的观点,认为发自内心的慈爱和礼敬是人情之根本特征。

> 然则人情之质,有爱敬之诚,则与道德同体,动获人心,而道无不通也。然爱不可少于敬。少于敬,则廉节者归之,而众人不与。爱多于敬,则虽廉节者不悦,而爱接者死之。何则?敬之为道也,严而相离,其势难久。爱之为道也,情亲意厚,深而感物。(《人物志·八观》)

"爱""敬"缺一不可,然若论其重要性,则"爱"比"敬"更为重要。是以,慈爱不能少于礼敬,如果"爱"少于"敬",虽清廉有节操者会归顺,但一般人则不会顺从;"爱"多于"敬",虽然清廉有节操者会不喜,但热爱交友的义士则愿意前来为其效力而死。原因在于,礼敬作为一种为人之道,因其严厉而使彼此之间产生距离,这种情况决定了双方难以长久相处。慈爱作为一种为人之道,情深义厚,因而能感动人心。然而,无论

---

[1] 刘泽华.中国古代政治思想史[M].天津:南开大学出版社,1992:409.

## 第四章　从刘劭看先秦两汉儒道理想人格之情、才、德思想的当代价值

是"爱"还是"敬",皆需身拥真挚的情感才能最终获得成功。故圣人深知"爱""敬"之道,身体"爱""敬"而依中庸、平淡行之以成"内圣"。

圣人"达众善而成天功"(《人物志·自序》),发挥众才所长而成就功业。与此有异曲同工之妙的,还有君主。

> 人君之能,异于此。故臣以自任为能,君以用人为能。臣以能言为能,君以能听为能。臣以能行为能,君以能赏罚为能。所能不同,故能君众材也。(《人物志·材能》)

据此而言,君主有善于任用人才的能力,有多方面听取臣下进言的能力,有公正地赏功罚罪的能力,君主以此能力掌握并任用众多人才。故"君无为而臣有事""平淡无味,以任众能"(《人物志·材能》刘昞注),此即刘劭所谓"一国之政,以无味和五味"(《人物志·材能》)之义。可见,在刘劭看来,理想之君主即应仿效圣人所为,甚至是说理想的君主应为圣人,有圣人之中庸、中和与平淡、聪明之质素。简言之,君主与圣人有所重合,圣人之"外王",即通过"以无味和五味"之理想君主呈现而出。

诚如刘昞所言:"中庸之德其至矣乎!人鲜久矣,唯圣人能之也。"(《人物志·自序》注)中庸作为最高之德行,常人很少能够拥有,只有圣人能够达到。圣人之所以被称为理想人格,亦有此因。理想之所以为理想,即在于其中条件之苛刻,难以达到,其德又引人追求与向往,故而为理想。圣人在现实社会生活中渺无影踪,几不可见,刘劭亦深知此点。故而刘劭建立了一个常人可循其踪迹,感其情、才、德,可感可见的真实之"圣人"模型,抑或说是现实生活中的理想人格模型,此即刘劭所言之"英雄"。

值得注意的是,"英雄"一词并非刘劭首创。先秦时期,英雄二字并未合并,英、雄分别使用而各有其义。西汉末年,班彪、方望分别在《王命论》与《辞谢隗嚣书》首次将英、雄搭配使用,遂成"英雄"一词。"东汉晚期,出现桥玄等品评曹操为拨乱反正'英雄'的重要文化现象,至汉末三国时代,'英雄'一词被广泛使用。"[①]虽然在三国时期"英雄"成为一种

---

① 刘志伟. 中国古典"英雄"概念的起源 [J]. 中州学刊,2012 (2):184—188.

## 先秦两汉儒道理想人格之情、才、德思想研究

具有时代性的理想人格，并且王粲专门对英雄事迹加以整理并著成《英雄记》，但遗憾的是，他们都没有对"英雄"的含义及其人格特点加以阐释、说明。相较于前者，刘劭《英雄》一章详细阐述了"英雄"的含义与人格特点，并将"英雄"与现实君主对应，成为现实生活中的理想人格。

刘劭认为，"英雄"是"英"与"雄"的结合。何谓"英""雄"？刘劭曰："聪明秀出谓之英，胆力过人谓之雄。"（《人物志·英雄》）具有远见卓识、特别聪明的人称为"英"，胆力超群者称为"雄"。换言之，"英雄"由"聪""明""胆""力"四种质素组成，"聪"与"明"属于"英"的构成质素，"胆"与"力"属于"雄"的构成质素。

> 夫聪明者英之分也，不得雄之胆，则说不行。胆力者雄之分也，不得英之智，则事不立。是故英以其聪谋始，以其明见机，待雄之胆行之。雄以其力服众，以其勇排难，待英之智成之。然后乃能各济其所长也。（《人物志·英雄》）

在刘劭看来，要成为英才，除需"聪""明"外，还需有"雄"之"胆"；要成为雄才，除需"胆""力"外，还需有"英"之"智"。英才必须依靠自身之聪明进行谋划以掌握先机，预先纳祥避祸，并要依靠"雄"之胆略决断实现其主张；雄才必须以其"胆""力"使众人佩服，以其勇气排除诸种困难，并通过"英"之智慧而成就功业。故此，"英"与"雄"二者在构成质素间相互交叉、相互配合、相辅相成，必须密切配合才能充分发挥各自之长处，如果有"雄"无"英"或有"英"无"雄"，皆不能成就其功业，但英才和雄才可以各有偏重。

刘劭进而强调曰：

> 体分不同，以多为目，故英雄异名。然皆偏至之材，人臣之任也。故英可以为相，雄可以为将。若一人之身兼有英雄，则能长世，高祖、项羽是也。
>
> 然英之分以多于雄，而英不可以少也。英分少，则智者去之。故项羽气力盖世，明能合变，而不能听采奇异，有一范增不用，是以陈平之徒皆亡归。高祖英分多，故群雄服之，英材归之，两得其用，故

## 第四章　从刘劭看先秦两汉儒道理想人格之情、才、德思想的当代价值

> 高祖能吞秦破楚，宅有天下。然则英雄多少，能自胜之数也。徒英而不雄，则雄材不服也。徒雄而不英，则智者不归往也。故雄能得雄，不能得英；英能得英，不能得雄。故一人之身，兼有英雄，乃能役英与雄。故能成大业也。（《人物志·英雄》）

刘劭指出，当人先天拥有的"英"分与"雄"分的比重不均衡时，则应以占比较多的一方对其命名。故英才含有"智"的成分，以文才为名；雄才含有"胆"的成分，以武略为名。英才可担任宰相之职，雄才可担任将帅之职，二者虽然名目不同，但其本质皆属于偏材，都是人臣之才质。只有兼具英才与雄才者，才能开创新事业，永世长存。

之所以"一人之身，兼有英雄"（《人物志·英雄》）乃可"长世"，是因为如果仅有英才而无雄才，则雄才不会信服；仅有雄才而无英才，则英才不会信服。故雄才可以招纳雄才，但难得英才；英才可以招揽英才，却难得雄才。所以，理想的君主必须兼具英才与雄才，才能够招纳驾驭英才与雄才，也只有能够统率英才与雄才的"英雄"，才可成就大业而"长世"。

"英雄"身兼英才与雄才，譬如刘邦与项羽，但具体而言，刘、项二者身具"英""雄"之比重却有所不同。刘劭通过分析二者之事迹，认为英才较之于雄才而言，更为重要。项羽虽然具备英才与雄才，可"英"分相对较少，故其骄傲自大、自以为是，不能广泛采纳意见，非但不重用谋士范增，甚至使手下的陈平等英才纷纷转而投奔刘邦。因此，项羽虽然能在三年之内威服秦国诸侯，却憾其不能持久，仅维持五年便亡国以自刎乌江而终。同属身兼英才与雄才之人，相较于项羽，刘邦之"英"分则较多。刘邦曾自论成功之原因，曰：

> 夫运筹策帷帐之中，决胜于千里之外，吾不如子房。镇国家，抚百姓，给馈饷，不绝粮道，吾不如萧何。连百万之军，战必胜，攻必取，吾不如韩信。此三者，皆人杰也，吾能用之，此吾所以取天下也。项羽有一范增而不能用，此其所以为我擒也。（《史记·高祖本纪》）

由此可见，刘邦不但得韩信等雄才之信服，就连张良、萧何、陈平等英才亦归顺于他，刘邦因此终吞秦破楚而一统天下。

故"英雄"者，文韬武略，智勇兼备，运筹帷幄，决胜千里；"英雄"者，兼具英才与雄才，因"英""雄"兼备故能将英才之人与雄才之人收于麾下而成就大业。刘劭在此处实际上是将"英雄"与"圣人"进行了区分，"英雄"并不完全等同于"圣人"。如果说"圣人"是刘劭所认之理想人格，是遥不可及甚至虚幻的，那么"英雄"则是处于现实之中，也是刘劭在提倡君主无为的大背景下内心期望的君主可以拥有的质性。相较于"圣人"，"英雄"更加真实。"英雄"人格的提出，亦是刘劭秉承"因循"之原则，对儒道思想进行的发展与转化，使其理想人格真正地回归于现实，成就现实生活中的理想人格。

概言之，刘劭的理想人格思想在承继内圣外王的过程中，内含儒家中庸、中和之"中"，以其聪明而守中、时中以体道家"无""道"之平淡、无为，秉承"因循"达至"无所不为"之"通"而成就功业。

## 第三节　刘劭理想人格的实现及其当代价值

刘劭所崇尚的理想人格要求五德兼备、阴阳调和，情性达至"平淡"境界，才性呈现聪明之极致，进而将中庸、中和之德性内在于己身，遂可"及道"而"周物"。在这一理想人格模式中，刘劭将两个具有时代特征的价值准则，即将精神达到至高境界而与"道"合一之自然平淡的形上准则，以及积极入世而建立功业之对社会有益的形下尺度融入其中。

根据理想人格之两大价值标准，刘劭提出两条人格培养之人性修养与施展才能的路径，即"学以成才"与"进德不止"。

大多学者根据刘劭"学不入道，恕不周物"（《人物志·体别》）之语，认为刘劭的思想属于"先验论"或"命定论"，只具有政治荐举人才的实用价值或分别人物类型的鉴赏价值，而无人性的修养价值。其实不然。

刘劭继承老子"为学日益，为道日损"（《老子·第四十八章》）的修养方法，肯定了求学之路与求道之路为截然相反的两条路径的观点。在此基础上，刘劭认为，学习有助于常人之成才，然君主之质性的缺陷若未经"进德"之道的矫正，反而会愈加远离理想人格追求的形上本体之"道"，

## 第四章　从刘劭看先秦两汉儒道理想人格之情、才、德思想的当代价值

即"学不入道"。具言之，刘劭认为：

> 夫学所以成材也，恕所以推情也。偏材之性，不可移转矣。虽教之以学，材成而随之以失。虽训之以恕，推情各从其心。信者逆信，诈者逆诈，故学不入道，恕不周物。此偏材之益失也。（《人物志·体别》）

在刘劭看来，学习可以使人成才，推己及人则可以了解人之常情。偏材之性的禀赋有所偏故不能改变。所以，虽然同样传授知识，但通过学习而成才，偏材的禀性反而会发展为缺点；虽然用宽恕之理作为内容对其进行教诲，但推己及人仍离不开人之个体心性。诚实的人推想他人也是诚实，诡诈的人猜测他人亦是诡诈。因此，偏材即使进行学习也不能把握"道"，亦不能通达一切事物而推己及人，偏材的缺点遂更加明显。

从人之质性之偏颇的角度出发，刘劭认为儒家倡导的恕己之道以及推己及人的内省方法，可能会因个体质性的偏颇而导致认知与行为方面的缺失。刘劭进而提出"进德"是培养理想人格、修养"性"的最根本的方法，在这个意义上，刘劭认为理想人格的精神境界修养应以本体层面的中庸之道为依据。故刘劭曰：

> 盖人业之流，各有利害。夫清节之业，著于仪容，发于德行。未用而章，其道顺而有化。故其未达也，为众人之所进，既达也，为上下之所敬。其功足以激浊扬清，师范僚友。其为业也无弊而常显。故为世之所贵。（《人物志·利害》）

在刘劭看来，一般情况下，各类偏材的事业，既有成功之处，亦有相应的弊端。清节家的事业由于根植于道德品行，并表现在举止仪表上，所以在他们未被重用时便已显现，即通过高尚的道德感化民众。故在未能显贵之时，就被众人称道；在显贵之后，又可获上级与下级的尊敬。清节家完全可以激荡污浊，称扬清明，成为同僚学习的榜样。这样的事业没有弊端，经常显贵，所以为世人所尊崇。简言之，刘劭以"清节之业"为首，认为唯此业"无弊而常显"，表明在德性与功业之间，刘劭仍重德性，当德性修养达至一定境界而与"道"相合时，功业自然有成。故此，刘劭主张君主应"进德不止"，以成就理想人格。

## 先秦两汉儒道理想人格之情、才、德思想研究

刘劭曰:"及其进德之日,不止揆中庸以戒其材之拘抗。"(《人物志·体别》)进德,即道德修养,亦即人性的修养,是向理想人格境界迈进的途径。常人在禀赋天性上往往不完满,人的质性故而有所偏失。因人之质性存在偏颇,是以易失至和之理。既然"善有所章,而理有所失"(《人物志·体别》),那么君主就应完善自身的不足之处,以中庸之道为准则而持续地修养以"进德",进而不断趋近"道"之境界。刘劭虽然极为重视中庸之道,并作为纲要对其展开论述,但在刘劭处,中庸已不全然是儒家之义,而是融入了道家之平淡、无为的"道"之境界。正是在这一意义上,刘劭所言之"进德"的方式不再是努力的"益"德,"进德"的关键实则在于"戒"和"损"。刘劭的这一"进德"方式与老子"为学日益,为道日损。损之又损,以至于无为"(《老子·第四十八章》)的为"道"方式具有一致性。故理解了老子之"道""无"思想的根本宗旨,也就能体悟刘劭所言"进德"之真谛。

从"戒"而言,刘劭认为应以中庸为标准去努力地戒除质性上的偏颇,以使自身之质性达到阴阳平衡的状态而接近平淡、无味的中庸、中和境界。阴阳平衡就是阴阳不偏至,也就是稳定、平淡,只有不偏、稳定、平淡,才能充分地将内在蕴含的睿智外显而出。为达到"戒偏材之失"(《人物志·自序》)的目的,刘劭用12个"戒"字对12种偏材之优劣进行阐释,以为"进德"明确"戒"的方向。除前段提及之"揆中庸以戒其材之拘抗"(《人物志·体别》)外,刘劭所言之12"戒"分别为:

> 强毅之人,狠刚不和,不戒其强之搪突,而以顺为挠,厉其抗。
> 柔顺之人,缓心宽断,不戒其事之不摄,而以抗为刿,安其舒。
> 雄悍之人,气奋勇决,不戒其勇之毁跌,而以顺为恒,竭其势。
> 惧慎之人,畏患多忌,不戒其懦于为义,而以勇为狎,增其疑。
> 凌楷之人,秉意劲特,不戒其情之固护,而以辨为伪,强其专。
> 辨博之人,论理赡给,不戒其辞之泛滥,而以楷为系,遂其流。
> 弘普之人,意爱周洽,不戒其交之溷杂,而以介为狷,广其浊。
> 狷介之人,砭清激浊,不戒其道之隘狭,而以普为秽,益其拘。
> 休动之人,志慕超越,不戒其意之大猥,而以静为滞,果其锐。

### 第四章　从刘劭看先秦两汉儒道理想人格之情、才、德思想的当代价值

> 沉静之人，道思回复，不戒其静之迟后，而以动为疏，美其懦。
> 朴露之人，中疑实硌，不戒其实之野直，而以谲为诞，露其诚。
> 韬谲之人，原度取容，不戒其术之离正，而以尽为愚，贵其虚。
> （《人物志·体别》）

强毅、柔顺、雄悍、惧慎、凌楷、辨博、弘普、狷介、休动、沉静、朴露、韬谲之12才，皆因禀性有偏而导致其只能为"偏材"。为此，由偏至全的途径即为戒除强毅、柔顺、雄悍、惧慎、凌楷、辨博、弘普、狷介、休动、沉静、朴露、韬谲质性中唐突、寡断、莽撞、懦弱、固执、恣肆不羁、交游混杂、狭隘清高、强烈意志、迟缓滞后、粗鲁直率、脱离正道之一面，否则便会愈加偏颇而难以达到中庸的境界。

刘劭之"进德"的理想人格的修养途径，试图通过对君主禀赋的质性加以调整，以达到质性的阴阳平衡，使其成为平淡、无味的中庸、中和之人，若不然，当阴盛阳衰或阳盛阴衰时，智慧便不能得以发挥作用，即会出现"以性犯明，各有得失"（《人物志·材理》）的情况。所以，刘劭认为，只有达到"阴阳清和"（《人物志·九征》）的境界，方可"中睿外明"（《人物志·九征》），从而使自身之智慧发挥而出。故刘劭曰："心平志谕，无适无莫，期于得道而已矣。"（《人物志·材理》）

在刘劭看来，通达于"道"的前提在于是否拥有智慧，拥有智慧就能够超越常人，达到理想人格的德性之最高的中庸境界，即可与"道"相近相通。刘劭曰："道也者，回复变通。""道思玄远，然后乃周"。"以明将理，则无不通。"（《人物志·八观》）深奥的"道"，变化回环，放之四海而皆准，一旦掌握"道"，掌握根本规律，便可无所不及。故以明智探求事理，则万事无不通达。具言之，刘劭根据掌握"道"之程度的不同，将人格之境界分为三个层次，曰：

> 何谓三等？大无功而自矜，一等。有功而伐之，二等。功大而不伐，三等。愚而好胜，一等。贤而尚人，二等。贤而能让，三等。缓己急人，一等。急己急人，二等。急己宽人，三等。凡此数者，皆道之奇，物之变也。三变而后得之，故人莫能远也。夫惟知道通变者，然后能处之。（《人物志·释争》）

**先秦两汉儒道理想人格之情、才、德思想研究**

下等者，没有功劳而自恃有功，愚蠢而好胜，宽以律己，严以待人；中等者，虽有功劳而骄傲自满，贤明但盛气凌人，律己待人皆以严为要；上等者，功勋卓著而不自夸，贤明而谦让，严以律己，宽以待人。其中，建立功业并有仁与智者，属于人格的最高层次。建立功业并有仁与智，亦是理想人格的重要标准，是常人难以达到的圣人理想人格的境界。刘劭认为，人格的三个等级都是事物发展变化的规律，但只有体悟"道"的内涵并通权达变者才能达到独行于上等的境地。故而只有依靠智慧以体"道"，通晓天地之道，深明变化之理的圣人，才能立于上等境界。"是以越俗乘高，独行于三等之上。"（《人物志·释争》）

从"损"而言，刘劭主张以老子之"无为"的修养方式"自损"，即以无为而无不为的方式通往求胜之路。刘劭认为，最高的境界是有功业亦有不自伐自矜的仁与智，即老子所言"道"化生万物之"玄德"境界。刘劭曰：

> 物势之反，乃君子所谓道也。是故君子知屈之可以为伸，故含辱而不辞。知卑让之可以胜敌，故下之而不疑。及其终极，乃转祸而为福，屈仇而为友。使怨仇不延于后嗣，而美名宣于无穷。君子之道岂不裕乎！（《人物志·释争》）

在刘劭看来，"蔺相如以回车决胜于廉颇，寇恂以不斗取贤于贾复"（《人物志·释争》）的原因，在于其遵循道家"反者道之动"（《老子·第四十章》）之"道"的原则，以及儒家"君子无所争"（《论语·八佾》）、"其行己也恭"（《论语·公冶长》）之无争、谦恭立身行己的道德原则，故而深谙"谦下""忍让""恭顺"等忍辱负重之不争之道而制胜。

实际上，老子之无为，最终是成就无所不为，"为无为，则无不治"（《老子·第三章》）；庄子之无为，是将人完全回归于自然。黄老道家继之而对老庄的无为思想进行了深化和拓展。黄老道家强调的是因循事物的发展规律，遵循"道"的原则，顺应时势，把握事物的时机和尺度，实现有为与无为的完美融合，进而达到至高境界。圣人的不争与无为，即"道"的谦逊与功勋卓越却不自恃的品格的体现。不争意味着无私无欲，无为则表现为能为但不妄为，不违反自然规律而为。圣人并非真正的不争与无为，而是以仁德治理天下以争天下之和谐，同时顺应自然规律，因势利导而为，

## 第四章　从刘劭看先秦两汉儒道理想人格之情、才、德思想的当代价值

实乃有为与无为之有机结合。刘劭之"释争"与老子之"无为"同理，皆非真正的不争与无为，而是在"因循"之道下，顺势而为，无为而无不为，不争而有为，不争以制胜。刘劭曰：

> 是故孟之反以不伐，获圣人之誉。管叔以辞赏，受嘉重之赐。夫岂诡遇以求之哉？乃纯德自然之所合也。彼君子知自损之为益，故功一而美二。（《人物志·释争》）

孟子因不自夸而得圣人赞誉，管仲、鲍叔因推辞赏赐而获嘉美厚重之表扬，乃是其纯正的道德内部自然而发而又与上述争让变化（"三等"）的道理相吻合的结果。君子就是懂得自我谦损终会获得益处的道理，所以其一分的劳动可以获得二分的美誉。由此可见，其"损"的目的并非真正与世无争，而是在于使收益加倍而"有为"。

故此，君子谦让、不争是为"求胜"。

> 是故君子之求胜也，以推让为利锐，以自修为棚橹，静则闭嘿泯之玄门，动则由恭顺之通路。是以战胜而争不形，故服而怨不构。（《人物志·释争》）

君子求胜的方法，是以推辞谦让为利刃锐器，以自我修养为防御的城楼和盾牌，静止时闭口不言、凝神静思，行动时遵循恭顺谦敬的通达之道，所以取胜而未形成争斗，敌人降服而未构成仇怨。此即君子所求胜而无怨之道。故"君子诚能睹争途之名险，独乘高于玄路，则光晖焕而日新，德声伦于古人矣"（《人物志·释争》）。

从根本上说，刘劭所言君主"进德"的修养理想人格的路径之主旨，在于求"中"。通过"进德"，发挥君主之聪明以至中庸、中和、平淡、无为之"中"的境界，"及道"而"周物"，释争以求胜，内圣而外王。故"进德不止"的根本在于"中"，"中"即为与"道"合一、自然平淡之最高精神境界，秉承"中"之道而入世，即可成就"外王"。然何以为"中"？"时中""守中"是也。"时中""守中"而达之以"通"，是为刘劭理想人格思想之旨归。

"中"之意，应追溯至孔子。孔子继承、发挥殷周时期"尚中"的观念，

## 先秦两汉儒道理想人格之情、才、德思想研究

由"仁"出发而提出"中庸"之思想，经子思发挥而成为"中和"。诚所谓"致广大而尽精微，极高明而道中庸"（《礼记·中庸》），中庸之道作为儒家哲学最重要的意涵，其义如朱熹所言，"以其不偏不倚，故谓之'中'，以其不差异可常行，故谓之'庸'"①。按罗国杰所言，"此'中'却是'时中'、'执中'之'中'"②，故行中庸之方便在于"执中"与"时中"。

《中庸》认为，"中"是世界之本原，"中也者，天下之大本也"（《礼记·中庸》）。在这个意义上说，儒家的"中"相当于道家之"道"。故作为世界本原的"中"，即可解释为"元一"之"中和之气"③，亦即一种客观精神，是所谓天道天理天德。故程颐释中庸曰："中者，天下之正道，庸者，天下之定理"④，"中庸"即为天下之正道、定理。

在儒家看来，中庸作为天下之正道、定理，其内容主要有"诚""善""仁""德"等。孔子曰：

> 诚者，天之道也；诚之者，人之道也。诚者，不勉而中，不思而得，从容中道，圣人也。诚之者，择善而固执之者也。（《礼记·中庸》）

"诚"是天道天德，依天道，努力做到"诚"，就是人道人德。要成就"诚"，就必须选择至善的道德，坚守不渝以达至真诚之境。简言之，即要依"仁"而行。依"仁"而行以"修己安人"。"'修己'是修养和完善自己，'安人'是使人与人之间相安和睦，'安人'也正是行'仁道'的表现。"⑤

在孔子的思想中，"仁"是一种"爱人"的德性，是一种同情心，抑或说是"仁心"。只有拥有这样的"仁心"，人才能"能好人，能恶人"（《论语·里仁》），乃至能"杀身以成仁"（《论语·卫灵公》）。在孔子处，"克己"是培育"仁心"的重要途径之一，"克己"即对自身的不纯正、不符合

---

① 朱熹. 朱子语类：第二册［M］. 黎靖德，编. 王星贤，点校. 北京：中华书局，1986：568.
② 罗国杰. 中国传统道德［M］. 北京：中国人民大学出版社，1995：28.
③ 参见牟宗三. 心体与性体［M］. 台北：联经出版事业有限公司，2003：219.
④ 朱熹. 四书章句集注［M］. 北京：中华书局，1983：17.
⑤ 魏书胜. 中国古代哲学的道、理、术［M］. 长春：吉林人民出版社，2012：102.

## 第四章　从刘劭看先秦两汉儒道理想人格之情、才、德思想的当代价值

"仁"之准则的思维与行为予以约束或克制，从而达到"仁"之境界。克制不合乎"仁"之原则的思想和言行的标准，即当下政权的一整套政治制度、礼节仪式和道德规范，亦是以"礼"为标准，故孔子言"克己复礼"（《论语·颜渊》）。"克己复礼"是达之以"仁"的一种手段，对于人而言，一切行为都符合"礼"，其思想与境界便可达至"仁"。

关于为仁之方法，孔子曰："能近取譬，可谓仁之方也"（《论语·雍也》）。朱熹注曰："譬，喻也，方，术也。近取诸身，以己所欲，譬之他人，知其所欲，亦尤是也。"① 冯友兰释曰："能近取譬，指的便是以己为喻，推己及人，包括忠和恕两个方面。"② 概言之，"能近取譬"强调的是通过近似的情境或经验来理解和践行"仁"，就是要从自身出发由近及远地类推至每一个人，即以己身为标准而在实践"仁"的过程中推己及人。从内涵上讲，"能近取譬"包括"忠"和"恕"两个方面。

以"能近取譬"之"忠""恕"践行"仁"道，以"克己复礼"达之以"仁"的根本，即在于中庸。孔子认为，能以中庸处世，其近仁矣！故曰："君子惠而不费，劳而不怨，欲而不贪，泰而不骄，威而不猛"（《论语·尧曰》），"君子矜而不争，群而不党"（《论语·卫灵公》），"质胜文则野，文胜质则史，文质彬彬，然后君子"（《论语·雍也》）。"'君子'追求的是'文质彬彬'，'文质彬彬'正是'中庸'的体现。"③ 君子之所以为君子，就在于君子"文质适中"且"执两用中"。

孔子在评价舜时曾说：

> 舜其大知也与！舜好问而好察迩言，隐恶而扬善，执其两端，用其中于民，其斯以为舜乎！（《礼记·中庸》）

孔子将尧舜视为最完美的君王、最理想的君主，或者可以说是孔子心目中最接近圣人的人物。换言之，恰如其分地发挥好"中"之意涵以"执中"，或可成为圣人。发挥持守中道之大智，把握"中"之内涵，"人人皆

---

① 朱熹. 四书章句集注 [M]. 北京：中华书局，1983：92.
② 冯友兰. 中国哲学史新编 [M]. 北京：人民出版社，2007：82.
③ 魏书胜. 中国古代哲学的道、理、术 [M]. 长春：吉林人民出版社，2012：106.

### 先秦两汉儒道理想人格之情、才、德思想研究

可成尧舜"。

"执中"的智慧亦在于不走极端，恰到好处。故孔子在与子贡交谈时，"子贡问：'师与商也孰贤？'子曰：'师也过，商也不及。'曰：'然则师愈欤？'子曰：'过犹不及。'"（《论语·先进》）诚如朱熹所言："中庸者，不偏不倚，无过不及，而平常之理，乃天命所当然，精微之极致也。"[①]"过犹不及"即为儒家中庸之道最基本的原则。"中立而不倚，强哉矫"（《礼记·中庸》），孔子认为，君子秉承中庸之道，保持自身之独立性且不偏不倚，方能彰显真正之强大。孔子这一"执中"思想后被子思阐发而发展为"时中"。

在儒家思想中，中庸之道的核心在于"过犹不及"，这一观念体现在"执中"与"时中"两个方面。所谓"执中"，强调的是在静态中坚守善德，追求恰到好处的"中"之道而避免过度或不足。从动态的角度看，"时中"强调的则是即使处于不断变化的环境之中，亦能遵循"中"道的原则而因时制宜地保持恰到好处的行事准则。换言之，"时中"之道即因时因地制宜地执守中道，随条件变化而变化。从这个意义上讲，"时中"之道与黄老道家之"因循"义有相同之处。

《礼记·中庸》有云："君子中庸也，君子而时中。""时中"，实际上就是要随时处中，时时执中，这与孔子的"执中"思想在实质上是一致的。这里的"中"除有"过犹不及"等含义外，如朱熹所言，"然中庸之中，实兼中和之义"[②]，"中庸"被子思赋予了"中和"之意涵。具言之，子思乃是在人之性情、天道及人道的维度中阐释"中和"之义。《中庸》曰：

> 喜怒哀乐之未发谓之中，发而皆中节谓之和。中也者，天下之大本也，和也者，天下之达道也。致中和，天地位焉，万物育焉。（《礼记·中庸》）

人的情感未曾显露时，人之内心保持虚静、平和、无偏无倚的本真自然之状态（天赋人性），此之谓"中"；当情感得以表露，且与"中"之道

---

① 朱熹. 四书章句集注 [M]. 北京：中华书局，1983：18—19.
② 朱熹. 四书章句集注 [M]. 北京：中华书局，1983：19.

## 第四章　从刘劭看先秦两汉儒道理想人格之情、才、德思想的当代价值

相合时，情感便达到了"中正"之境，此之谓"和"。"中"代表着自然、未发的自在状态，为世间人事万物之根源。"和"则为因时制宜地运用"中"而呈现的一种合宜状态，是合乎于"中"之道者需要遵循的人道物理。此时，"中"为天下一切道理的最大根本之所在，"和"乃天下人人皆走的道路，"中和"便是儒家奉行的人之为人的最高准则，也就是人之为人应该行的"道"。能够达以"中和"之境，则天地万物各得其位而生生不息，这种境界即君子一生之所求。君子追求"中和"的方式便是"时中"。

子曰："可与立，未可与权。"（《论语·子罕》）孔子认为，在坚守"仁"之道的同时，亦要通权达变，"中"之道需要在通权达变之中贯彻而行。故孟子举例曰：

> 嫂溺不援，是豺狼也。男女授受不亲，礼也；嫂溺，援之以手者，权也。（《孟子·离娄上》）

"执中无权"会"举一而废百"（《孟子·尽心上》），不足取之也。故君子行"中"道应如荀子所言，

> 与时屈伸，柔从若蒲苇，非慑怯也；刚强猛毅，靡所不信，非骄暴也。以义变应，知当曲直故也。（《荀子·不苟》）

君子之行为举动，或柔或刚，或屈或伸，或左或右，皆需依义理之道，顺应环境之变，以适应当下之时。故君子身具德行，且能"处中"①。

> 君子尊德性而道问学，致广大而尽精微，极高明而道中庸，温故而知新，敦厚以崇礼。（《礼记·中庸》）

"极高明而道中庸"是儒家内圣外王之道的最高境界，也是刘劭追求的境界之一。刘劭曰："凡人之质量，中和最贵矣。"（《人物志·九征》）

孔子认为"过"或"不及"都不是中庸之道的内在意涵，"过犹不及"

---

① 朱熹曰："君子之所以为中庸者，以其有君子之德，而又能随时以处中也。小人之所以反中庸者，以其有小人之心，而又无所忌惮也。盖中无定体，随时而生，是乃平常之理也。"（朱熹. 四书章句集注［M］. 北京：中华书局，1983：19.）

## 先秦两汉儒道理想人格之情、才、德思想研究

(《论语·先进》)。因此，孔子提倡"中行"，即依"和而不同""同而不比""文质彬彬"之"执中"而行。子思将不偏之中与不易之庸发展为"中和"，"中"为道之体，"和"为道之用，在"执中"的基础上加以权变，万事万物按"时中"之道各安其规、各守其律便可各随其性而生生不息。此行"中"之道于道家言，则为"守中"。

如同前文所言，从刘劭"中和之质，必平淡无味"(《人物志·九征》)一语中可以看出，刘劭所云之"中和"并不是全然儒家意义上的"中和"，而是将"中和"解释为平淡、无味，其实质与"中庸之德，其质无名"(《人物志·体别》)之以"无名"释中庸一致，乃是以平淡、无味释"中和"，二者之重点皆在于一"无"字，其中显然已含道家之意。因此，刘劭所言之"中"除蕴含儒家"执中""时中"思想之外，还蕴含着道家之"中"即"守中"义。

老子曰：

> 天地不仁，以万物为刍狗；圣人不仁，以百姓为刍狗。天地之间，其犹橐籥乎？虚而不屈，动而愈出。多言数穷，不如守中。(《老子·五章》)

陈鼓应释曰："天地无所偏爱，任凭万物自然生长；圣人无所偏爱，任凭百姓自己发展。天地之间，岂不像个风箱吗？空虚但不会枯竭，发动起来生生不息。政令烦苛反而加速败亡，不如持守虚静。"[①] 可以说，"天地不仁""圣人不仁"是老子"多言数穷，不如守中"之结论的前提。"天地不仁"，故"道生万物"，万物皆取法于"道"且生而平等，无先天尊卑贵贱之别；"圣人不仁"，故"道常无为"，遂无为而治，不妄自扰民，任由民众自由地进行生产生活。故"守中"即"不仁""不实""不动""不言"，其要旨即在于坚持"自然""道"而"虚静""无为"。

"虚静"乃老子"无为"思想中一重要意涵，其中，"静"意指宁静、清静与安静。在老子的"守中"思想中，静与动相对，虚与实相对，有静

---

① 陈鼓应. 老子今注今译 [M]. 北京：商务印书馆，2009：96.

## 第四章　从刘劭看先秦两汉儒道理想人格之情、才、德思想的当代价值

方能有动，有虚方能致实。因此，只有秉承无为而行才能获得虚静之状态。在老子看来，"静"之内涵在于"归根"之"复命"，若无"静"之"常"，万事万物之积累与发展便无从谈起。老子曰：

> 致虚极，守静笃。万物并作，吾以观复。夫物芸芸，各复归其根。归根曰静，是谓复命。复命曰常，知常曰明，不知常，妄作凶。知常容，容乃公，公乃王，王乃天，天乃道，道乃久，没身不殆（《老子·第十六章》）

生死兴衰为生命之基本定律，亦为自然之根本法则。树木虽高耸，其叶仍然归根。在老子处，生命之消亡为其发展之必然过程，死亡乃是回归至生命之本源，亦是复归于"道"的原始状态，即老子所言的道体生命初始之"寂兮寥兮"（《老子·第二十五章》）的寂静之状。万物衰亡而复归于"道"后，万物之生命遂开启新的循环。因此，死亡不但不是生命之终点，反而是生命循环发展之起点。故老子主张"复归于婴儿"（《老子·第二十八章》），返璞归真。

尽管虚实与动静分别代表着事物状态的两个极端，然老子所言之"守中"强调的是"虚"而非"实"，是"静"而非"动"。当事物处于虚静的状态时，便可称之为"中"，即为"无为"，即为"自然"。老子继而曰：

> 道常无为而无不为，侯王若能守之，万物将自化。化而欲作，吾将镇之以无名之朴。无名之朴，夫亦将无欲。不欲以静，天下将自定。（《老子·第三十七章》）

范应元云："虚静恬淡，'无为'也。天、地、人、物得之以运行生育者，无不为也。"[①] "无为"乃是为了"无不为"，所谓"反者，道之动"（《老子·第四十章》），"无为"表面上是对"为"的否定，但其实质是否定是较低层次的"为"而成就较高层次的"为"。故老子所倡导的"无为"乃是一种状态与方法，而非结局或目标。"静""朴"以及"无欲"为"无

---

① 范应元. 老子道德经古本集注[M]. 黄曙辉，点校. 上海：华东师范大学出版社，2010：65.

### 先秦两汉儒道理想人格之情、才、德思想研究

为"之内涵,唯有达到"静"方能趋近于"朴"与"无欲"而至于"无为"境界。诚如前文所言,"无为"并非毫不作为,面对万事万物之变化万千,与其造作妄为,不如抱持清虚,与"道"同体,静待时变,以达到"无不为"的境界。同理,老子之言"守中"为"不仁""不实""不动""不言"的目的,乃是通过"不仁""不实""不动""不言"而达至"仁""实""言""动",亦即为天地"无为而治"之"和"。

诚如河上公所注:"道匿名藏誉,其用在中。"①"除情去欲,守中和,是谓知道要之门户也。"②"守中"以至"和","万物负阴而抱阳,冲气以为和"(《老子·第四十二章》),"中"为方式、手段,"和"乃最终目的。王通《中说》之主旨是为讲"中和",即"天下之危,与天下安之;天下之失,与天下正之。千变万化,吾常守中焉"③,实乃强调以"守中"而应变。"彼是莫得其偶,谓之道枢。枢始得其环中,以应无穷"(《庄子·齐物论》)则是庄子对"守中"思想的阐发。诚如蒋锡昌所言:"此'中'乃老子自谓其中正之道,即'无为'之道也。三十七章'道常无为而无不为,侯王若能守之,万物将自化。''守之'即'守道',亦即此文'守中'。'多言数穷,不如守中'言人君'有为'则速穷,不如守清静之道为愈也。"④简言之,"守中",即为守中正之道,于道家而言,守中正之道即是守无为之道、守自然之性。

从"自然之性"的角度言,儒道之"中"的旨归皆在于"以中致和"。老子之"守中",强调的是在观察事物之发展变化时,应始终保持中立态度,全面地审视事物之正反两个方面的因素,如"知白守黑,知荣守辱,知雄守雌"(《老子·第二十八章》)、刚柔、强弱、有无、不足与有余等相反相成,老子强调"反者,道之动"(《老子·第四十章》)。孔子之"尊五美,屏四恶"(《论语·尧曰》)、"叩其两端而竭焉"(《论语·子罕》)与之同理。

儒家提倡"过犹不及"(《论语·先进》),道家则主张"物壮则老"

---

① 老子. 老子 [M]. 王弼,注. 刘思禾,校点. 上海:上海古籍出版社,2013:9.
② 老子. 老子 [M]. 王弼,注. 刘思禾,校点. 上海:上海古籍出版社,2013:2.
③ 王通. 中说 [M]. 马天祥,译注. 北京:中华书局,2020:138.
④ 蒋锡昌. 老子校诂 [M]. 成都:成都古籍书店,1988:37.

## 第四章　从刘劭看先秦两汉儒道理想人格之情、才、德思想的当代价值

(《老子·第三十章》)，二者皆反对极端而倡导持守"中"之道。老子提倡知足寡欲而反对过度奢靡，"圣人去甚，去奢，去泰"(《老子·第二十九章》)；老子认为柔弱为上而恃强为下，"兵强则不胜，木强则兵。强大处下，柔弱处上"(《老子·第七十六章》)。在老子看来，"天之道，损有余而补不足"(《老子·第二章》)就是一种恰如其分的"中"的状态。

儒家和道家均强调把握时机，因时制宜，顺应时势和环境而灵活变通地持守"中"之道。老子认为圣人应效法水之德，"利万物而不争"(《老子·第八章》)，具言之，老子曰：

> 居善地，心善渊，与善仁，言善信，正善治，事善能，动善时。夫唯不争，故无尤。(《老子·第八章》)

孔子则主张据时藏用，提倡"天下有道则见，无道则隐"(《论语·泰伯》)、"用之则行，舍之则藏"(《论语·述而》)。可见，孔、老都已认识到"天时"之"时"对于"中"而言的重要性，故皆强调依"时"而行以确保自身始终处于"中"之状态进而达到"和"的境界。换言之，孔、老皆希望人与社会能够在"时"之变中秉承"中"之道而"以中致和"，进而抵达一种"和而不同"的"和谐"境界。这种"和而不同"的境界追求，亦是儒家"时中"与道家"守中"之"中"在本质上具有的"通"性之体现。

这种"通"性亦对魏晋时期理想人格的塑造产生了影响，故儒家之"时中"与道家之"守中"之"中"的"通"性与刘劭所言之"通"呈现出一致性。刘劭的理想人格，"中"为其根本，故其修养方式即为源于儒道两家的"时中"与"守中"。秉承"因循"之道，"时中""守中"而达到内圣外王之"通"，是为刘劭理想人格思想之旨归。

在刘劭的思想中，"通"有如下呈现：

> 又叹中庸以殊圣人之德。尚德以劝庶几之论，训六蔽以戒偏材之失，思狂狷以通拘抗之材，疾悾悾而无信，以明为似之难保。(《人物志·自序》)

> 色平而畅者谓之通微，通微也者，智之原也。(《人物志·九征》)

> 狷介之人，砭清激浊。不戒其道之隘狭，而以普为秽，益其拘。

177

是故可与守节，难以变通。(《人物志·体别》)

思通道化，策谋奇妙，是谓术家，范蠡、张良是也。(《人物志·流业》)

夫理多品则难通，人材异则情诡。情诡难通，则理失而事违也。(《人物志·材理》)

夫理有四部，明有四家，情有九偏，流有七似，说有三失，难有六构，通有八能。

是故质性平淡，思心玄微，能通自然，道理之家也。(《人物志·材理》)

抗厉之人，不能回挠。论法直，则括处而公正；说变通，则否戾而不入。(《人物志·材理》)

有慕通口解，似悦而不怿者。有因胜情失，穷而称妙，跌则掎蹠，实求两解，似理不可屈者。(《人物志·材理》)

理胜者，正白黑以广论，释微妙而通之。(《人物志·材理》)

兼此八者，然后乃能通于天下之理，通于天下之理，则能通人矣。(《人物志·材理》)

通材之人，既兼此八材，行之以道。与通人言，则同解而心喻。与众人言，则察色而顺性。(《人物志·材理》)

术家之业，出于聪明，待于谋得而章。其道先微而后著，精而且玄。其未达也，为众人之所不识。其用也，为明主之所珍。其功足以运筹通变。其退也，藏于隐微。其为业也，奇而希用。故或沉微而不章。(《人物志·利害》)

伎俩之人以邀功为度，故能识进趣之功，而不通道德之化。(《人物志·接识》)

五曰观其爱敬，以知通塞。(《人物志·八观》)

经纬玄白，通也。(《人物志·八观》)

纯宕似流，不能通道。依宕似通，行傲过节。故曰：直者亦讦，讦者亦讦，其讦则同，其所以为讦则异。通者亦宕，宕者亦宕，其宕则同，其所以为宕则异。然则何以别之？直而能温者德也。直而好讦

178

### 第四章　从刘劭看先秦两汉儒道理想人格之情、才、德思想的当代价值

者偏也。讦而不直者依也。道而能节者通也。通而时过者偏也。(《人物志·八观》)

然则人情之质，有爱敬之诚，则与道德同体，动获人心，而道无不通也。(《人物志·八观》)

是谓学不及材，材不及理，理不及智，智不及道。道也者，回复变通。是故别而论之，各自独行，则仁为胜。合而俱用，则明为将。故以明将仁，则无不怀。以明将义，则无不胜。以明将理，则无不通。然则苟无聪明，无以能遂。(《人物志·八观》)

以其所是，顺己所长，则不自觉情通意亲，忽忘其恶。(《人物志·七缪》)

是以怨难不在于身，而荣福通于长久也。(《人物志·释争》)

是故君子之求胜也，以推让为利锐，以自修为棚橹，静则闭嘿泯之玄门，动则由恭顺之通路。(《人物志·释争》)

夫惟知道通变者，然后能处之。(《人物志·释争》)

概言之，"通"于刘劭处有五种意涵。其一，"通"为"全"义，如"思狂狷以通拘抗之材""通材之人""与通人言"。其二，"通"为"相通"义，如"思通道化""夫理多品则难通""情诡难通""能通自然""情通意亲""荣福通于长久"。其三，"通"为"畅通""通过"义，如"观其爱敬，以知通塞""动获人心，而道无不通也""静则闭嘿泯之玄门，动则由恭顺之通路"。其四，"通"为"明白""通晓"义，如"色平而畅者谓之通微""慕通口解""释微妙而通之""通于天下之理，则能通人矣""不通道德之化""纯宕似流，不能通道。依宕似通，行傲过节""道而能节者，通也""知道通变者"。其五，"通"为"变通""通达"义，如"是故可与守节，难以变通""通有八能""说变通，则否戾而不入""其功足以运筹通变""经纬玄白，通也""道也者，回复变通""以明将理，则无不通"。其中，尤以"通"之"变通""通达"义为要。

《说文》曰："通，达也。从辵，甬声。"[1] 故"通"不是刘劭的创造，

---

[1] 许慎. 说文解字[M]. 北京：中华书局，1963：250.

### 先秦两汉儒道理想人格之情、才、德思想研究

其内涵具有历史传承性。"通"字最早可以追溯至甲骨文、金文时期,在甲骨文、金文中,可以发现"通"的多种写法,如"㦲、㦲、㦲"等。其中,"彳"为"彳","止"则为脚的"止"或"趾"。在历史的长河中,由于语言、文字等流通途径的制约,使得该字出现过很多误写,如将"用"写为"甬"。待发展至小篆时,笔画终得以规范,将"彳"和"止"合之为"辵",写为"㦲"。后至隶书(汉《郭有道碑》)时,将其写为"通",沿用至今。

之所以将"变通""通达"作为刘劭所言之"通"的主要意涵,原因即在于其余四义虽其名不同,但究其根本,"通"实为其中之旨归。从"全"义言,通材者身具所有人才类型之才能,并能够遵循事物之规律而发挥这些才能。因通材身具全才并行之道,故其可达到"通达"境界,进而通材在与通材交谈时可心灵相通,与常人交谈时则能察言观色并顺从其性情。从"相通"义言,难以相通的原因在于"理多品"(《人物志·材理》),道理种类多而难以相通,但若能与自然相通,就可以跨越天下诸多之"理"的阻碍而与之相通,进而达至"通达"而使"荣福通于长久"(《人物志·释争》)。从"畅通""通过"义言,人情之本质在于"爱""敬"之"仁""礼",拥有"仁爱"与"礼敬",就会与道德混为一体,与"道"相通则无所不通,无所不通即为"通达"之境。从"明白""通晓"言,体悟八种情性后,即可通晓天下的道理,通晓天下的道理则可通晓人情人性,通晓人情人性且与"道"相通即可达至"通达"之境。

概言之,"八材""八情""理多品""爱""敬"等皆为走向"通达"之路上的障碍,欲达之以"通达",则必须排除、克服、战胜诸多障碍。同时,通过"智"之体悟,将此诸般障碍内化于自身,与其相通后通于"道",与"道"同体而至"通达"。刘劭描述这种境界曰:

> 虽明包众理,不以尚人。聪睿资给,不以先人。善言出己,理足则止。鄙误在人,过而不迫。写人之所怀,扶人之所能。不以事类犯人之所婟,不以言例及己之所长。说直说变,无所畏恶。采虫声之善音,赞愚人之偶得。夺与有宜,去就不留。方其盛气,折谢不吝。方其胜难,胜而不矜。心平志谕,无适无莫,期于得道而已矣。(《人物志·材理》)

## 第四章　从刘劭看先秦两汉儒道理想人格之情、才、德思想的当代价值

虽然明白并掌握众多的道理，但不因此而居人之上。虽聪明而富有天资，却不因此而居人之先。美言出于己口，道理讲充分则适可而止。对于别人的浅陋和错误，即使明显的过失也不穷追不舍。讲述事理，是则是，非则非，异则异，无所畏惧，也无所厌恶。就像采纳虫声中的美妙声音一样吸收愚人偶然得到的嘉言。按照道义的要求选择夺取或给予，毫不犹豫。对方气盛之时，则避开其锐气，不惜屈挠。胜券在手时，则庄重而不骄傲。心平气和，意志明确，在坚持一定目标下，完全合乎于礼义而善用灵活权宜之手段，只为能求得真理。此种境界，就是刘劭所言之"通达"。

刘劭认为，"通材"者可至"通达"之境。"通材之人，既兼此八材，行之以道。"（《人物志·材理》）身兼八材，按道而行，即为通材。这是刘劭对于"通材"给出的解释。八材者，名物、构架、达识、赡给、权捷、持论、推彻、贸说是也。详述之，则乃聪能听序、思能造端、明能见机、辞能辩意、捷能摄失、守能待攻、攻能夺守、夺能易予八者。"兼此八者，然后乃能通于天下之理。通于天下之理，则能通人矣"（《人物志·材理》）。这也就是说，身兼八材方可通晓天下的道理，全面了解天下的人才，并且行之以道。由此可见，并不是所有的"兼材"都可称之为"通材"，只有身兼八材并"行之以道"者方为"通材"。

与"通"相对者，即是"偏"。"不能兼有八美，适有一能，则所达者偏，而所有异目矣。"（《人物志·材理》）世人大多不能兼备上述八种才能，而只能具备一种才能。正因如此，其所获之成实则是偏颇的，故只能以各自所偏之才建立名声。是以"夫偏材之人，皆有所短"（《人物志·八观》），刘劭遂"叹中庸"（《人物志·自序》）。刘昞注曰："中庸之德其至矣乎！人鲜久矣，唯圣人能之也。"（《人物志·自序》注）诚可见圣人之中庸极难企及，世人成为兼材已是不易。偏材为一偏之才，兼材则为兼有多才。兼材虽身兼多才，但因其不能"兼德"故仍非中庸之圣人。相对于偏材而言，兼材因更贴近中庸之圣人而具有更高的可能性，兼材完善自身成为中庸之圣人的修养方法便是达之以"通"。

故何为兼材达到"通"之"道"？中庸、中和即达至"通"之"道"。此亦即刘劭思想中的"通"之目的之所在。

### 先秦两汉儒道理想人格之情、才、德思想研究

中庸、中和作为"通"之目的,其重点在于"中"本身。诚如前文所言,从"中"的角度看,中庸、中和属于儒家思想,其修养方法为"执中""时中"。结合刘劭"通材"者"无适无莫"(《人物志·材理》)之"因循"义,"时中"为符合刘劭所认之理想人格的修养方法。但除儒家外,道家思想中亦有"中","守中"即为其"以中致和"之方。可以说,刘劭之"通"的思想是儒家"时中"与道家"守中"思想的统一。

从儒家言,中庸、中和之"中"义为以不偏不倚之方行平常之道。"不得中行而与之,必也狂狷乎"(《论语·子路》)。以不偏不倚之方行平常之道,于刘劭处便是"拘抗违中"(《人物志·体别》)。刘劭认为,拘谨和进取乃违背"中庸"之行,不偏不倚行平常之道则为上。故中庸在刘劭看来即是咸而不苦、平淡却不无味、朴实却非素白、文美但不妖艳且行之以道之义。概言之,"中"之理想、合理状态乃为恰到好处、恰如其分。

此"中"之精髓即在于"忠""恕"之"仁"。"仁者,生生之德也。"[1] 诚如华军所言,把握与践行"生生"之道的具体方式"则是基于'己欲立而立人,己欲达而达人''己所不欲,勿施于人'的忠恕原则"[2]。"'大人者,以天地万物为一体者也。其视天下犹一家,中国犹一人焉。'阳明的'大人'之体,乃是在个体本质实现基础上彰显出来的超越的共通性诉求。"[3] 这使得传统儒学在生存理解的问题上始终保持着"和而不同"的原则。换言之,"己欲立而立人,己欲达而达人"(《论语·雍也》)、"己所不欲,勿施于人"(《论语·颜渊》)的忠恕原则乃为"生生"之道的基本践行方式,即"和而不同"。此种蕴含"和而不同"之道的"恕"又如张江所论,是为"通"之结果。[4] 从这些理解来看,儒家之"通"的结果即为"忠恕"之"和而不同"。和谐、包容、坚持自我、不盲目从众是"和而不

---

[1] 戴震. 戴震集 [M]. 汤志钧, 校注. 上海: 上海古籍出版社, 2009: 316.

[2] 华军. "通"的精神: 关于传统儒学当代诠释的一点思考 [J]. 陕西师范大学学报 (哲学社会科学版), 2018, 47 (4): 109—113.

[3] 华军. "通"的精神: 关于传统儒学当代诠释的一点思考 [J]. 陕西师范大学学报 (哲学社会科学版), 2018, 47 (4): 109—113.

[4] 参见张江. "通""达"辨 [J]. 哲学研究, 2021 (11): 86—95, 128.

## 第四章　从刘劭看先秦两汉儒道理想人格之情、才、德思想的当代价值

同"的宗旨，亦是儒家中庸之道的精髓所在。简言之，此即华军所言之儒家"生生"层面上"和而不同"的通性之所在。刘劭所言之"通"从对儒家思想的继承来说，其核心就在于此"和而不同"之"中"道。"和而不同"的通性在秉承中庸与中和之义的刘劭的理想人格思想中得到了更为生动、具体的诠释。

刘劭曰："是故兼德而至，谓之中庸。"（《人物志·九征》）刘劭认为，中庸者必是集所有品德于一身，兼具聪明并可穷理尽性之人，即所谓"五质内充，五精外章"（《人物志·九征》）。但能做到这一点的人，唯有中庸之圣人，故刘劭、刘昞相继发出嗟叹。刘劭认为"中庸之德，其质无名"（《人物志·体别》），因其"无名"，"故咸而不碱，淡而不醥，质而不缦，文而不缋"（《人物志·体别》），且"能威，能怀，能辨，能讷，变化无方，以达为节"（《人物志·体别》）。刘昞注之为"居中履常"（《人物志·九征》注），以"能威，能怀，能辨，能讷"之"中"，应规律变化之常道。由此可见，刘劭认为，中庸之德是可以适应各种条件变化以达到通融万事万物的目的的德性，拥有这一德性者亦是可以通融万事万物以应其变化之人，可谓不"时中"则不通而无以应万物。

刘劭又曰："凡人之质量，中和最贵矣。"（《人物志·九征》）何为"中和"？刘劭释曰："中和之质，必平淡无味。"（《人物志·九征》）因为其"无味"，"故能调成五材，变化应节"（《人物志·九征》）。刘昞注曰："水以无味，故五味得其和。"（《人物志·材能》注）水因为没有味道，方可中和酸、甜、苦、辣、咸之五味。反言之，如果要成为无味之水，则必须先充分体会五味之不同，通达之后方可将其融合成无味之人生。酸、甜、苦、辣、咸各性不同，只有安其规、守其律、因循时变，方可"中和"五味而处之泰然。这便是儒家"时中"于刘劭理想人格思想中的通性之所在。

从道家言，"守中"之方在于"柔弱""谦下""不争"，即在于"损"。老子曰："损之又损，以至于无为，无为而无不为。"（《老子·第四十八章》）王弼注之曰："有为则有所失，故无为乃无所不为也。"[①] 此为从

---

① 王弼. 老子道德经注 [M]. 楼宇烈, 校释. 北京：中华书局，2011：132.

### 先秦两汉儒道理想人格之情、才、德思想研究

"有"的角度来讨论"无为"之"无"。王弼从"有"的物质世界展开纵向的"有无思辨",即"有分则有不兼,有由则有不尽"①,"有形之极,未足以府万物"②。既然"有形之极,未足以府万物"③,那么究竟什么样才是可以海纳百川、包罗万物的呢?王弼曰:"大有,包容之象也。"④ 王弼认为,"大有""全有"乃为"不温不凉,不宫不商;不炎不寒,不柔不刚;不皦不昧,不恩不伤"⑤ 之物。这种"大有""全有"实际上可以认为是一个无规定性的"圆",因而具有无限的内涵和外延而可海纳百川、包罗万物。

概言之,"不温不凉,不宫不商;不炎不寒,不柔不刚;不皦不昧,不恩不伤"⑥ 的"大有""全有"因是无规定性的"圆"而具道家"无"之"通"性。故王弼言之为"将欲全有,必反于无也"⑦。换言之,道家"守中"之"通性"的根本在于一"无"字。因此,从王弼关于"无"的思想中可以反证刘劭理想人格思想中"无"与"通"之哲学意涵。

刘劭提出"三度不同,其德异称"(《人物志·九征》)的观点。"三度"即"偏材""兼材""兼德"三种人才德才比例的不同程度。以之为标准,又可再分为"八材",即"名物之材、构架之材、达识之材、赡给之材、权捷之材、持论之材、推彻之材、贸说之材"(《人物志·材理》)。继而,在"三度"与"八材"的基础上,刘劭进一步将人才细分为十二大类型,即"盖人流之业十有二焉"(《人物志·流业》),其中有清节家,有法家,有术家;有国体,有器能;有臧否,有伎俩,有智意;有文章,有儒学,有口辩,有雄杰。但是,刘劭认为这十二大类型的人才性格各有优劣,都有其必须克服的短处,正所谓"人无完人"。关于能近乎"完人"的最佳才性,刘劭认为"凡人之质量,中和最贵矣"(《人物志·九征》)。王弼所

---

① 王弼. 王弼集校释 [M]. 楼宇烈,校释. 北京:中华书局,1980:196.
② 王弼. 王弼集校释 [M]. 楼宇烈,校释. 北京:中华书局,1980:196.
③ 王弼. 王弼集校释 [M]. 楼宇烈,校释. 北京:中华书局,1980:196.
④ 王弼. 周易注校释 [M]. 楼宇烈,校释. 北京:中华书局,2012:58.
⑤ 王弼. 王弼集校释 [M]. 楼宇烈,校释. 北京:中华书局,1980:195.
⑥ 王弼. 王弼集校释 [M]. 楼宇烈,校释. 北京:中华书局,1980:195.
⑦ 王弼. 老子道德经注 [M]. 楼宇烈,校释. 北京:中华书局,2011:113.

## 第四章 从刘劭看先秦两汉儒道理想人格之情、才、德思想的当代价值

提之"不温不凉,不宫不商;不炎不寒,不柔不刚;不噉不昧,不恩不伤"① 之物实则即为"无",也就是"中和"。故而,刘劭所推之"中和"性格与王弼"不温不凉,不宫不商;不炎不寒,不柔不刚;不噉不昧,不恩不伤"② 的"大有""全有"的"圆"——"无"相一致。

何晏在《论语注疏》中提到"庸,常也,中和可长行之德"③。诚然,"中和"亦乃"中庸"之道。刘劭曰:

> 夫中庸之德,其质无名。故咸而不碱,淡而不䤈,质而不缦,文而不绩。能威能怀,能辨能讷,变化无方,以达为节。(《人物志·体别》)

具备"中庸之德"的人谓之"兼德"。"兼德之人,更为美号。是故兼德而至,谓之中庸。"(《人物志·九征》)中庸之道乃是待人、处事不偏不倚,无过无不及之道。在刘劭看来,中庸是为圣人之称,"中庸也者,圣人之目也"(《人物志·九征》)。刘劭认为最好的人才是最接近圣人的"通材","通材"不执着一方,不偏得一技,集众家之所长,相对于遥不可及的"兼德""中庸"之圣人,"通材"则稍为易于达到。"通,达也。"④ "无"又是不具任何规定性的,也就不执着于一物。老子云:"天下神器,不可为也,为者败之,执者失之。"(《老子·第二十九章》)王弼注曰:"万物以自然为性,故可因而不可为也,可通而不可执也,物有常性,而造为之,故必败也,物有往来,而执之,故必失矣。"⑤ 楼宇烈释曰:"执、拘、塞,此处与'通'相反为'不通'之意。"⑥ 老子所言"无执,故无失"(《老子·第六十四章》)之通达之义即在于此。是以"无执"而"以中致和","守中"即可通达其理而"无为而治",这亦是刘劭理想人格思想于道家"守中"而言之"通"的所在。

---

① 王弼. 老子道德经注 [M]. 楼宇烈,校释. 北京:中华书局,2011:195.
② 王弼. 老子道德经注 [M]. 楼宇烈,校释. 北京:中华书局,2011:195.
③ 何晏. 论语注疏 [M]. 邢昺,疏. 北京:北京大学出版社,2000:91.
④ 许慎. 说文解字 [M]. 北京:中华书局,1963:250.
⑤ 王弼. 老子道德经注 [M]. 楼宇烈,校释. 北京:中华书局,2011:78.
⑥ 王弼. 老子道德经注 [M]. 楼宇烈,校释. 北京:中华书局,2011:78.

### 先秦两汉儒道理想人格之情、才、德思想研究

概言之，通过"智"体悟万事万物中存有的诸多诱惑与障碍，以"时中""守中"之方战而胜之，内化为自身中庸、中和、平淡之质且秉承"因循"以"通"于"道"，与"道"同体以至"通达"，此即刘劭理想人格思想之"通"的哲学意涵之所在。

刘劭的思想中之所以同时含有儒家"时中"与道家"守中"之"通"之双重哲学意涵，并非偶然，乃是刘劭对儒道思想本身的具体内容继承之后的结果。从上述论证中可以看出，"通"字在儒道思想中其实并未得到如"中""无"等语词般详尽的阐释，而是蕴含在儒道思想的整体脉络中。这也正是刘劭需要从儒道思想中吸收继承"时中""守中"而成自身理想人格思想中"通"之哲学意涵的原因所在，亦是对儒道思想原有内容在一定意义上进行的创造性转化。此外，刘劭理想人格思想之"通"的哲学意涵在秉承儒道之先哲思想的同时，于现今学界亦可找到其义之佐证。刘劭理想人格思想之"通"可谓通贯古今，且在实践维度上超越了儒道先哲之思。在这个意义上说，刘劭理想人格思想之"通"对于吾辈时人与当今社会而言，有较高的实践价值与现实意义。

在现今学界，与刘劭对于"通"的论说持相同的态度的学者很多，如张江、李景林，以及上文所引之华军等。

张江从阐释学的意义上对"通""达"二字做了非常深入的分析。张江认为，"达为通之结果……发生过程是以'通'为首……在'明'的意义上，'达'通'恕'"①。因为"达为通之结果"，且"达"与"恕"相通，故此可理解为"恕"实为"通"之结果。"恕"之含义于外物而言乃为"忖己度物"②，于他人言之则为"忖我以度于人也"③，进而推之，"通"之结果诚乃以己度物、"推己及人"后以至于物我两忘之最高境界。张江言之为"通达所及融合，并非以一己之意强制于人，而是对经典和前人之说，力求在传统认知中找到平衡，以融洽诸说为自洽……阐释的结果就是在公共理性的基础

---

① 张江. "通""达"辨 [J]. 哲学研究, 2021 (11): 86—95, 128.
② 何晏, 注. 邢昺, 疏. 十三经注疏·论语注疏 [M]. 北京：北京大学出版社, 2000: 56.
③ 皇侃. 论语集解义疏 [M]. 北京：商务印书馆, 1927: 50.

## 第四章　从刘劭看先秦两汉儒道理想人格之情、才、德思想的当代价值

上相互妥协、共生，而非将一己私意强制于人，此为通达的另外形式，可称作'圆通'或'融通'。"① 此外，张江指出"通"的"首要之举是通障碍"②。总而述之，"通"的过程与目的即为经过"通碍"后，达以"恕"之"圆通"或"融通"。

李景林指出，"通"实际上应是保留个性而又有普遍性之义。李景林认为，忠恕之道是通过"合外内"的"旁通"实现的。所谓"合外内"，即为"在人、物自性差异实现前提下的一种'通性'"③。"由忠恕所实现的'合外内'，是在个体存在差异实现前提下的一个'通'性，而非在认知意义上的某种同质性或抽象普遍。"④ 简言之，"通"即为承认普遍性且保留个性，应为"通"之原则。

综上所述，以承认普遍性但保留个性之原则，经过"通碍"之后，进而达之以"恕"之"圆通"或"融通"的过程即为"通"。李景林所言之承认普遍性且保留个性，实际上即为黄老道家所言之"因循"。故此义在实质上，与刘劭通过"智"体悟万事万物中存有的诸多诱惑与障碍，以"时中""守中"之方战而胜之，内化为自身中庸、中和、平淡之质且秉承"因循"以"通"于"道"，与"道"同体以至"通达"之"通"义乃为一致。诚如张江所言，欲达之以"通"，必先"通障碍"⑤。所谓的障碍也就是人之为人的个体的差异所在。李景林认为，"人生天地间，有自己个体存在的分位，其与周遭世界之关系，自有远近、厚薄、次第之差别，人的情感表现，亦有天然的等差性"⑥。但是，人在分别、认知这一等差性的过程中，难免会

---

① 张江. "通""达"辨[J]. 哲学研究，2021（11）：86—95，128.
② 张江. "通""达"辨[J]. 哲学研究，2021（11）：86—95，128.
③ 李景林，李转亭. 旁通而上达：儒家实现终极关怀的教化途径[J]. 道德与文明，2021（5）：72—79.
④ 李景林，李转亭. 旁通而上达：儒家实现终极关怀的教化途径[J]. 道德与文明，2021（5）：72—79.
⑤ 张江. "通""达"辨[J]. 哲学研究，2021（11）：86—95，128.
⑥ 李景林，李转亭. 旁通而上达：儒家实现终极关怀的教化途径[J]. 道德与文明，2021（5）：72—79.

### 先秦两汉儒道理想人格之情、才、德思想研究

对此产生偏执之感，这一偏执之感也就是刘劭所曰之"偏材"，"偏材"即是因偏执有蔽而不通者。"偏材"因有偏执之心而"学不入道，恕不周物"（《人物志·体别》）。故曰："训六蔽以戒偏材之失。"（《人物志·自序》）

诚如刘劭所言，他的目的乃在于"躬南面则授俊逸辅相之材""知人诚智，则众材得其序，而庶绩之业兴矣"（《人物志·自序》），在于使身居帝位者用其聪明智慧辨识人才，以选拔超群拔俗有辅佐才能之人，让众多的人才得到有序的重用，进而达到兴"庶绩之业"之目的。故刘劭不仅言君主平淡、无味之"通"，同时亦重视臣子众才各自"五味"之"通"。故此，刘劭并未止步于对儒道思想本身的吸收继承，而是在此基础上，结合时代背景，创造性地将"通"之意涵应用于现实，继而实现了对儒道思想的创新性发展。

刘劭对儒道思想进行的创新性发展，主要体现在刘劭对其整体发展脉络、思想成果的吸收继承上。同时，刘劭适应时代与士人发展需求，秉承黄老"因循"之道，将赋有儒道"时中""守中"之意涵的"通"应用于"英""雄"才性之上，使其更为具象。

顺应社会环境变化灵活运用诸子学说，实际上也是刘劭为人处世之方与安身立命之道。刘劭认为，理想的君主应该是"以无味和五味"（《人物志·材能》），无为至上。君主兼有众才而无一显（其质为通），以其众才积极的选才任能，"知人诚智"（《人物志·自序》），使"众材得其序"（《人物志·自序》）便是君主无为之有为。至于臣子，刘劭认为"以一味协五味"（《人物志·材能》）应是其人生追求。臣子就是要用自己的长处（一偏之才或兼之多才）去调节与他人的关系，以达到众臣齐心协力之目的。无论是君主还是臣子，不论是"以无味和五味"（《人物志·材能》）或是"以一味协五味"（《人物志·材能》），其实质均是要"守中"并"时中"。只有"守中"，方可平衡各方；只有"时中"，方可因势利导、与时俱进。所以，刘劭思想中的"无"已不是单纯地顺应规律而为的道家概念，而是在此基础上兼有灵活运用自身所学、"因循"时势的黄老之说。

秉承"因循"之义，于普遍性中保留个性，通过层层阻碍，最终达到"恕"之"圆通"或"融通"的"通"乃为刘劭理想人格思想的目标及主

## 第四章　从刘劭看先秦两汉儒道理想人格之情、才、德思想的当代价值

旨。为了实现这一目标，刘劭将儒家"时中"与道家"守中"两种思想合二为一，可谓为其理想人格的建构找到了指导思想。"时中"与"守中"的双重意涵使得以承认普遍性且保留个性为原则的"通"的实现成为可能，这一点集中体现在刘劭之《英雄》篇中。

基于承认普遍性且保留个性的原则，刘劭认为一偏之才虽不及兼材与通材，但仍有其可取之处，亦可以在不同的领域成就自身之"中"。所以，刘劭按照个体禀气与才能的不同，将不同之才与其所适之位对应起来，如"立法之能，治家之材也。故在朝也，则司寇之任，为国则公正之政。计策之能，术家之材也。故在朝也，则三孤之任，为国则变化之政"（《人物志·材能》）等。于个人而言，中庸、中和的"通材"虽不易达至，但若可以在自身禀赋的质性之中寻求发展，则亦有成就自我的可能。故在刘劭看来，除以拥有"全知全能"之通为追求外，追求一事一物之通不失为大多数人的最佳选择，这亦是《英雄》篇的题中之义。

"聪明秀出谓之英，胆力过人谓之雄。"（《人物志·英雄》）"英"乃聪明秀出之人，"雄"乃胆力过人之士，二者各有其个性。"英""雄"合二为一虽可长世，但二者两分依然可以各自精彩，即合则天下无双，分则各自为王。这一分化使得英雄人格进一步贴近了现实，为士人对于理想人格的追求指出了一条更为可行的道路。但是，"英"与"雄"因各有个性而相分时，便不是所有人都可以最终实现的目标，只有达到一定的层次，方可在"英"或"雄"的领域达之以"通"。因此，刘劭分别指出英才和雄才各自包含的三个层次。

英才之三层次。第一层：事情伊始，可以凭借其聪明才智进行谋划，但不能做到辐射未来，因此只能坐而论道，而不能真正地进行实操；第二层：相比于第一层，这一层的英才在用聪明才智进行谋划的同时可以将未来可能发生的福祸利害关系考虑在内，但没有去进行实操的勇气，只能处理日常的一般事务，而不能随机应变；第三层：这一层的英才是真正的英才，因为他们不仅可以用聪明谋划世事，还可以料事于先并勇于决断。刘劭认为，张良就可以被称为第三层次的英才。

再说雄才之三层次。第一层：虽有胆量，但无实操之勇气，只是单纯的有力气而已，可以获得一个大力士的赞誉，但是不可以任其为先锋；第

二层：有胆量，亦有实操之勇气，但无处事之谋略，可为先锋却不可为将帅；第三层：有胆量，有实操之勇，重要的是拥有能够处理世事的谋略聪明，是为真正的雄才。刘劭认为，可称为真正雄才之人当为韩信。

刘劭虽然将英才与雄才各分三层，但他认为前两层之才皆有其所短，只有第三层之才可以在"英"或"雄"的角度上称之为"通"，例如张良、韩信。因为张良不仅可以用聪明谋划世事，还可以料事于先并勇于决断；韩信不仅有胆量，有实操之勇，重要的是拥有能够处理世事的谋略聪明。"英"与"雄"之第三层次，虽未拥有全知全能之"通"，但真正的英才与真正的雄才皆是在"英"或"雄"的领域内将其特质发展、发挥到了极致，在时代环境之"常"中合理运用自身优势之"变"，于普遍性中找到了最为自洽的个性，在各自的领域实现"通"之追求，达到"中"之境界，从而成就自我，这也是刘劭理想人格思想中"通"的哲学意涵之现实意义所在。基于此，我们可以说，刘劭的理想人格思想在儒道合一的意义上实现了在魏晋的时代背景下对于先贤思想的创造性转化、创新性发展。

刘劭的思想不仅在识人用人方面具有人才学的独特价值，而且具有从人的具体性与差异性理解人的重要哲学意义。刘劭的理想人格思想正因其独特性而在中国古代思想发展中占有一席之地，其思想中所蕴含的对传统思想的创造性转化与创新性发展，对于当代中国人在弘扬优秀传统文化过程中实现对传统文化的创造性转化与创新性发展也具有重要的启示意义。

# 结　语

2022年5月27日，在中共中央政治局第三十九次集体学习时，习近平总书记强调要大力弘扬传统文化，并指出"中华优秀传统文化是中华文明的智慧结晶和精华所在，是中华民族的根和魂，是我们在世界文化激荡中站稳脚跟的根基"①。同年10月，习近平总书记在中国共产党第二十次全国代表大会的报告中再次强调要"坚持创造性转化、创新性发展，传承中华优秀传统文化"②。当代中国哲学的学术研究既要深入研究古代典籍，在以古代典籍为学术研究的根与魂的基础上，也应当研究中华传统文化传承发展过程中的创造性转化与创新性发展的案例，为当代中国人弘扬优秀传统文化提供参考和借鉴。魏晋时期刘劭的理想人格思想正是这种需要继续深入研究，又具有"双创"借鉴价值的重要范例。

学界对于刘劭思想的研究，目前大多是从"兼"与"偏"或儒道传承的角度进行。诚然"兼"与"偏"确是此书中的重要概念，但除此之外，此书所提之"通"的哲学意涵亦是一非常值得研究与探讨的要点。刘劭理想人格思想之"通"的基本原则就是要在普遍性中保留个性，在承认普遍性并保留个性中达以"中"之境界。这一概念在儒道合一的意义上，对先秦两汉儒道理想人格之情、才、德的思想进行了创造性转化、

---

① 把中国文明历史研究引向深入　推动增强历史自觉坚定文化自信［N］．人民日报，2022－05－29．

② 习近平．高举中国特色社会主义伟大旗帜　为全面建设社会主义现代化国家而团结奋斗：在中国共产党第二十次全国代表大会上的报告［M］．北京：人民出版社，2022：43．

**先秦两汉儒道理想人格之情、才、德思想研究**

创新性发展，故对"两创"与"两个结合"的发展具有一定的借鉴意义与实践价值。

从整体上看，刘劭的理想人格思想乃是在中国传统哲学之道、理、术的维度中承继儒道思想。中国传统哲学之道，即关于"做人"之终极价值的"人之道"；中国传统哲学之理，即为"人之道"提供理论根据的"形上之理"；中国传统哲学之术，即关于"做人"之方式方法的"做人之术"[①]。这一体系是在国家、社会的伦理视域中，对广大民众如何做人与成为什么样的人做出的一种具有普遍性的期许，甚至是要求。在这个意义上，刘劭理想人格之道，即"中"之道；刘劭理想人格之理，即"中"之道中所蕴含的道理；刘劭理想人格之术，即依"道理"践行"通"以达到"中"之道的方式方法。于此，刘劭所言之"中"所指的是理想人格应具有的质性要素。刘劭认为，理想人格应具情、才、德之质素应是中庸、中和、平淡、无味之"通"，亦即具有普遍性的社会伦理意义的一种期望民众追求的伦理目标。但人之情、才、德并非千篇一律，如刘劭所言，人所禀之质性不同，所具之情、才、德亦各有不同。故因个体所具之情、才、德有所不同，个体在寻求"中"之道的过程中，虽然以"时中""守中"为原则，但其具体所用之方式方法必有所异。故刘劭理想人格之"中"道在具有普遍性的社会伦理意义外，还在个体道德意义上具有差异性。刘劭对于个体质性差异的关注与系统论述，亦即对儒道传统理想人格思想的创造性转化与创新性发展。

人之为人，虽皆以求索"生命之道"为终极目标，但人之个体情、才、德的不同决定了在求索"生命之道"的旅程中所遇的挫折与美景各不相同。人之个体求索"生命之道"时所用的方式方法的不同，使得个体所感、所悟之"理"有别，即刘劭所言"四理"之事理、义理、情理、道理之别。个体领悟"四理"有异，故其"道"亦有所别。故刘劭在提出"圣人"之理想人格后，又根据众才个体之差异，进一步提出"英"与"雄"两条发展路径。通过引领世人依据己身所具之质性，以己身所适之术感己身所悟

---

[①] 参见魏书胜. 中国古代哲学的道、理、术[M]. 长春：吉林人民出版社，2012：23—24.

之理,达到"英"与"雄"不同维度之"通",走己身所契之道。刘劭这一在先秦两汉理想人格之情、才、德思想的基础上形成的理想人格学说,对于吾辈成就具有风格化的人生具有重要的指导意义与价值。

# 参考文献

## 一、古籍译注类

[1] 班固. 汉书 [M]. 北京：中华书局，2007.

[2] 程颢，程颐. 二程集 [M]. 王孝鱼，点校. 北京：中华书局. 1981.

[3] 陈立. 白虎通疏证 [M]. 吴则虞，点校. 北京：中华书局，1994.

[4] 陈鼓应. 黄帝四经今注今译 [M]. 北京：商务印书馆，2007.

[5] 陈寿. 三国志 [M]. 北京：中华书局. 1959.

[6] 戴震. 戴震集 [M]. 上海：上海古籍出版社，2009.

[7] 房玄龄，等. 晋书 [M]. 北京：中华书局，1974.

[8] 范晔. 后汉书 [M]. 李贤，等，注. 北京：中华书局，1965.

[9] 范应元. 老子道德经古本集注 [M]. 黄曙辉，点校. 上海：华东师范大学出版社，2010.

[10] 郭庆藩. 庄子集释 [M]. 王孝鱼，点校. 北京：中华书局，2013.

[11] 皇侃. 论语义疏 [M]. 高尚榘校点. 北京：中华书局，2013.

[12] 黄遵宪. 黄遵宪全集 [M]. 陈铮，编. 北京：中华书局，2005.

[13] 荆门市博物馆. 郭店楚墓竹简·性自命出 [M]. 北京：文物出版社，2002.

[14] 焦循. 孟子正义 [M]. 北京：中华书局，1987.

[15] 刘宝楠. 论语正义 [M]. 高流水，点校. 北京：中华书局，2021.

[16] 刘昫，等. 旧唐书 [M]. 北京：中华书局，1975.

[17] 刘义庆. 世说新语［M］. 刘孝标，注. 徐传武，校点. 上海：上海古籍出版社，2013.

[18] 欧阳修，宋祁. 新唐书［M］. 北京：中华书局，1975.

[19] 司马光. 资治通鉴［M］. 胡三省，注. 北京：中华书局，1956.

[20] 司马迁. 史记［M］. 北京：中华书局．1959.

[21] 十三经注疏·礼记正义［M］. 郑玄，注. 孔颖达，疏. 龚抗云，整理. 李学勤，主编. 北京：北京大学出版社，1999.

[22] 十三经注疏·论语注疏［M］. 何晏，注. 刑昺，疏. 北京：北京大学出版社，2000.

[23] 十三经注疏·孟子注疏［M］. 李学勤，主编. 北京：北京大学出版社，1999.

[24] 十三经注疏·周易正义［M］. 王弼，注. 孔颖达，疏. 卢光明，李申，整理. 吕绍刚，审定. 北京：北京大学出版社，2000.

[25] 孙希旦. 礼记集解［M］. 沈啸寰，王星贤，点校. 北京：中华书局，1989.

[26] 苏舆. 春秋繁露义证［M］. 钟哲，点校. 北京：中华书局，1992.

[27] 王安石. 王安石文集［M］. 刘成国，点校. 北京：中华书局，2021.

[28] 王安石. 王安石全集［M］. 聂安福，等，整理. 上海：复旦大学出版社，2017.

[29] 王弼. 王弼集校释［M］. 楼宇烈，校释. 北京：中华书局，1980.

[30] 王弼. 老子道德经注［M］. 楼宇烈，校释. 北京：中华书局，2011.

[31] 王弼. 周易注校释［M］. 楼宇烈，校释. 北京：中华书局，2012.

[32] 王充. 论衡［M］. 上海：上海人民出版社，1974.

[33] 王夫之. 船山全书［M］. 长沙：岳麓书社，1991.

[34] 王先谦. 荀子集解［M］. 沈啸寰，王星贤，整理. 北京：中华书局，1998.

[35] 王先慎. 韩非子集解［M］. 钟哲，点校. 北京：中华书局，2013.

[36] 许慎. 说文解字［M］. 北京：中华书局，1963.

[37] 荀悦. 申鉴注校补［M］. 黄省曾，注. 孙启治，校补. 北京：中

华书局，2012.

[38] 荀悦，袁宏. 两汉纪 [M]. 张烈，点校. 北京：中华书局，2017.

[39] 萧子显. 南齐书 [M]. 北京：中华书局，1972.

[40] 汪荣宝. 法言义疏 [M]. 陈仲夫，点校. 北京：中华书局，1987.

[41] 魏征，令狐德棻. 隋书 [M]. 北京：中华书局，1973.

[42] 永瑢，等. 四库全书总目 [M]. 北京：中华书局，1965.

[43] 永瑢，纪昀，等. 四库全书存目丛书 [M]. 四库全书存目丛书编纂委员会，编. 济南：齐鲁书社，1995.

[44] 严遵. 老子指归 [M]. 王德有，点校. 北京：中华书局，1994.

[45] 左丘明. 国语 [M]. 郑州：中州古籍出版社，2010.

[46] 朱熹. 四书章句集注 [M]. 北京：中华书局，1983.

[47] 朱熹. 朱子语类 [M]. 黎靖德，编. 王星贤，点校. 北京：中华书局，1986.

[48] 朱熹. 近思录 [M]. 江永，注. 上海：上海书店，1987.

[49] 朱熹. 周易本义 [M]. 廖名春，点校. 北京：中华书局，2009.

[50] 庄子注疏 [M]. 郭象，注. 成玄英，疏. 曹础基，黄兰发，整理. 北京：中华书局，2011.

[51] 张元济，等. 四部丛刊初编子部 [M]. 北京：中央编译出版社，2015.

[52] 程俊英. 诗经译注 [M]. 上海：上海古籍出版社，1985.

[53] 陈鼓应. 老子注译及评介 [M]. 北京：中华书局，1984.

[54] 陈鼓应. 老子今注今译 [M]. 北京：商务印书馆，2009.

[55] 陈永栽，黄炳辉. 老子章句解读 [M]. 上海：上海古籍出版社，2001.

[56] 董仲舒. 春秋繁露 [M]. 凌曙，注. 北京：中华书局，1981.

[57] 伏俊琏. 人物志研究 [M]. 兰州：甘肃人民出版社，1999.

[58] 伏俊琏. 人物志译注 [M]. 上海：上海古籍出版社，2018.

[59] 方向东. 大戴礼记汇校集解 [M]. 北京：中华书局，2008.

[60] 傅亚庶. 孔丛子校释 [M]. 北京：中华书局，2011.

［61］葛洪. 抱朴子外篇［M］. 张松辉，张景，译注. 北京：中华书局，2013.

［62］郭模. 人物志及注校证［M］. 台北：文史哲出版社，1987.

［63］黄晖. 论衡校释［M］. 北京：中华书局，2018.

［64］黄克剑. 论语疏解［M］. 北京：中国人民大学出版社，2010.

［65］侯书森，朱杰军.《人物志》——注释与评析［M］. 西宁：青海人民出版社，1999.

［66］金克水. 人物志全解［M］. 北京：中央编译出版社，2011.

［67］蒋锡昌. 老子校诂［M］. 上海：商务印书馆，1937.

［68］康有为. 大同书［M］. 周振甫，方渊，校点. 北京：中华书局，2012.

［69］刘安. 淮南子［M］. 顾迁，译注. 北京：中华书局，2009.

［70］卢弼. 三国志集解［M］. 钱剑夫，整理. 上海：上海古籍出版社，2009.

［71］李崇智. 人物志校笺［M］. 成都：巴蜀书社，2001.

［72］黎翔凤. 管子校注［M］. 梁运华，整理. 北京：中华书局，2004.

［73］梁启雄. 荀子简释［M］. 北京：中华书局，1983.

［74］刘劭. 人物志［M］. 刘昞，注. 杨新平，张锴生，注释. 郑州：中州古籍出版社，2007.

［75］刘劭. 人物志［M］. 梁满仓，译注. 北京：中华书局，2014.

［76］楼宇烈. 荀子新注［M］. 北京：中华书局，2018.

［77］卢育三. 老子释义［M］. 天津：天津古籍出版社，1987.

［78］老子［M］. 李存山，注译. 郑州：中州古籍出版社，2008：101.

［79］老子［M］. 河上公，注. 严遵，指归. 王弼，注. 刘思禾，校点. 上海：上海古籍出版社，2013.

［80］钱宗武. 尚书译注［M］. 北京：中华书局，2022.

［81］任继愈. 老子绎读［M］. 北京：北京图书馆出版社，2006.

［82］世说新语笺疏［M］. 刘义庆，著. 刘孝标，注. 余嘉锡，笺疏. 北京：中华书局，2011.

[83] 王符. 潜夫论 [M]. 汪继培, 笺疏. 上海：上海古籍出版社, 1978.

[84] 王夫之. 四书训义 [M]. 长沙：岳麓书社, 2011.

[85] 王通. 中说 [M]. 马天祥, 译注. 北京：中华书局 2020.

[86] 王晓毅. 人物志译注 [M]. 北京：中华书局, 2019.

[87] 王晓毅. 知人者智——《人物志读本》[M]. 北京：中华书局, 2008.

[88] 许富宏. 慎子集校集注 [M]. 北京：中华书局, 2013.

[89] 徐幹. 中论解诂 [M]. 张启治, 解诂. 北京：中华书局, 2014.

[90] 许维遹. 吕氏春秋集释 [M]. 梁运华, 整理. 北京：中华书局, 2009.

[91] 杨伯峻. 孟子译注 [M]. 北京：中华书局, 2008.

[92] 杨伯峻. 论语译注 [M]. 北京：中华书局, 2009.

[93] 元典章 [M]. 陈高华, 等, 点校. 天津：天津古籍出版社, 2011.

[94] 左丘明. 左传 [M]. 郭丹, 程小青, 李彬源, 译注. 北京：中华书局, 2012.

[95] 朱谦之. 老子校释 [M]. 北京：中华书局, 1984.

[96] 张天夫. 诸葛亮将苑注译 [M]. 西安：陕西人民出版社, 1987.

[97] 郑玉光. 知人善任的奥秘——刘劭《人物志》研究译注 [M]. 太原：山西人民出版社, 1992.

[98] 张志聪. 黄帝内经集注 [M]. 方春阳, 黄远媛, 李官火, 等, 点校. 杭州：浙江古籍出版社, 2002.

## 二、学术著作类

[1] 程艾蓝. 中国思想史 [M]. 冬一, 戎恒颖, 译. 开封：河南大学出版社, 2018.

[2] 陈来. 古代思想文化的世界 [M]. 北京：中华书局, 2017.

[3] 常乃悳. 中国的文化与思想 [M]. 北京：中华书局, 2012.

［4］方东美. 人生哲学讲义［M］. 北京：中华书局，2013.

［5］丁四新. 王安石性命论思想研究（下）［C］//杨国荣，主编. 思想与文化：第一三辑. 上海：华东师范大学出版社，2014.

［6］丁四新. 洪范大义与忠恕之道［M］. 北京：商务印书馆，2022.

［7］杜维明. 现代精神与儒家传统［M］. 北京：生活·读书·新知三联书店，2013.

［8］杜维明. 中庸：论儒学的宗教性［M］. 北京：生活·读书·新知三联书店，2013.

［9］杜维明. 二十一世纪的儒学［M］. 北京：中华书局，2014.

［10］冯友兰. 中国哲学史新编［M］. 北京：人民出版社，2007.

［11］高晨阳. 儒道会通与正始玄学［M］. 济南：齐鲁书社，2000.

［12］高华平. 魏晋玄学人格理想论［M］. 北京：人民出版社，2021.

［13］顾颉刚. "圣""贤"观念和字义的演变［M］//中国哲学编辑部. 中国哲学：第一辑. 北京：生活·读书·新知三联书店，1979.

［14］郭齐勇. 中国哲学史［M］. 北京：高等教育出版社，2006.

［15］郭齐勇，吴根友. 诸子学通论［M］. 北京：商务印书馆，2015.

［16］葛兆光. 中国思想史［M］. 上海：复旦大学出版社，2019.

［17］贺昌群. 魏晋清谈思想初论［M］. 北京：商务印书馆，1999.

［18］华军. 性情与礼教：先秦儒学立人思想研究［M］. 北京：中国社会科学出版社，2016.

［19］贺麟. 文化与人生［M］. 北京：商务印书馆，2015.

［20］黄少英. 魏晋人物品题研究［M］. 济南：齐鲁书社，2006.

［21］侯外庐. 中国古代思想学说史［M］. 长沙：岳麓书社，2010.

［22］侯外庐，杜国庠，赵纪彬. 中国思想通史［M］. 北京：人民出版社，2011.

［23］何益鑫. 竹简《性自命出》章句讲疏［M］. 上海：上海三联书店，2020.

［24］金春峰. 汉代思想史［M］. 北京：中国社会科学出版社，2006.

［25］江恒源. 中国先哲人性论［M］. 太原：山西人民出版社，2014.

[26] 江建. 汉末人伦鉴识之总理则——刘邵人物志研究[M]. 台北：文史哲出版社，1984.

[27] 荆雨. 儒家"道德的政治"之当代重探[M]. 北京：中国社会科学出版社，2019.

[28] 孔繁. 魏晋玄谈[M]. 沈阳：辽宁教育出版社，1991.

[29] 康中乾. 有无之辨[M]. 北京：人民出版社，2003.

[30] 康中乾. 魏晋玄学[M]. 北京：人民出版社，2008.

[31] 刘大杰. 魏晋思想论[M]. 长沙：岳麓书社，2010.

[32] 罗光. 中国哲学思想史：两汉南北朝篇[M]. 台北：台北学生书局，1978.

[33] 罗国杰. 中国伦理思想史[M]. 北京：中国人民大学出版社，2008.

[34] 罗国杰. 中国传统道德[M]. 北京：中国人民大学出版社，2011.

[35] 罗根泽. 诸子考索[M]. 北京：人民出版社，1958.

[36] 李景林. 教化儒学续说[M]. 北京：中国社会科学出版社，2020.

[37] 李建中，高华平. 玄学与魏晋社会[M]. 石家庄：河北人民出版社，2003.

[38] 梁启超. 儒家哲学[M]. 北京：中华书局，2009.

[39] 劳思光. 新编中国哲学史[M]. 桂林：广西师范大学出版社，2005.

[40] 吕思勉. 先秦学术概论[M]. 长沙：岳麓书社，2010.

[41] 李沈阳. 汉代人性论史[M]. 济南：齐鲁书社，2010.

[42] 刘笑敢. 老子之"自然"的古典与现代解读[M]//曹天予，钟雪萍，廖可斌. 文化与社会转型. 杭州：浙江大学出版社，2006.

[43] 刘泽华. 中国古代政治思想史[M]. 天津：南开大学出版社，1992.

[44] 李泽厚，刘纲纪. 中国美学史[M]. 北京：中国社会科学出版社，1987.

[45] 罗宗强. 玄学与魏晋人士心态[M]. 天津：南开大学出版社，

2001.

[46] 牟复礼. 中国思想之渊源 [M]. 北京：北京大学出版社，2009.

[47] 蒙文通. 儒学五论 [M]. 桂林：广西师范大学出版社，2007.

[48] 牟宗三. 心体与性体 [M]. 台北：联经出版事业有限公司，2003.

[49] 牟宗三. 才性与玄理 [M]. 桂林：广西师范大学出版社，2006.

[50] 牟宗三. 中国哲学十九讲 [M]. 长春：吉林出版集团有限责任公司，2010.

[51] 牟宗三. 中国哲学的特质 [M]. 长春：吉林出版集团有限责任公司，2010.

[52] 蒙文通. 儒学五论 [M]. 成都：巴蜀书社，2021.

[53] 钱穆. 国史大纲 [M]. 北京：商务印书馆，1996.

[54] 钱穆. 现代学术论衡 [M]. 北京：生活·读书·新知三联书店，2001.

[55] 钱穆. 中国学术思想史论丛 [M]. 北京：生活·读书·新知三联书店，2009.

[56] 钱穆. 四书释义 [M]. 北京：九州出版社，2010.

[57] 钱穆. 国史新论 [M]. 北京：生活·读书·新知三联书店，2012.

[58] 祁志祥. 中国美学通史 [M]. 北京：人民出版社，2008.

[59] 邵汉明. 儒道人生哲学 [M]. 长春：长春出版社，2011.

[60] 尚建飞. 魏晋玄学道德哲学研究 [M]. 北京：人民出版社，2013.

[61] 唐长孺. 魏晋南北朝史论丛 [M]. 北京：商务印书馆，2010.

[62] 唐君毅. 中国哲学原论·原性篇 [M]. 北京：中国社会科学出版社，2005.

[63] 唐君毅. 人文精神之重建 [M]. 桂林：广西师范大学出版社，2005.

[64] 唐君毅. 中华人文与当今世界 [M]. 桂林：广西师范大学出版社，2005.

[65] 田文棠. 魏晋三大思潮论稿 [M]. 西安：陕西人民出版社，1988.

[66] 汤一介. 郭象与魏晋玄学（第三版）[M]. 北京：北京大学出版社，2007.

[67] 汤用彤. 汤用彤学术论文集 [C]. 北京：中华书局，1983.

[68] 万绳楠. 魏晋南北朝文化史 [M]. 上海：东方出版社中心，2007.

[69] 魏书胜. 中国古代哲学的道、理、术 [M]. 长春：吉林人民出版社，2012.

[70] 汪文学. 汉晋文化思潮变迁研究 [M]. 贵阳：贵州人民出版社，2003.

[71] 王晓毅. 儒释道与魏晋玄学形成 [M]. 北京：中华书局，2003.

[72] 徐复观. 中国思想史论集 [M]. 上海：上海书店出版社，2004.

[73] 徐复观. 中国人性论史·先秦篇 [M]. 北京：九州出版社，2014.

[74] 徐复观. 两汉思想史 [M]. 北京：九州出版社，2014.

[75] 许建良. 魏晋玄学伦理思想研究 [M]. 北京：人民出版社，2003.

[76] 许建良. 先秦道家的道德世界 [M]. 北京：中国社会科学出版社，2006.

[77] 习近平. 决胜全面建成小康社会 夺取新时代中国特色社会主义伟大胜利——在中国共产党第十九次全国代表大会上的报告 [M]. 北京：人民出版社，2017.

[78] 习近平. 高举中国特色社会主义伟大旗帜 为全面建设社会主义现代化国家而团结奋斗——在中国共产党第二十次全国代表大会上的报告 [M]. 北京：人民出版社，2022.

[79] 余敦康. 魏晋玄学史 [M]. 北京：北京大学出版社，2004.

[80] 杨国荣. 善的历程 [M]. 上海：上海人民出版社，2006.

[81] 杨鸿年. 汉魏制度丛考 [M]. 武汉：武汉大学出版社，1985.

[82] 袁济喜. 六朝美学 [M]. 北京：北京大学出版社，1999.

[83] 杨立华. 思诚与见独之间：中国哲学论集 [M]. 北京：北京大

学出版社，2022.

[84] 阎世平. 刘劭人才思想研究 [M]. 广州：中山大学出版社. 2005.

[85] 姚维. 才性之辨——人格主题与魏晋玄学 [M]. 北京：人民出版社，2007.

[86] 余英时. 中国思想传统的现代诠释 [M]. 南京：江苏人民出版社，1989.

[87] 张岱年. 中国哲学大纲 [M]. 北京：中国社会科学出版社，1982.

[88] 中共中央宣传部. 习近平总书记系列重要讲话读本 [M]. 北京：学习出版社，人民出版社，2014.

[89] 郑晓江，程林辉. 中国古代人生哲学史纲 [M]. 福州：福建教育出版社，2013.

[90] 张荫麟. 中国史纲 [M]. 北京：中华书局，2009.

[91] 彼得·F. 斯特劳森. 个体：论描述的形而上学 [M]. 江怡，译. 北京：中国人民大学出版社，2004.

[92] 程艾蓝. 中国思想史 [M]. 冬一，戎恒颖，译. 开封：河南大学出版社，2018.

[93] 柏拉图. 理想国 [M]. 郭斌和，张竹明，译. 北京：商务印书馆，1986.

[94] 康德. 实践理性批判 [M]. 韩水法，译. 北京：商务印书馆，1999.

## 三、期刊报纸类

[1] 白奚. "道"与"术"：老子思想的本义和引申义——以"不争"和"柔弱胜刚强"为例 [J]. 哲学研究，2013（1）.

[2] 柏原. 谈谈刘劭的《人物志》[J]. 中国人才，1990（7）.

[3] 陈聪发. 才性论中的"清"观念——以《人物志》为中心 [J]. 淮北师范大学学报（哲学社会科学版），2012，33（4）.

[4] 陈鼓应. 老子的有无、动静及体用观 [J]. 华中师范大学学报

（人文社会科学版），2005（6）.

[5] 陈群. 魏晋才性性情之辩再析［J］. 淮阴师范学院学报（哲学社会科学版），2004（1）.

[6] 陈瑛. "权位"阴影下的帝王道德［J］. 伦理学研究，2009（5）.

[7] 曹峰.《老子》的幸福观与"玄德"思想之间的关系［J］. 中原文化研究，2014，2（4）.

[8] 曹峰. 从因循万物之性到道性自然——"自然"成为哲学范畴的演变历程［J］. 人文杂志，2019（8）.

[9] 程有为. 试析刘邵《人物志》的人才学说［J］. 郑州大学学报（哲学社会科学版），1999（6）.

[10] 丁虎. 王弼之"无"起源的哲学基础［J］. 广州大学学报（社会科学版），2014，13（9）.

[21] 丁四新. 近九十年《尚书·洪范》作者及著作时代考证与新证［J］. 中原文化研究，2013，1（5）.

[22] 丁四新. 早期五行说及其政治思维——以"和实生物"旧说与新说为中心［J］. 辽宁大学学报（哲学社会科学版），2023，51（2）.

[23] 傅云龙. 论魏晋之际的才性之辩［J］. 孔子研究，1993（3）.

[24] 方朝晖. 西方人性论的主要问题与争论焦点——兼论中西人性论异同［J］. 复旦学报（社会科学版），2022，64（5）.

[25] 高长山. 汉魏人物品鉴的审美取向——蔡邕所撰碑文与刘邵《人物志》的比较［J］. 古籍整理研究学刊，2005（2）.

[26] 苟东锋. 论魏晋名家思想及价值——以《人物志》为中心［J］. 理论学刊，2023（3）.

[27] 胡海忠. 魏晋玄学中的"理"［J］. 哲学动态，2022（11）.

[28] 华军."通"的精神——关于传统儒学当代诠释的一点思考［J］. 陕西师范大学学报（哲学社会科学版），2018，47（4）.

[29] 黄朴民，郭相宜. 汉魏之际德才观的建构与演进——兼说"才性之辩"的起源［J］. 中国高校社会科学，2023（4）.

[30] 何善蒙. 中国传统艺术中"情"的哲学诠释［J］. 文化艺术研

究，2008，1（2）.

［31］黄卫星，张玉能."贤"字的文化阐释（下）［J］. 汕头大学学报（人文社会科学版），2018，34（8）.

［32］何新. 辨"德"［J］. 人文杂志，1983（4）.

［33］韩星. 董仲舒天人关系的三维向度及其思想定位［J］. 哲学研究，2015（9）.

［34］黄雁鸿. 才性论与魏晋思潮［J］. 中国文化研究，2008（1）.

［35］胡艳琳. 论刘劭人物志的才性品鉴法［J］. 华北水利水电学院学报（社科版），2011（1）.

［36］贾奋然. 论《人物志》"才性论"对《文心雕龙》的影响［J］. 中国文化研究，2009（2）.

［37］金景芳. 西周在哲学上的两大贡献——《周易》阴阳说和《洪范》五行说［J］. 哲学研究，1979（6）.

［38］建设社会主义文化强国 着力提高国家文化软实力［J］. 理论学习，2014（2）.

［39］荆雨. 儒家"道德的政治"之当代重探——以"民之父母"为例［J］. 社会科学战线，2012（10）.

［40］孔繁.《人物志》初探［J］. 人文杂志，1982（2）.

［41］罗安宪. 论老子哲学中的"自然"［J］. 学术月刊，2016，48（10）.

［42］林桂榛. 论荀子性朴论的思想体系及其意义［J］. 现代哲学，2012（6）.

［43］李健."法自然"与"辅自然"：老子"自然"概念的两层分疏［J］. 哲学动态，2022（12）.

［44］李景林，李转亭. 旁通而上达：儒家实现终极关怀的教化途径［J］. 道德与文明，2021（5）.

［45］李建中. 转型时期的才性理论刘劭人物志研究［J］. 苏州大学学报，1996（3）.

［46］梁涛. 郭象玄学化的"内圣外王"观［J］. 中国哲学史，2015（2）.

［47］李学勤. 新发现西周筮数的研究［J］. 周易研究，2003（5）.

[48] 罗义俊. 牟宗三与魏晋玄学研究——读牟先生《才性与玄理》[J]. 史林, 2003 (2).

[49] 刘志伟. 中国古典"英雄"概念的起源 [J]. 中州学刊, 2012 (2).

[50] 马会兰. 刘劭著《人物志》政治哲学释义——重点研究"主道"与"臣道"思想 [J]. 求索, 2012 (12).

[51] 马骏骐. 刘邵《人物志》述论 [J]. 贵州师范大学学报（社会科学版）, 1991 (1).

[52] 蒙培元.《周易》哲学的生命意义 [J]. 周易研究, 2014 (4).

[53] 裴传永. 刘劭《人物志》中的人才思想初探 [J]. 长白学刊, 1997 (5).

[54] 隋思喜. 人性论视域中的当代儒家政治哲学发展趋向问题 [J]. 东北师大学报（哲学社会科学版）, 2020 (1): 85—92.

[55] 孙焘. 形神与气象：《人物志》的心性类型学说及其当代意义 [J]. 首都师范大学学报（社会科学版）, 2018 (1).

[56] 斯维至. 关于德字的形义问题——答何新同志 [J]. 人文杂志, 1983 (5).

[57] 涂明君. 从刘劭《人物志》看才性说的个人观 [J]. 中国哲学史, 2014 (2).

[58] 王博. 权力的自我节制：对老子哲学的一种解读 [J]. 哲学研究, 2010 (6).

[59] 吴家驹. 试论刘邵《人物志》的人才思想 [J]. 南京师大学报（社会科学版）, 2001 (3).

[60] 吴丕.《人物志》政治思想分析 [J]. 北京大学学报（哲学社会科学版）, 1989 (3).

[61] 王晓毅. 魏晋才性论新探 [J]. 东岳论丛, 1986 (3).

[62] 王晓毅.《人物志》与魏晋清谈 [J]. 齐鲁学刊, 1986 (4).

[63] 王晓毅. 从《人物志》看魏晋玄学的形成 [J]. 学术月刊, 1986 (10).

[64] 王晓毅. "主德"与"偏材"：《人物志》理论主题新探 [J]. 天

津社会科学，2012（6）.

[65] 王晓毅.《人物志》官才理论与汉魏之际复古思潮［J］. 学术界，2016（11）.

[66] 王之榜.《人物志》的伦理思想［J］. 道德与文明，1986（6）.

[67] 王中江. 道与事物的自然：老子"道法自然"实义考论［J］. 哲学研究，2010（8）.

[68] 王中江. 早期道家的"德性论"和"人情论"——从老子到庄子和黄老［J］. 江南大学学报（哲学社会科学版），2012（4）.

[69] 王中江. 个体：从类、性到关系和普遍相关性［J］. 哲学分析，2016，7（5）.

[70] 徐斌. 早期玄学的社会理念与人文关怀［J］. 浙江社会科学，1998（3）.

[71] 徐光太，张和敬. 一部弥足珍贵的人才心理学专著——刘劭《人物志》初探［J］. 安徽师大学报（哲学社会科学版），1988（3）.

[72] 徐光太，丁慧民. 刘劭人才思想初探［J］. 江淮论坛，1989（1）.

[73] 徐梅. 人论到文论：魏晋"才性之辨"与《文心雕龙》的理论建构［J］. 南昌大学学报（人文社会科学版），2013，44（5）.

[74] 许建良."辅"——因循哲学的始发轮［J］. 云南大学学报（社会科学版），2008（3）.

[75] 许建良."礼义之邦"与"礼仪之邦"的是正［J］. 东南大学学报（哲学社会科学版），2020，22（3）.

[76] 乐爱国. 朱熹解《论语》"无为而治"［J］. 中州学刊，2019（3）.

[77] 余敦康. 何晏、王弼方法论思想辨析［J］. 哲学研究，1986（12）.

[78] 喻凡. 刘劭《人物志》中的政治观和人才观［J］. 湘潭大学学报（社会科学版），1990（1）.

[79] 燕国材. 一部关于人才学思想的专门著作——刘劭《人物志》简介［J］. 上海师范大学学报（哲学社会科学版），1980（2）.

[80] 阎世平，董虹凌. 刘劭的才德观研究［J］. 广东社会科学，2001（2）.

[81] 叶树勋. 早期道家"自然"观念的两种形态 [J]. 哲学研究, 2017 (8).

[82] 杨永泉. 品识人才的一面镜鉴——读刘邵《人物志》[J]. 南京社会科学, 2007 (4).

[83] 邹本顺. 魏晋的才性之辩 [J]. 人文杂志, 1982 (4).

[84] 周炽成. 荀子人性论：性恶论, 还是性朴论 [J]. 江淮论坛, 2016 (5).

[85] 张传燧. 魏晋才性之辩及其人才教育思想 [J]. 西南师范大学学报（哲学社会科学版），1994 (2).

[86] 张江. "通""达"辨 [J]. 哲学研究, 2021 (11).

[87] 章权才. 刘劭《人物志》研究 [J]. 广东社会科学, 1990 (1).

[88] 赵士孝.《易传》阴阳思想的来源 [J]. 哲学研究, 1996 (8).

[89] 张文浩. 理想人格：魏晋士人精神的道德询唤 [J]. 兰州学刊, 2015 (10).

[90] 张欣. 试论《人物志》中的儒道名法兼综思想 [J]. 鲁东大学学报（哲学社会科学版），2007 (1).

[91] 张祥浩. 中国古代的人才认识论 [J]. 江苏社会科学, 1991 (2).

[92] 章义和.《人物志》人才理论评析 [J]. 历史教学问题, 1989 (4).

[93] 张增田. "道"何以"生法"——关于《黄老帛书》"道生法"命题的追问 [J]. 管子学刊, 2004 (2).

[94] 习近平. 在联合国教科文组织总部的演讲 [N]. 人民日报, 2014-03-28.

[95] 习近平. 在纪念孔子诞辰 2565 周年国际学术研讨会暨国际儒学联合会第五届会员大会开幕会上的讲话 [N]. 人民日报, 2014-09-25.

[96] 推进新时代古籍工作 [N]. 人民日报, 2022-04-12.

[97] 把中国文明历史研究引向深入推动增强历史自觉坚定文化自信 [N]. 人民日报, 2022-05-29.

# 后 记

本书可以说是我的博士论文在另一维度的延伸。在博士论文中，我主要论证的是刘劭《人物志》中人的差异性思想，本书则主要通过对先秦两汉儒道理想人格之情、才、德思想的剖析，呈现先秦两汉儒道思想的发展脉络，着力分析先秦两汉儒道思想对于刘劭的影响，进而借由刘劭之思阐发先秦两汉理想人格之情、才、德的理论价值、实践意义及其当代价值，故命名为《先秦两汉儒道理想人格之情、才、德思想研究》。

通过对先秦两汉儒道理想人格之情、才、德思想的深入探讨，我们不仅能够根据其所处的时代环境，知悉其对于理想人格的界定，更为重要的是，理想人格在情、才、德的维度中焕发出极其旺盛的生命力，故可使后学身临其境地领略理想人格之风采。儒家强调仁与智，主张中庸与中和；道家强调自然、虚静，主张平淡、无为。在儒道思想的影响下，刘劭逐渐形成了对有智有仁且身具平淡、无味的中庸、中和之质的理想人格的追求。刘劭对儒道思想的这种创造性的发展于今天而言，仍具有重要的借鉴意义。

在当前的时代背景下，固守平淡、无味的心境，遵循中庸、中和之道，仿似镜中之花、水中之月。但若能细细品读儒道两家之理想人格所具备的情、才、德之意涵，或可明晰己身之不足，或能寻得适于己身的发展之路，这不失为一剂排解忧愁的良方。

于我个人而言，在品读经典，翻阅史料的过程中，我对儒道文化的内涵，尤其是对先秦两汉时期儒道理想人格思想中蕴含的价值有了更为深刻的体会。这不仅是一段充满启示和思考的探索之旅，更是一次不断深化对中国传统文化的理解的重要旅程。

**先秦两汉儒道理想人格之情、才、德思想研究**

  在学术探索的道路上，并非始终沐浴在欢乐之中。在深入品读、用心领悟、细致剖析、严谨确证、潜心撰写的整个过程中，每一分努力与坚持，皆是对知识之无尽可能性的探索与挖掘，这让我充分饱尝到了追求真理过程中饱含的艰辛与喜悦。艰辛之处在于追求真理的过程并非一帆风顺，需要付出更多的智慧、精力与实践；喜悦之处则在于每当解决一个难题，或是对某个问题有了新的认识时，那种成就感是无以言表的。

  于一般人而言，钻研与思辨的过程颇为枯燥与烦闷，于我亦然。所幸，身边有良师益友相伴。在本书的写作过程中，魏书胜老师作为我的导师在其中倾注了极大的心血。同时，吉林省社会科学院的邵汉明老师、吉林大学的华军老师以及东北师范大学马克思主义学部哲学院的康学伟老师、胡海波老师、荆雨老师、程彪老师、隋思喜老师，都在整体架构或具体内容方面给予了我诸多帮助。故常获豁然开朗之感，亦有醍醐灌顶之喜。可以说，这本书的完成，离不开良师们悉心指导和无私帮助。在此，向我的诸位良师致以最诚挚的感谢。

  九年的东师求学之路，我的恩师魏书胜老师给予我极大的帮助。得益于他的悉心教导，我才能坚定学术目标，明确治学之法，一步一个脚印地成长为今天的样子。恩师在学业和人生上给予我的双重指导，让我能够在寻求真知的道路上自由驰骋，遂铭感师恩而不敢忘怀。于此，我再次向我的恩师表达由衷的敬意与感激。同时，我亦要感谢所有为我提供帮助与支持的家人、朋友和同门，是他们陪伴我走过了这段充满挑战又饱含收获的时光。

  本书完稿于2023年冬，书中所论内容愚以为还算有些新颖之处，但受自身学识与知识积累的限制，此处女作必然会有诸般不足。故于匆忙付梓之际，求教于众贤，望学界前辈与同好们能够多多批评、指正并对其中的疏漏与不足加以包容。为学之路漫漫，唯愿深耕勤读以裨益不足。

李曼源<br>
2023年12月26日于长春